死海文書

Ⅵ

聖書の再話１

守屋彰夫・上村 静 訳

ぷねうま舎

死海文書翻訳委員会

松田伊作
・勝村弘也
・守屋彰夫
・月本昭男
山我哲雄
阿部　望
武藤慎一
・上村　静
山吉智久
加藤哲平
里内勝己
杉江拓磨
三津間康幸
（・＝編集委員）

序にかえて　死海文書とは何か

一　巻物の発見

最初の七文書

一九四六年から四七年にいたる冬のある日、死海に近いユダの荒野で羊飼いが、一匹の羊が迷い込んだ洞穴に石を投げ込んだ。すると、奇妙な音がする。洞穴に入ってみると、細長い大壺が置かれており、その中には巻物が収められていた。死海文書発見譚として広まった逸話である。逸話はさらに続く。

羊飼いの少年が発見した巻物は七点。そのうちの四点は、ベツレヘムの古物商カンドー（通称）を介して、シリア正教会のエルサレム大主教が買い取った。大主教からこれを見せられ、その価値を知ったヘブライ大学教授E・スケーニクは、一九四七年末から四八年初頭にかけて、イスラエル国家創設直前の内戦状態のさなか、ベツレヘムに赴き、別の古物商が売りに出していた巻物三点を購入した。大司教が買い取った四点のほうは、エルサレムから密かに持ち出され、一九五四年にアメリカで売りに出された。アメリカに滞在していたスケーニクの息子Y・ヤディンが、たまたまその新聞広告に眼をとめ、それらを購入して、イスラエルに持ち帰った。

スケーニクが入手した文書は、後に『戦いの巻物』（1QM）と『感謝の詩篇』（1QH^{a}）と呼ばれるようになる二点、それに『イザヤ書』の写本B（1QIsa^{b}）であった。これらは一九五四年に公刊された。ヤディンがイスラエルに持ち帰った四点は、ほぼ完全な『イザヤ書』の写本（1QIsa^{a}）、『ハバクク書ペシェル』（1QpHab）、『共同体の規則』（1QS）、『創世記アポクリュフォン』（1QapGen）である。これらは売りに出される前に、エルサレムのアメリカ・オリエント研究所（現・オルブライト考古学研究所）で写真に収められ、『イザヤ書』写本と『ハバクク書ペシェル』は一九五一年に、『共同体の規則』は五二年に同研究所から公刊されていた。

洞穴調査

七つの巻物が専門家の間に知られはじめた一九四九年、これらが発見された洞穴が突き止められ、さらに数十点の巻物の断片が発見された。そこで、付近の洞穴も調査の対象になった。調査の中心的な役割を担ったのは、エルサレム・フランス聖書・考古学研究所所長であったドミニコ修道会司祭R・ドゥ・ヴォーであった。アメリカ・オリエント研究所もこの調査に加わった。

その結果、一九五二年から五六年にかけて、都合十一の洞穴から膨大な数の文書断片が発見された。なかでも第四洞穴で発見された大小の断片は、文書数にして、五百七十四点にのぼる。もっとも、最初の七つの文書のほかにも、調査以前に牧羊民が洞穴から持ち出した巻物もあった。その一つが第十一洞穴から持ち出された『神殿の巻物』（11Q19-21＝11QT^{a-b}）である。それは、一九六七年六月の「六日戦争」の際、前述したベツレヘムの古物商カンドーから、イスラエル側がなかば強制的に買収した巻物である。こうしたことから、いまだ秘匿されている巻物が存在する、といった噂が絶えない。じじつ、二〇一七年には、文書を盗掘した形跡を残す第十二番目の洞穴が発見されたという。

二　クムラン遺跡の発掘

一九五一年から五六年にかけて、洞穴調査と並行して、洞穴群にごく近いクムラン遺跡の発掘調査が実施され、複数の地下貯水槽を備え、書写室や食堂とみなされる大部屋を持つ大型の複合建造物が発見された。この発掘調査を指揮したのもドゥ・ヴォーであった。遺跡調査は、一九九〇年代以降、イスラエルの考古学者を中心に続いている。

大型複合建造物に関して、ドゥ・ヴォーはそれが使用された時期を三期に区分した。第一期は、少数の人々が居住しはじめた前一四〇年前後から、最初に大型の複合建造物が築造され、使用された最初の一世紀間である。前三一年に起こった地震と火事により、居住はいったん放棄された。ヘロデ大王が没した前四年頃から、ふたたび居住がはじまり、ローマの軍隊によって破壊される後六八年までが第二期である。そして第三期は、その後、ローマ軍兵士が駐屯していた二十年ほどをいう。

第一期と第二期に機能していた大型複合建造物は、宗教的な共同生活を営む施設とみられ、ここで共同生活を営んでいた人々は便宜的に「クムラン教団」などと呼ばれるようになった。彼らは、文書と遺跡が発見された当初から、フラウィウス・ヨセフスやアレクサンドリアのフィロン、さらにはローマの地誌学者（大）プリニウスなどが著作で触れるエッセネ派であったろう、と想定された。ヨセフスが、サドカイ派とファリサイ派に並ぶユダヤ教の一派と報告したエッセネ派は、プリニウスによれば、死海の西岸を居住地としていたからである。

死海文書はその彼らが伝え、書き写した文書であり、ローマ軍による攻撃の直前、それらは近くの洞穴に運びこまれた、と考えられる。一部の研究者はこれに対する異論も提起したが、説得性に富むとはいいがたい。

遺跡の東方また北方では、墓地も発見され、東方の墓地では千百基ほどの墓が確認された。それらは部分的に発掘され、出土する人骨のほとんどは男性であることが判明した。ただし、墓地から離れた墓からはわずかに女性や子どもの人骨も出土する。これらは、クムラン教団の性格を考えるうえで、議論の的とされてきた。エッセネ派は独身男性による共同生活を貫いていた、とプリニウスなどが報告しているからである。

三　死海文書の種類

死海の北西岸の洞穴で発見された文書は、おおまかに、ヘブライ語聖書関連の写本類と、翻訳をとおしてのみ知られていた外典・偽典の原語の写本、これまでまったく知られていなかった古代ユダヤ文献、およびクムラン教団が独自に伝えた文書類とに分けることができる。

聖書写本

最初に発見された七文書中には、すでに述べたように、ほぼ完全な『イザヤ書』の巻物が含まれていた。それまでは、最古の完全なヘブライ語聖書写本は、ユダヤ教マソラ学者が伝え、後一〇〇八年に作成されたレニングラード・コーデックス（サンクト・ペテルブルク、ロシア国立図書館所蔵）であったが、それを千年も遡る聖書写本が発見されたのである。

その後、十一の洞穴から発見された、ヘブライ語聖書写本の断片は、数行、数語が残る程度のものまで含めると、夥しい数にのぼる。推計される聖書写本の数は、多いほうから、『詩篇』三十六点、『申命記』二十九点、『イザヤ書』二十一点と続き、『エズラ記』や『歴代誌』は一点にとどまる。未発見は『ネヘミヤ記』と『エステル記』の二書に限られ、『ネヘミヤ記』が『エズラ記』と同一の巻物に記されていたとすれば、『エステル記』だけが未発見ということになる。
旧約聖書は、周知のように、前二世紀にギリシア語に訳され、「七十人訳」と呼ばれて今日に伝わる。このギリシア語聖書は、多くの箇所において、マソラ学者の伝えるヘブライ語本文とは別の本文を前提にする。サマリア教団も「モーセ五書」を彼らの聖書（「サマリア五書」）として伝えていた。すでに紀元前後、ヘブライ語聖書、ギリシア語訳聖書、サマリア五書という三通りの聖書が併存していたのである。そこに死海のほとりで発見された聖書写本が飛び込んできた。
死海文書中の聖書写本は、細かな表記法を別にすれば、後のマソラ本文と同一もしくはその前段階を示すものが最も多く、聖書写本全体の半ばを越える。それは一方で、旧約聖書のヘブライ語本文が、じつに千年という時間の隔たりを越えて、大きな変更を受けることなく伝えられてきたことを示している。しかし他方で、マソラ本文と七十人訳が意味内容を異にする聖書箇所においては、死海文書が七十人訳のほうを支持する場合も見受けられる。よく知られる事例の一つは『申命記』三二章8節である。

いと高き方が諸民族に嗣業を与え、
人間の子らを分散させたとき、
イスラエルの子らの数にしたがって、
諸国民の境界を定立された。

このマソラ本文に対して、七十人訳は三行目の「イスラエルの子ら」を「神の使いたち」と伝える。それは七十人訳がヘブライ語聖書の「神の子ら」にあてるギリシア語である（ヨブ一6他）。そこで、「神の子らの数にしたがって」を元来の本文とする見解が以前からあったが、第四洞穴から発見された『申命記断片』（4Q37 = 4QDeut^{j}）は、じっさいに、そのようなヘブライ語本文の存在を明らかにしたのである。ちなみに、邦訳聖書では、新共同訳、関根正雄訳、フランシスコ会訳がこれを「神の子ら」と変更し、口語訳、新改訳、鈴木佳秀訳（岩波版）は依然「イスラエルの子ら」と訳す。

同様のことは、「苦難の僕の詩」の一節、『イザヤ書』五三章11節についても言いうる。節冒頭のマソラ本文、「彼は彼の魂の苦難から見て」に対して、七十人訳は「彼の魂の苦難から」を前節に結びつけ、「見て」の部分に「光」を補って「光を見せる」と訳したが、死海文書（1QIsa^{a}, 1QIsa^{b}, 4QIsa^{d}）はいずれもこの箇所を「彼は彼の魂の苦難（／災禍）から光を見て」と伝えていたのである。ここからもまた、七十人訳に近いヘブライ語本文が存在していたことがわかる。邦訳聖書では、関根正雄訳とフランシスコ会訳がこれを訳文に反映させた。

これらの事例からだけでも、死海文書中の聖書写本がヘブライ語聖書の本文研究にとっていかに重要か、ということを理解していただけよう。なかでも第十一洞穴で発見された『詩篇』の巻物の一つ（11Q5=11QPs^{a}）は、『詩篇』の編纂過程を論ずるうえで、必要不可欠な資料である。

旧約聖書外典・偽典および未知の古代ユダヤ文献

クムラン教団はヘブライ語聖書をきわめて重視した。写本の数が多いこと、聖書注解をいくつも残していること、教団文書に聖書からの引用が頻繁にうかがわれること、などからそれがわかる。だが、彼らがこれらを「聖書」と呼んで、これのみに権威をおいたのかどうかは定かでない。旧約聖書「続篇」や「外典・偽典」の写本も彼らは数多く残している。

「続篇」からは、例えば『トビト書』と『ベン・シラの知恵』の写本が知られる。前者はアラム語版とヘブライ語版が、後者はヘブライ語版が残る。外典・偽典類では、エチオピア語で今日に伝わる『エノク書』と『ヨベル書』の写本が大量に発見されている。『エノク書』はアラム語のほかに、第七洞穴からはギリシア語のパピルス断片まで出土した。最初の七つの文書に『創世記アポクリュフォン』（アラム語）が含まれていることは指摘したが、『モーセ・アポクリュフォン』（1Q29 他）をはじめとする、これまでまったく知られていなかった膨大な数の文書が見つかった。そこには、聖書の語り直し、詩篇や賛歌、儀礼文書、知恵文書、魔術文書が含まれている。

クムラン教団がこれらの文書を聖書と区別していたのかどうかという点は、今後の研究にまたねばならないが、「神は言った」とはじまる聖書箇所の引用を一人称で「わたしは言った」と伝える『神殿の巻物』（前述）などは、クムラン教団において、聖書と同等の権威を与えられていた可能性がある。

教団関連文書

死海文書には教団文書も数多く含まれる。『共同体の規則』のような教団組織のあり方や信徒らの日常生活を定めた文書群があり、『ハバクク書ペシェル』をはじめとする独自の聖書注解、独自の宗教儀礼にかかわる文書群、教団の神学思想を表明する文書群等々がそれに加わる。

これらが教団で成立した文書なのか、教団成立以前に遡るのか、という議論は個々の文書に即して進められなければならないが、クムラン教団が残したという意味で、それらすべては広義の教団文書とみなされてよい。そのなかには、十九世紀末に、カイロのシナゴーグの古文書庫（ゲニザ）から発見された『ダマスコ文書』と同一の文書の写本も含まれる。それまでは憶測するほかになかった『ダマスコ文書』の出自や背景が、それによって明らかにされたのである。

四　クムラン教団の特色

このような死海文書からクムラン教団の性格や特色が浮かび上がる。以下、そのいくつかを紹介させていただく。

義の教師

クムラン教団が形成された経緯の詳細は不明である。しかし、『ハバクク書ペシェル』ほかに言及される「義の教師」が教団形成と深く関係していたらしいことは、当初から想定されえた。この人物は「祭司」であったが、彼の敵対者も「邪悪の祭司」と呼ばれている。後者は、政治権力を背景にしてエルサレム神殿の大祭司職を手に入れたハスモン家のヨナタン（前一五二―一四三年、Ｉマカ一〇20参照）か、でなければ彼を継いだシモン（前一四二―一三四年）を指すだろう、と多くの研究者が想定してきた。この推定が正しければ、「義の教師」はそれに異を唱え、律法に則った生活を守ろうとして荒野に出たクムラン教団初期の指導者であったろう。この種の推定は、今日なお、研究者の間にさまざまな議論を呼んではいるが、少なくとも「義の教師」がこの教団の指導的立場にあったことは、律法を遵守し、「義の教師の声に耳を傾ける」者たちの祝福と救済を語る『ダマスコ文書』（CD XX 27-34）などから、明らかであろう。

独身制

クムラン教団はエッセネ派と関連づけられるが、古代の作家たちがエッセネ派について報告しているように、彼らが独身男性のみの教団であったのかどうかの判断はむずかしい。死海文書に教団信徒の結婚を示唆する文言も散見するからである（1Q28a I 8-11, 4Q502 一—三他）。その一方で、『共同体の規則』などは子どもや婦人の存在を前提にしていない。これまでの墓地の調査によれば、出土した男性の人骨は九割を越えている。これらの事実から、少なくともクムラン教団の中核では独身制が保持されていた、と考えられようか。祭司の婚姻を自明とするユダヤ教主流派の伝統に照らせば、それだけでもクムラン教団は特異であった。その点で、エジプトのテラペウタイと呼ばれるユダヤ教の一派と通ずる面をもつ。

太陽暦

クムラン教団における宗教生活は、一年を三百六十四日（一、二月は三十日、三月は三十一日。これを四回反復）とする太陽暦に基づいていた。この暦にしたがえば、毎年、同一祝祭日は同一曜日となり、祝祭日と安息日の関係はつねに一定に保たれる。しかし、祝祭日をめぐって、一年三百五十四日の太陽＝太陰暦に基づくユダヤ教主流派との間にずれが生じることになる。クムラン教団が主流派から分離し、独自に祭儀を守ろうとする理由の一つがここにあった、とまでいわれる所以である。

新しい契約の民

クムラン教団は自分たちを契約共同体と理解した。教団の成員は神の前で契約を立て、命ぜられた掟を守り、あらゆる罪から離れることを誓ったのである（1QS I 16-20他）。旧約聖書は全イスラエルを神に選ばれた契約の民とみるが、クムランの人々は自らをエレミヤが預言した「新しい契約」の民とみなして、現実のイスラエルとは区別した（CD VI 19他）。クムラン教団はその意味で、イエス・キリストにおいて「新しい契約」が成就したと信じた初代のキリスト教徒たちと通ずる面をもつ（Iコリ一一25他）。

終末論

新しい契約共同体として自己を理解したクムラン教団の思想的特色は、その終末論にあるといってよい。彼らの終末論は一種の二元論によって枠づけられていた。彼らは、初期キリスト教徒と同じく（ルカ一六8他）、自分たちを「光の子ら」と呼んで、彼らに敵対する「闇の子ら」と区別した。前者は「真実の霊」によって歩む「義の子ら」、後者は「欺瞞の霊」に迷わされた「欺瞞の子ら」と言い換えられ、両者の間の戦いは、最終的に、「光の子ら」に勝利と救いをもたらし、「闇の子ら」は、彼らの背後に控える悪の権化ベリアルとその使いたちとともに、永遠に滅ぼされるのである。

もっとも、「真実の霊」も「欺瞞の霊」も、人間がそのうちのいずれにしたがって歩むかを明らかにするために造られた、神の被造物であった。その意味で、彼らの二元論はあくまでも、旧約聖書を引き継ぐ絶対神のもとにあり、世界を善神と悪神の抗争の場と捉えるイランの二元論などとは趣きを異にする。

二人のメシア

旧約聖書の「メシア預言」に「メシア」という呼称は用いられることはなかったが、前二世紀頃から、イスラエルを再興する理想の指導者を「メシア」と呼ぶ伝統が定着してゆく。クムラン教団の終末論もメシア待望と切り離しがたく結ばれていた。しかも、彼らは「イスラエルのメシア」と「アロンのメシア」という二人のメシアの到来を待望していた（CD XII 23, XIV 19, 1QS IX 11他）。前者は最後の戦いをとおして「光の子ら」を解放する政治的メシアであり、後者は正しい祭儀を再興する祭司的メシアであった。このような二人のメシア思想は明らかに、『ゼカリヤ書』四章11-14節をふまえている。

新しいエルサレム

このようにして実現する救済の時代を思い描いたとみられるアラム語文書の諸断片は『新しいエルサレム』（2QNJ = 2Q24, 4QNJ$^{a\text{-}b}$ = 4Q554-555 他）と名づけられた。この文書は、『エゼキエル書』四〇―四八章に依拠しつつ、将来のエルサレムの町とその神殿を見取り図風に描き、神殿祭具やそこで行われる儀礼についても詳しく述べてゆく。クムラン教団では、エルサレムから排除されたことと相俟って、聖化されたエルサレムとその神殿の再興が将来に託されたのであろう。原始キリスト教徒たちも同じく「新しいエルサレム」を構想したが、それは悪の勢力が永遠の滅びに堕とされた後の「天上のエルサレム」であった（黙二一9以下）。

五　クムラン教団と新約聖書

一九九〇年代はじめ、第四洞穴で発見された死海文書が公刊されないのは、キリスト教成立にかかわる「不都合な真実」をカトリック教会が隠そうとしているからではないか、といった憶測が世界中に流れた。だが、すべての死海文書が公刊された現在、そうした憶測は根拠を失った。死海文書の中にイエスの宣教活動を示唆する文言は存在せず、初代キリスト教会がクムラン教団と直接的な接触をもった形跡もなかったからである。にもかかわらず、いまなお、クムラン教団とキリスト教の比較研究に関心が寄せられるのは、なぜであろうか。

前述したように、紀元六八年、ローマ軍の攻撃の前にクムラン教団の施設は壊滅した。他方、紀元三〇年前後に成立したキリスト教の指導的立場にあったエルサレム教会は、ローマ軍による攻撃の直前、エルサレムからヨルダン河東岸のペラに移動したと伝えられる。それは、これら二つの教団が紀元後一世紀中葉のほぼ四十年にわたるユダヤの歴史をともに体験していた事実を物語る。

両者は、前述した「新しい契約」「光の子」「新しいエルサレム」をはじめとする多くの思想を共有していた。当時のユダヤ教主流派に対して、批判的な距離をおいた点でも共通していた。ところが、一方は歴史から姿を消し、他方は世界宗教への道を歩みはじめたのである。同じユダヤ教に発する二つの宗教運動の、このきわだった対照性は何に起因するのか。一方に消滅の道をたどらせ、他方に世界宗教への展開を促した要因はどこにあったのか。死海文書の研究は、そのような宗教史上の課題を負っているのであり、古代ユダヤ教の特殊な宗教集団の一事例研究にとどまらない。それは、最初期のキリスト教の展開を跡づける綿密な新約聖書研究とも密接な関係にある。

死海文書は現時点で八百余りの文書を数えるが、そのうち二百本を超えるものが聖書写本と同定されている。本「死海文書」シリーズでは、聖書写本以外の約六百文書のうち、ある程度意味を成す分量の文章が残っているもののすべてを訳出する。また、『ダマスコ文書』についてはカイロ・ゲニザから発見されたものを、さらにクムラン文書と関連のあるいくつかのマサダ出土の写本についても必要に応じて訳出した。

本企画は、右のような人類宗教史の一断面に触れる資料を提供することを願って、ここに公刊される。

死海文書編集委員
月本昭男
勝村弘也
守屋彰夫
上村　静

旧約・新約聖書略号表

旧約聖書

創	創世記
出	出エジプト記
レビ	レビ記
民	民数記
申	申命記
ヨシ	ヨシュア記
士	士師記
ルツ	ルツ記
サム上	サムエル記上
サム下	サムエル記下
王上	列王記上
王下	列王記下
代上	歴代誌上
代下	歴代誌下
エズ	エズラ記
ネヘ	ネヘミヤ記
エス	エステル記
ヨブ	ヨブ記
詩	詩篇
箴	箴言
コヘ	コーヘレト書／コヘレトの言葉
雅	雅歌
イザ	イザヤ書
エレ	エレミヤ書
哀	哀歌
エゼ	エゼキエル書
ダニ	ダニエル書
ホセ	ホセア書
ヨエ	ヨエル書
アモ	アモス書
オバ	オバデヤ書
ヨナ	ヨナ書
ミカ	ミカ書
ナホ	ナホム書
ハバ	ハバクク書
ゼファ	ゼファニヤ書
ハガ	ハガイ書
ゼカ	ゼカリヤ書

マラ　マラキ書

新約聖書

マコ　マルコ福音書／マルコによる福音書
マタ　マタイ福音書／マタイによる福音書
ルカ　ルカ福音書／ルカによる福音書
使　使徒行伝
ヨハ　ヨハネ福音書／ヨハネによる福音書
Ⅰヨハ　Ⅰヨハネ書／ヨハネの第一の手紙
Ⅱヨハ　Ⅱヨハネ書／ヨハネの第二の手紙
Ⅲヨハ　Ⅲヨハネ書／ヨハネの第三の手紙
ロマ　ロマ書／ローマ人への手紙
Ⅰコリ　Ⅰコリント書／コリント人への第一の手紙
Ⅱコリ　Ⅱコリント書／コリント人への第二の手紙
ガラ　ガラテヤ書／ガラテヤ人への手紙
フィリ　フィリピ書／フィリピ人への手紙
Ⅰテサ　Ⅰテサロニケ書／テサロニケ人への第一の手紙
フィレ　フィレモン書／フィレモンへの手紙
エフェ　エフェソ書／エフェソ人への手紙
コロ　コロサイ書／コロサイ人への手紙
Ⅱテサ　Ⅱテサロニケ書／テサロニケ人への第二の手紙
Ⅰテモ　Ⅰテモテ書／テモテへの第一の手紙
Ⅱテモ　Ⅱテモテ書／テモテへの第二の手紙
テト　テトス書／テトスへの手紙
ヘブ　ヘブル書／ヘブル人への手紙
ヤコ　ヤコブ書／ヤコブの手紙
Ⅰペト　Ⅰペトロ書／ペトロの第一の手紙
Ⅱペト　Ⅱペトロ書／ペトロの第二の手紙
ユダ　ユダ書／ユダの手紙
黙　黙示録／ヨハネの黙示録

聖書外典偽典略号表

旧約外典

Ⅰエズ　第一エズラ記
Ⅰマカ　第一マカバイ記
Ⅱマカ　第二マカバイ記
トビ　トビト記

ユディト	ユディト記
ソロ知恵	ソロモンの知恵
ベン・シラ	ベン・シラの知恵
バルク	バルク書
エレ手紙	エレミヤの手紙
マナセ	マナセの祈り
ダニ付	ダニエル書への付加
スザンナ	スザンナ
三人の祈り	アザリヤの祈りと燃える炉の中の三人の祈り
ベル	バビロンのベルとバビロンの龍
エス付	エステル記への付加

旧約偽典

アリステ	アリステアスの手紙
Ⅲマカ	第三マカバイ記
Ⅳマカ	第四マカバイ記
シビュラ	シビュラの託宣
スラヴ・エノク	スラヴ語エノク書
ヨベ	ヨベル書
ヨセ・アセ	ヨセフとアセナテ
エチ・エノク	エチオピア語エノク書
アブ遺	アブラハムの遺訓
ヨブ遺	ヨブの遺訓
十二遺	十二族長の遺訓
ルベ遺	ルベンの遺訓
シメ遺	シメオンの遺訓
レビ遺	レビの遺訓
ユダ遺	ユダの遺訓
イッサ遺	イッサカルの遺訓
ゼブ遺	ゼブルンの遺訓
ダン遺	ダンの遺訓
ナフ遺	ナフタリの遺訓
ガド遺	ガドの遺訓
アシェ遺	アシェルの遺訓
ヨセ遺	ヨセフの遺訓
ベニ遺	ベニヤミンの遺訓
ソロ詩	ソロモンの詩篇
Ⅳエズ	第四エズラ記
エレ余録	エレミヤ余録
シリア・バルク	シリア語バルク黙示録
ギリシア・バルク	ギリシア語バルク黙示録
モセ昇（遺）	モーセの昇天（遺訓）
預言生涯	預言者の生涯
アダ・エバ	アダムとエバの生涯

新約外典

オク・パピ八四〇	オクシリンコス・パピルス八四〇
エジ・パピ二	エジャトン・パピルス二
オク・パピ六五四	オクシリンコス・パピルス六五四
オク・パピ一	オクシリンコス・パピルス一
オク・パピ六五五	オクシリンコス・パピルス六五五
オク・パピ一二二四	オクシリンコス・パピルス一二二四
カイ・パピ一〇七三五	カイロ・パピルス一〇七三五
スト・パピ	ストラスブール・パピルス
ファイ断片	ファイユーム断片
Ⅴエズ	第五エズラ記
Ⅵエズ	第六エズラ記
ナザ福	ナザレ人福音書
エビ福	エビオン人福音書
ヘブ福	ヘブル人福音書
エジ福	エジプト人福音書
ヤコ原福	ヤコブ原福音書
幼時物語	トマスによるイエスの幼時物語
ペト福	ペトロ福音書
ニコ福	ニコデモ福音書
イザ殉	イザヤの殉教と昇天
ラオ手紙	ラオデキア人への手紙
使徒手紙	使徒たちの手紙
Ⅲコリ	コリント人への第三の手紙
往復書簡	セネカとパウロの往復書簡
偽テト	偽テトスの手紙
パウ黙	パウロの黙示録
ロギオン	フリア・ロギオン
ヨハ行	ヨハネ行伝
ペト行	ペトロ行伝
パウ行	パウロ行伝
アン行	アンデレ行伝
トマ行	トマス行伝
ペト宣	ペトロの宣教
ペト黙	ペトロの黙示録
宣教集	ペトロの宣教集
ソロ頌	ソロモンの頌歌

死海文書略号表

＊文書略号を五十音順に列記し、写本整理番号、文書名、および本「死海文書」シリーズの収録分冊を示す。
①＝第1分冊。

悪霊詩（11Q11）	悪霊祓いの詩篇	⑪
アム幻（4Q543-549）	アムラムの幻	⑥
誤る民（4Q306）	誤る民	⑩
アラ遺（4Q580-582, 587）	アラム語遺訓	⑦
アラ箴（4Q569）	アラム語箴言	⑩
安息歌（4Q400-407, 11Q17）	安息日供犠の歌	⑨
イザ・ペ（3Q4; 4Q161-165; 4Q515）	イザヤ書ペシェル	③
エノク（4Q201-202, 204-207, 212; 7Q4; 7Q8; 7Q11-12）	エノク書	⑤
エノシュ（4Q369）	エノシュの祈り	⑥
エリ・アポ（4Q481a）	エリシャ・アポクリュフォン	⑦
エレ・アポA（4Q383）	エレミヤ書アポクリュフォンA	④
エレ・アポB（4Q384）	エレミヤ書アポクリュフォンB	④
エレ・アポC（4Q385a; 4Q387; 4Q387a; 4Q388a; 4Q389; 4Q390）	エレミヤ書アポクリュフォンC	④
改五（4Q364-367）	改訂五書	⑦
会衆（1Q28a; 4Q249a-i）	会衆規定	①
外典哀A（4Q179）	外典哀歌A	⑧
外典哀B（4Q501）	外典哀歌B	⑧
外典詩A-B（4Q380-381）	外典詩篇A-B	⑧
外典詩祈（4Q448）	外典詩篇と祈り	⑧
カテ（4Q177, 178; 4Q182）	カテナ	③
神業（4Q392）	神の諸々の業	⑧
感謝詩（$1QH^a$, 1Q35; 4Q427-431/471b, 432）	感謝の詩篇	⑧
感謝詩類A（4Q433）	感謝の詩篇類似文書A	⑧
感謝詩類B（4Q433a）	感謝の詩篇類似文書B	⑧
感謝詩類C（4Q440）	感謝の詩篇類似文書C	⑧

感謝詩類Ｄ（4Q440a）	感謝の詩篇 類似文書Ｄ	⑧
偽エゼ（4Q385, 385c, 386, 388, 391）	偽エゼキエル書	⑦
規則（5Q13）	規則	①
偽ダニ（4Q243-245）	偽ダニエル書	④
共規（1QS; 4Q255-264; 5Q11）	共同体の規則	①
教訓（1Q26; 4Q415-418, 418a, 418c, 423）	教訓	⑩
教訓類（4Q486, 487）	教訓類似文書	⑩
教訓類Ａ（4Q419）	教訓類似文書Ａ	⑩
教訓類Ｂ（4Q424）	教訓類似文書Ｂ	⑩
（但し、4Q415 は教訓一、4Q416 は教訓二、4Q417 は教訓三、4Q418 は教訓四として示すことがある）		
共セレ（4Q275）	共同体セレモニー	①
巨人（1Q23-24; 2Q26; 4Q203; 4Q530-533; 4Q206 2-3; 6Q8, 14）	巨人の書	⑤
浄め（4Q284）	浄めの儀礼	⑨
浄めＡ（4Q414）	浄めの儀礼Ａ	⑨
浄めＢ（4Q512）	浄めの儀礼Ｂ	⑨
偽ヨベ（4Q225-228）	偽ヨベル書	⑤
儀暦（4Q324d-f）	儀礼暦	⑪
寓喩（6Q11）	葡萄の木の寓喩	⑪
月盈（4Q317）	月の盈欠	⑪
結婚儀（4Q502）	結婚儀礼	⑨
ケハ遺（4Q542）	ケハトの遺訓	⑥
賢者（4Q298）	暁の子らに、賢者の言葉	⑩
賢者詩（4Q510-511）	賢者の詩篇	⑪
洪水（4Q370）	洪水に基づく説諭	⑥
光体（4Q504, 506）	光体の言葉	⑨
告白（4Q393）	共同の告白	⑧
五書アポ（4Q368, 377）	五書アポクリュフォン	⑥
祭司預（6Q13）	祭司の預言	⑪
祭日祈（1Q34+34bis, 4Q505, 4Q507-509）	祭日の祈り	⑨
祭暦（4Q320-321, 321a, 324g, 324h, 325, 337）	祭司暦	⑪
幸い（4Q525）	幸いなる者	⑩
サム王・アポ（6Q9）	サムエル記‐列王記 アポクリュフォン	⑦
サム幻（4Q160）	サムエルの幻	⑦
詩・外（4Q88, 11Q5-6）	詩篇外典	⑧
叱責（4Q477）	叱責	⑪
詩・ペ（1Q16; 4Q171, 173）	詩篇ペシェル	③
邪悪（4Q184）	邪悪な女の策略	⑩
収穫（4Q284a）	収穫	①
終末（4Q183）	終末釈義	③

十二宮（4Q318）	月と十二宮	⑪
祝福（1Q28b）	祝福の言葉	⑨
呪詛（メルキ）（4Q280; 5Q14）	呪詛（メルキレシャア）	⑪
出講（4Q374）	出エジプトについての講話／征服伝承	⑥
出パラ（4Q127）	出エジプト記パラフレイズ	⑥
呪禱（4Q560）	呪禱	⑪
呪文（4Q444）	呪文	⑪
呪文儀（8Q5）	呪文の儀礼	⑪
諸規則（4Q265）	諸規則	②
しるし（4Q319）	しるし	⑪
新エル（1Q32; 2Q24; 4Q554, 554a, 555; 5Q15; 11Q18）	新しいエルサレム	④
新地（4Q475）	新しい地	④
神殿（4Q365a; 4Q524; 11Q19-21）	神殿の巻物	②
正義時（4Q215a）	正義の時	④
正義道（4Q420-421）	正義の道	①
清潔Ａ（4Q274）	清潔規定Ａ	②
清潔Ｂ（4Q276-277）	清潔規定Ｂ	②
清潔Ｃ（4Q278）	清潔規定Ｃ	②
聖年（4Q559）	聖書年代記	③
聖書パラ（4Q158）	聖書パラフレイズ	⑦
摂理（4Q413）	神の摂理	⑩
ゼファ・ペ（1Q15; 4Q170）	ゼファニヤ書ペシェル	③
創アポ（1Q20）	創世記アポクリュフォン	⑥
創出パラ（4Q422）	創世記-出エジプト記パラフレイズ	⑥
創時（4Q180-181）	創世時代	③
創注Ａ（4Q252）	創世記注解Ａ	③
創注Ｂ（4Q253）	創世記注解Ｂ	③
創注Ｃ（4Q254）	創世記注解Ｃ	③
創注Ｄ（4Q254a）	創世記注解Ｄ	③
族長（4Q464）	族長たちについて	⑥
戦い（1QM; 1Q33; 4Q491-496）	戦いの巻物	①
戦い関連Ａ（4Q497）	戦いの巻物関連文書Ａ	①
戦い関連Ｂ（4Q471）	戦いの巻物関連文書Ｂ	①
戦い書（4Q285; 11Q14）	戦いの書	①
ダニ・アポ（4Q246）	ダニエル書アポクリュフォン	④
ダニ・スザ（4Q551）	ダニエル書スザンナ	⑦
ダマ（CD; 4Q266-273; 5Q12; 6Q15）	ダマスコ文書	①
タン（4Q176）	タンフミーム	③
知恵Ａ（4Q412）	知恵の教えＡ	⑩

知恵B（425）	知恵の教えB	⑩
知恵言（4Q185）	知恵の言葉	⑩
知恵詩A（4Q426）	知恵の詩A	⑩
知恵詩B（4Q411）	知恵の詩B	⑩
知恵まと（4Q563）	知恵のまとまり	⑩
テス（4Q175）	テスティモニア	③
天ミカ（4Q529, 571）	天使ミカエルの言葉	④
天文（4Q208-211）	エノク書天文部	⑪
典礼文A（4Q409）	典礼文書A	⑨
典礼文B-C（4Q476-476a）	典礼文書B-C	⑨
銅板	銅板巻物	⑫
トビ（4Q196-199, 200）	トビト書	⑦
ナフ（4Q215）	ナフタリ	⑥
ナボ（4Q242）	ナボニドゥスの祈り	⑦
ナホ・ペ（4Q169）	ナホム書ペシェル	③
ナラA（4Q458）	ナラティヴA	⑥
ナラB（4Q461）	ナラティヴB	⑥
ナラC（4Q462）	ナラティヴC	⑥
ナラD（4Q463）	ナラティヴD	⑥
ナラE（4Q464a）	ナラティヴE	⑥
ナラ・作品と祈り（4Q460）	ナラティヴ作品と祈り	⑥
ナラ・作品（レバノン）（4Q459）	ナラティヴ作品（レバノン）	⑥
ナラ・ヤコブの光（4Q467）	「ヤコブの光」テキスト	⑥
ノア（1Q19 + 1Q19bis）	ノア書	⑥
ノア生（4Q534-536）	ノアの生誕	⑥
ハバ・ペ（1QpHab）	ハバクク書ペシェル	③
ハラA（4Q251）	ハラハーA	②
ハラB（4Q264a）	ハラハーB	①
ハラC（4Q472a）	ハラハーC	①
ハラ書（4Q394-399; 4Q313）	ハラハー書簡	②
バル（4Q434-438）	バルキ・ナフシ	⑧
秘義（1Q27; 4Q299-301）	秘義	⑩
日ごと祈（4Q503）	日ごとの祈り	⑨
火舌（1Q29）	火の舌またはモーセ・アポクリュフォン	⑥
布告（4Q159; 4Q513-514）	布告	②
フロ（4Q174）	フロリレギウム	③
ベラ（4Q286-290）	ベラホート	⑨
ペル宮（4Q550）	ペルシア宮廷のユダヤ人	⑦
ホセ・ペ（4Q166-167）	ホセア書ペシェル	③
ホロ（4Q186, 561）	ホロスコープ	⑪
マラ・アポ（5Q10）	マラキ書アポクリュフォン	⑦
マラ注（4Q253a）	マラキ書注解	③

ミカ・ペ（1Q14; 4Q168）	ミカ書ペシェル	③
ミシュマ（4Q322-324, 324a, 324c.328-329, 329a, 330, 324i）	ミシュマロット	⑪
道（4Q473）	二つの道	⑩
メシ黙（4Q521）	メシア黙示	④
メルツェ（11Q13）	メルキツェデク	③
モセ言（1Q22）	モーセの言葉	⑥
モセ・アポ（2Q21; 4Q375-376, 408）	モーセ・アポクリュフォン	⑥
物語と詩（4Q371-373, 373a; 2Q22）	物語と詩的作品	⑥
厄除け（6Q18）	厄除けの祈り	⑪
ヤコ遺（4Q537）	ヤコブの遺訓	⑥
ユダ遺（4Q538; 3Q7; 4Q484）	ユダの遺訓	⑥
ヨシ・アポ（4Q378-379; 5Q9）	ヨシュア記アポクリュフォン	⑦
ヨシ敷（4Q123）	ヨシュア記敷衍	⑦
ヨシ預（4Q522）	ヨシュアの預言	⑦
ヨセ遺（4Q539）	ヨセフの遺訓	⑥
ヨナタン（4Q523）	ヨナタン	⑪
ヨベ（1Q17-18; 2Q19-20; 3Q5; 4Q216-224; 4Q176a; 4Q482?; 11Q12+XQ5a）	ヨベル書	⑤
四王（4Q552-553, 553a）	四つの王国	④
四籤（4Q279）	四つの籤	②
ラヘ・ヨセ（4Q474）	ラヘルとヨセフに関するテキスト	⑥
歴文A（4Q248）	歴史文書A	⑧
暦文（4Q326, 394 1-2）	暦文書	⑪
列パラ（4Q382）	列王記パラフレイズ	⑦
レビ・アポ（4Q540-541）	レビ・アポクリュフォン	⑥
レビ遺（アラ）（1Q21; 4Q213, 213a, 213b, 214, 214a, 214b）	レビの遺訓	⑥
論争（4Q471a）	論争テキスト	⑪

凡　例

死海文書の多くは羊皮紙の巻物であった（一部はパピルス）。しかし、きれいな巻物のままで見つかったものは少数で、多くはバラバラになった状態で研究者の手に渡った。それゆえ、そうしたバラバラの断片は、まずはどれとどれが同一の文書であるかが同定され、同じ文書のものと判断されたものに番号づけがなされていった。本訳では各文書に書名を付しているが、それらは現代の学者が内容から判断して名づけた暫定的な命名に過ぎず、これまでにもすでにいくつかの文書は名前が変えられてきたし、今後の研究次第でまた名前が変わる可能性もある。そうした文書名についての不確かさがあるなかで、特定の箇所を明確に指示するために、すべての文書と断片に整理番号が付されている（ただし、最初期に発見された文書のいくつかは番号のない書名だけのものもある）。以下では、この番号づけの仕方について簡単に解説する。

一、洞穴番号と文書番号

現時点で死海文書と呼ばれる諸文書は、死海近辺の十一の洞穴から発見された。それらの洞穴には一から十一までの番号が付されている。

「1Q14」という表記において、最初の「1」は洞穴番号を指している（つまり第一洞穴）。次のアルファベットの「Q」はクムラン（Qumran）周辺の洞穴であることを意味している（死海近辺からはクムラン以外の場所からも古代写本が発見されており、それらには「Q」は使われない)。最後の「14」は十四番の文書ということで、第一洞穴から見つかった他の文書との区別を表す。

初期に発見された文書で比較的有名な文書については、番号表記よりも名前の略記が好んで使われるもの、また番号の付されていないものもある。1QS(=1Q28『共同体の規則』)、1QM(=1Q33『戦いの巻物』)、$1QH^a$(『感謝の詩篇』)、1QpHab(『ハバクク書ペシェル』)、$11QT^a$(=11Q19『神殿の巻物』)などがそうである。本訳では、こうした慣習も考慮に入れて、邦訳名、邦訳略記、欧文略記、番号表記が混在している。

二、欄番号、断片番号、行番号

死海文書は、比較的まとまった巻物として発見されたものと、まったくバラバラになってしまったものとがある。ある程度のまとまりの残されている巻物には、いくつかの欄が四方の余白に区切られて現存している。そこから、多くの文書は複数の欄を持った巻物であったことが推測される。それらの巻物のなかには、最初の欄が残されているものもあれば、後半の欄は残されていても前半は失われているというものもある。そこで、ある程度、元来の欄の構成が復元できるものについては、大文字のローマ数字を使って欄番号を表示している。必要な場合は、それにアラビア数字で行番号を付している。死海文書には、聖書のような章と節を付すことは困難なので、内容とは無関係に、単純に上からの(あるいは時に下からの)行番号によって特定の箇所を指示することになる。邦訳すると行を跨がらざるを得ないケースが多いため、本訳の行番号表示では単語レベルの厳密さを再現できてはいない。

「4Q162 II 3」という表記は、第四洞穴の百六十二番の文書の第II欄の第3行を意味する。この第II欄は、もともと複数の欄から成り立っているこの文書の二番目の欄、第3行はこの欄の上から3行目を指示することになる（実際に見える行数のこともあれば、研究者によって復元された行数のこともある）。

しかしながら、このように元来の欄番号を復元するためには、最初の欄の場所がある程度想定できる場合に限られ、断片がバラバラになっていて欄数を確認できないことも少なくない。そこで、多くの文書では、欄数表記をせずに断片番号で特定の箇所を指示することになる。本訳では断片番号は漢数字で表記する。

「4Q160 一 4」という表記は、第四洞穴の百六十番の文書の断片一の第4行を指示することになる。

複数の断片をパズルのように組み合わせて、テキストの一部を復元できることもあり、そうした場合には複数の断片番号が一緒に表記される。

「4Q503 七—九 5」とあれば、第四洞穴の五百三番の文書の断片七から断片九（つまり断片七＋八＋九）の5行目ということになる。「4Q168 一＋三 4」の場合は、第四洞穴の百六十八番の文書の断片一と断片三を組み合わせて一つのテキストを復元し、その第4行を指示するということになる。

小さな断片を並べることで、一つの断片を復元できることもあり、その場合には、小断片を小文字のアルファベットで示す。「4Q286 二a-c 5」という表記は、第四洞穴の二八六番目の文書の断片二の上から第五行を指示するが、その断片二は実際にはさらに小さな三つの断片（a、b、c）から復元されたものであることを示す。

比較的大きな断片のなかには、一つの断片でありながら複数の欄が残されていることもある（つまり欄と欄の間の余白が見える）。その場合には、漢数字の断片番号に小文字のローマ数字で右から番号を付している（ヘブライ語は右から左に書く）。

「4Q521 二iii5」という表記は、第四洞穴の五百二十一番文書の断片二の右から三番目の欄の5行目を指すことになる。これらを組み合わせて表記することもある。

「4Q286 一aii、b3」という表記は、第四洞穴の二八六番目の文書の断片一は小断片aと小断片bから成るが、その小断片aには二欄が残されていて、小断片aの左欄と小断片bを組み合わせて復元された欄（つまり断片一の第二欄）の第3行目を指示することになる。

「4Q415 一ii+二i6」とあれば、第四洞穴の四百十五番文書の断片一の第ii欄（左欄）と断片二の第i欄（右欄）を組み合わせたテキストの6行目を指示する。こうした複数の断片を組み合わせることで全体の欄を復元できる場合には、大文字のローマ数字の欄番号、漢数字の断片番号、小文字のローマ数字の当該断片の欄番号、行番号が付されることもある。

「11Q13 II 一+二i+三i+四10」という表記は、第十一洞穴の第十三番文書の第II欄で、この第II欄というのは断片番号一と断片二の第i欄（右欄）と第三断片の第i欄（右欄）と第四断片から復元されていて、その10行目を指示しているということになる（ただし、注等で略記する場合は、大文字ローマ数字の欄番号か、漢数字の断片番号と小文字のローマ数字の当該断片の欄番号のどちらかだけで表記されることが多い。例「11Q13 II 10」ないし「11Q13 一+二i+三i+四10」）。

三、本訳の底本について

死海文書の公式な校訂版は、一九五五年から二〇一一年にかけて刊行された四十巻からなる

Discoveries in the Judaean Desert（Clarendon: Oxford University Press）というシリーズである（以下DJD）。各巻のタイトルについては左記を参照のこと。

https://web.archive.org/web/20120519110203/http://orion.mscc.huji.ac.il/resources/djd.shtml

このシリーズは、聖書を含む死海文書すべてについて、テキスト、翻訳、注、文書断片の写真から構成され、発行年の新しいものについては詳細な解説と注解も付されている。しかしながら、初期に発見された文書についてはこのシリーズに含まれていないものもある（『エノク書』、『神殿の巻物』など）。また、後の研究の進展やデジタル技術の発達などにより、このシリーズとは異なるテキストの読みが提案されていることもある。さらに、詳細な注解や写真がついているため、高価であり、またすでに絶版になっていて入手しにくいものもある。

そこで、DJDの現在の編集長であるE. Tov（およびD. W. Parry）の編集により、（聖書以外の）テキストと英訳のみを提示する *The Dead Sea Scrolls Reader*（Leiden: Brill）が刊行されている（初版は六巻本、第二版は二〇一四年発行の二巻本。以下*DSSR*）。この書は、基本的にDJDのテキストの採録であるが、その後に提案された異なる読みが受け入れられている場合には、新しい読みを採用している。しかし、古い読みがそのまま採用されているケースも少なくないため、全般的に本書に依拠することは最善と思われない。

DJDシリーズとは別に、プリンストン大学が全十巻の予定で新しい死海文書の校訂版の発行を一九九四年から始めている（現時点で六巻七冊が刊行済み。以下、プリンストン版）。

J. H. Charlesworth（ed.）, *The Dead Sea Scrolls: Hebrew, Aramaic, and Greek Texts with English Translations*（The Princeton Theological Seminary Dead Sea Scrolls Project; Tübingen: J.C.B. Mohr; Louisville:

Westminster John Knox).

プリンストン版は、解説にテキスト、英訳、簡単な注が付されたものであるが、いまだ全巻が出そろっていないこと、九〇年代に発行された巻についてはやや情報が古いこと、校訂者によって信頼度に欠ける場合があることなどから全幅の信頼をおくことはできない。

以上とは別に、とにかくテキストと英訳だけを読者に提示することを目的に編集されたものとして、F. García Martínez & E. J. C. Tigchelaar (eds. & transl.), *The Dead Sea Scrolls: Study Edition* (2 vols.; Leiden: Brill, 1997-98, ペーパーバック, 1999) が発行されている (以下 *DSSSE*)。この書では二人の編者がテキストを新たに読み直し、かつ新しい訳を付している。しかしながら、学習版という名の通り簡易版であって、小断片は提示されておらず、また欠損部分の提示の仕方も簡略化されているため、どれくらいの文字が欠落していたのかの判断はできない。そのため、本書だけを利用すると欠落部分の前後について誤読する可能性がある。

個々の文書については、それぞれ詳細な研究がなされているが、死海文書全体のテキストを網羅しているのは以上の四つである (DJD、*DSSR*、プリンストン版、*DSSSE*)。上記のような理由から、本訳においては、以上のどれか一つを底本として定めることはせず、それぞれの文書ごとに訳者が定本を定めて訳すことにした。異読の可能性については注に記してある場合もあるが、その是非と詳細さはその文書の状態と訳者個々の判断にゆだねられている。

四、本訳における文書の配置と文書の特定の仕方について

十一の洞穴から発見された死海文書は、内容上の関連とは無関係に保管されていた。そのため、文書番号順に配列すると、関連ある文書同士が複数の分冊に跨って掲載されることになる。本訳では、すべての文書をそのジャンルに従って配列しなおし、内容上の連関の強いものをなるべく同じ分冊に所収するよう努めた（主に *DSSR* の配列に従っているが、分冊の分量を均等化するため、本訳独自の配列になっている）。

しかしながら、解説や注においては他の分冊に配置されている文書との関連を指示することも少なくない。そこで読者の便宜のために、文書の邦訳名とその略記を五十音順に列記した「死海文書略号表」を巻頭に、文書番号順に当該文書がどの巻に収められているかを示す「整理番号・文書名一覧」を巻末に掲載した。読者諸氏には、必要に応じてこれらの表を活用していただきたい。

五、本訳における注および解説等について

本文に出る言語的・歴史的事柄および死海文書に特徴的な観念と語彙などについて説明する。同一文書内の関連する箇所、及び他の死海文書の関連箇所、さらには旧約聖書・新約聖書、外典偽典文書、ミシュナー、タルムードなどのユダヤ教ラビ文献などとの関連についても記してある。

なお、死海文書は文書ごとに保存状態や研究の進展状況に大きな違いがあるため、本訳における解説等は、その形式や取り扱う事柄について統一を図っていない。

六、本訳本文中に用いた記号の意味について

［　］＝写本の欠損部分を示す。［……］は一単語ほどの欠損を、［…………］はそれ以上の欠損があることを示す。

〜〜＝写本の行間への書き込みであることを示す。

（　）＝解読の便宜のための、訳者による補足を示す。

二〇一八年三月　　上村　静　記

聖書の再話1 ✣ 目次

序にかえて　死海文書とは何か……死海文書編集委員　i
旧約・新約聖書略号表　xiii
聖書外典偽典略号表　xiv
死海文書略号表　xvii
凡例　xxiii

創世記アポクリュフォン　守屋彰夫 訳　1
創世記アポクリュフォン（1Q20）……1

エノシュの祈り　上村 静 訳　91
4Qエノシュの祈り（4Q369）……91

洪水に基づく説諭　上村 静 訳　97

4Q洪水に基づく説諭（4Q370）…… 97

物語と詩的作品 上村 静訳 103

4Q物語と詩的作品a（4Q371）…… 103
4Q物語と詩的作品b（4Q372）…… 108
4Q物語と詩的作品c（4Q373）…… 122
4Q物語と詩的作品d（4Q373a）…… 124
2Qダビデ・アポクリュフォン（?）（2Q22）…… 124

ラヘルとヨセフに関するテキスト 上村 静訳 129

ヤコブの遺訓（?） 上村 静訳 133

ユダの遺訓 上村 静 訳 141
4Qアラム語ユダの遺訓（4Q538）…… 141

レビの遺訓 守屋彰夫 訳 145
1Qレビの遺訓（1Q21）…… 145
4Qレビの遺訓a（4Q213）…… 158
4Qレビの遺訓b（4Q213a）…… 165
4Qレビの遺訓c（4Q213b）…… 170
4Qレビの遺訓d（4Q214）…… 170
4Qレビの遺訓e（4Q214a）…… 173
4Qレビの遺訓f（4Q214b）…… 176

ナフタリ 上村 静 訳 183

ヨセフの遺訓 上村　静訳 187

族長たちについて 上村　静訳 191

4Q族長たちについて（4Q464） 191

ケハトの遺訓 守屋彰夫訳 197

アムラムの幻 守屋彰夫訳 205

4Qアムラムの幻a（4Q543） 205

4Qアムラムの幻b（4Q544） 213

4Qアムラムの幻c（4Q545） 216

4Qアムラムの幻d（4Q546） 223

4Qアムラムの幻e（4Q547）…… 228
4Qアムラムの幻f（4Q548）…… 233
4Qアムラムの幻g（?）（4Q549）…… 235

モーセの言葉 上村 静訳 239

1Qモーセの言葉（1Q22）…… 239
モーセ・アポクリュフォン／火の舌（4Q375–376; 4Q408; 1Q29）…… 245
4Qモーセ・アポクリュフォンa（4Q375）…… 245
4Qモーセ・アポクリュフォンb（4Q376）…… 248
4Qモーセ・アポクリュフォンc（?）（4Q408）…… 250
1Q火の舌（1Q29）…… 253
2Qモーセ・アポクリュフォン（?）（2Q21）…… 258

創世記―出エジプト記パラフレイズ 上村 静訳 261

4Q創世記―出エジプト記パラフレイズ（4Q422）……261
位置不明の諸断片……264

出エジプト記パラフレイズ　上村　静訳……267
4Q出エジプト記パラフレイズ（4Q127）……267

五書アポクリュフォン　上村　静訳……271
4Q五書アポクリュフォンA（4Q368）……271
4Q五書アポクリュフォンB（4Q377）……276

出エジプトについての講話／征服伝承　上村　静訳……285

ナラティヴ

ナラティヴ　上村　静訳　289
ナラティヴA（4Q458）　289
ナラティヴB（4Q461）　293
ナラティヴC（4Q462）　296
ナラティヴD（4Q463）　301
ナラティヴE（4Q464a）　303
ナラティヴ作品と祈り（4Q460）　305
ナラティヴ作品（レバノン）（4Q459）　310
「ヤコブの光」テキスト（4Q467）　312

整理番号・文書名一覧

1

創世記アポクリュフォン

守屋彰夫 訳

創世記アポクリュフォン（1Q20）

内容　極めて断片的だが、『創世記』六章の洪水の原因となった人間の堕落の状況が記述されていると想定されている。

第○欄

1［……………］……そして、［……］からの私た［ちすべ］て 2［……………］というのは、すべてにおいて、私たちは見知らぬ人(1)を受け容れるだろう 3［……………］（余白）4［……………］あなたが［……するであろう］すべ［て…

（1）別訳として。（男性の）「姦通者」も可能。

……］5［…………］あなたはあなたの怒りを増幅させ、容赦しないだろう。[1]しかもその者は誰か6［…………］あなたの憤りの熱気[2]（余白）7［…………未］熟な者と卑しい者と下級の者は震え上がり、怯《おび》えていた。8［…………］さて、明らかに、私たちは拘留の身である9［…………］……これは10［………］急いで？ そして、あなたの怒りを和らげるため［……］（余白）11［………］あなたの怒りによって［……］私たちは［……］の家に赴くので［……］偉大な［聖］なる御方《おかた》[3]12［……］さて、あなたの手が今、将《まさ》に［……］を撃《う》とうと接近し、［……］そして［……］すべてを取り除こうと13［………］私たちの拘留に際して、彼は彼の言葉を終えたので［………］現れた火14［……］天の［主の］[4]前で［……］15［………］彼［ら］へ［……］そして彼らは彼らの背後から一掃され、［……］そして、もはや［……］ではない16［…………］（余白）17［…………］彼らは好意を求めつつ［……］永遠の主から[5]18［……］永遠の主の前で［……］（余白）19［…………］20-36?（欠損）

保存状態

最初に巻物の冒頭としてⅠ欄と名づけられた後で、後に八つの断片が二つの欄を構成し、先にⅠ欄と名づけられた欄の右側に接続することが判明した。したがって剝がれ落ちた断片の左側の欄がⅠ欄の右端部分となり、断片の右側の欄が〇欄と名づけられた。

第Ⅰ欄

内容

第Ⅰ欄は20行の左が空欄になっているので、21行から新しい段落が始まり、その内容が次の欄に継続している。21行以下でノアの物語が始まるが、それより前の部分は断片的だが、人類の堕落とそれに対する神の応答が記述されていると考えられる。

（1）別訳としては、文頭に残された一文字を「その日に」という前置詞句の残滓と見なし、「あなたの怒りの日に、あなたは強硬で固い決意をしているだろう」も可能か。これが誰の発言なのか、神に向かって二人称で「あなた」と言えるのは誰か、文脈が壊れていて解釈が難しい。

（2）「あなたの憤りの熱気」。このアラム語に対応する句が『イザヤ書写本A』1QIsa^{a} XXXVI 7（＝イザ四二25）にある。ダニ三13（アラム語）では「憤りと熱気（の中）で」と、まったく同じアラム語の単語が並列されている。

（3）「偉大な聖なる御方」（*[q]dyš' rb'*）（ここでは語頭の一文字 *q* が欠損）。この神の呼称は、『創世記アポクリュフォン』では一部欠損を含めて、Ⅱ欄14行、Ⅳ欄12行、Ⅵ欄13、15行、Ⅶ欄7、20行、Ⅻ欄17行に登場する。エチ・エノクでは、一3「聖にしてかつ大いなる者」（村岡崇光訳注、三三九頁）という表現が存在する。また、『アラム語エノク書』の一断片、エノク 4Q201 の断片一第i欄5行目には、ここと並行する「偉大な聖なる御方」（*qdyš[h r]bh*）（部分的に欠損）が存在する。「偉大な（御方）」を意味する形容詞に該当する語 *rbh* を伴うわけではないが、ここに出てくる *qdyš'*（「聖なる」を意味する形容詞の規定態）を、神を指す実詞「聖なる御方」として使用する用例としては、ヘブライ語聖書でも形容詞 *qdwš* を実詞として使用する場合が存在する。イザ四〇25、ホセ一一9、ハバ三3、ヨブ六10を見よ。さらに、ハバ一12では一人称接尾辞付きで「私の聖なる御方」として出てくる。また、「イスラエルの聖なる御方」という用例が『イザヤ書』全体にわたって頻出する（一章4節ほか、全部で二十五回）。その他の書では、王下一九22（＝イザ三七23）、エレ五〇29、五一5、詩七一22、七八41、八九19に見られる。

（4）「天の［主］」（*mrh šmy'*）。ここでは「主」は欠損しているが、「天の主」という神の呼称は、『創世記アポクリュフォン』では、Ⅵ欄11行（一部欠損）、Ⅶ欄7行、Ⅻ欄17行、XXII欄16、21行に現れる。同一の表現が『ダニエル書』五章23節でも使用されている（ダニ四章34節「天の王」という表現も参照）。

（5）「永遠の主」（*mrh 'lm'*）。「永遠の主」という神の呼称は、創アポでは、〇欄18行、Ⅵ欄9行（一部欠損）にも現れる。

[1]［…………］彼らは降って来て［いた。］そして、その女たち①と一緒に②[2]［…………］時々に、そしてその悪の不思議③もまた、［……］それは［……］[3]［…………］というその不思議は[4]［…………］［……］［私］たちは知らせなかった[5]［…………］ではない[6]［……］［……］まで[7]［……］［……という］その日［…………］その不思議、それらが［……］かどうか[8]あなたがたのすべての息子たち［……］［……］大きな［……］[9]秘薬④、魔術師⑤、および占い［師⑥…………］［……］[10]大地、そして、私が探求しようとしている［……］［…………］一部の[11]行為、それは［今］日まで［…………］の上にある[12]乾燥地、確立するため［…………］見よ、[13]私はそれらすべてを与えた［…………］そして、もし、[14-17]（欠損）[18]［…………］に対して反撃する者たちのために[19]［…………］［…………］［……］[20]［…………］（余白）[21]［…………］彼らを［……］強固な拘束⑦[22]［⑧…………］［……］[23]［…………］［……］そして［……］から[24]［…………］［……］そしてすべての肉なる者への呪いとして⑨[25]［…………］主、かれがあなたがたに送った使者たちによって［……］[26]［…………］大地へ、そしてその人々を確信させるために降って行き[27]［…………］［……］何をなすべき、人類を大地へ[28]［…………］かれは彼らにおこなった、そしてまた、すべての肉なる者に[29-36?]（欠損）

保存状態

○欄の保存状態の説明にあるように、当初にI欄と同定された右側に、後に本欄を構成すると同定された断片群が加わり、本欄6–13行の右端部分を構成している。

第II欄

内容

II-V欄は、創五28-29のノアの誕生に関する短い様式化した言及への拡張版と言えよう。ノアの父レメクが一人称で語り出す。ノアの名前はII欄には現れないが、ノアの奇蹟的誕生を語るエチ・エノク一〇六―一〇七章に類似する内容となっている。

---

(1)「その女たち」(*nqbt'*)は内容的には創六4の「人の娘たち」(*bnt h'dm*)を指す。前者は、創一27と五2で「男と女」の創造で言及される「女」(*nqbh*)(単数形)の同系語。

(2)文脈が詳細には不明だが、「神の子ら」と「人の娘たち」との「結婚」を記述する創六1-2、ヨベ五1、エチ・エノク六、七1-2の場面を描写しているか。

(3)「悪の不思議」に該当するヘブライ語の語法がクムラン文書でも使用されている(字義通りには「罪の不思議」。秘義1Q27断片一第II欄2、感謝詩1QH^{a} 5, 36, 断片五〇5を参照)。新約のIIテサ二7「不法の秘密」は、用語としては並行する表現だが、異なる文脈の中で使用されている。

(4)地上世界に降って来た御使いたち、天の子たちが、女たちに天上界の知恵を授けた場面(エチ・エノク七1)での知恵の内容を指すか。「秘薬」は、アッカド語の同系語と関係させられていて、薬草から作られる。

(5)「魔術師」。ヘブライ語の同系語がイスラエルの魔術師への言及としてエレ二七9、ミカ五11などに、またバビロニアの魔術師への言及としてイザ四七9、12などに現れる。

(6)「占い師」の語は、後半が欠損しているが、ヘブライ語の同系語がイザ三3「魔術師」で使用されている。

(7)「拘束」ないし「囚人」。この語はエズ七26の「投獄」やダニ四12、20の「枷」と同系語。

(8)22行目以降、文脈が壊れているが、レメクと彼の妻ビテノシとの間にノアが生まれた経緯が記されていると考えられている(エチ・エノク一〇六章を参照)。

(9)「呪い」と訳した語は「不名誉」とも取れる。創六5への言及か。「すべての肉なる者」という表現は、29行目にも出てくる。創六17、八17、九15、ダニ四9と同様に、人間に限られない地上のすべての生き物を指す。

1見よ、そのとき、私は(1)私の心の内で、その妊娠は見張りの者たちに因《よ》るのであるか、そしてその胤《たね》(2)は聖なる者た
ちに因るのであるか、あるいはネフィリ［ム］に属する［事柄である］かと思い巡らした。(3)［……］2そして私の心は
この嬰児《えいじ》のことで動転した。（余白）3そのとき、私レメクは居ても立ってもいられず、(4)私の妻ビテノシ(5)の許へ行って、
私は［彼女に告げ］た。4［……］「私は至高者(6)にかけて、偉大なる主(7)にかけて、永《えい》［劫《ごう》］の王(8)にかけて厳命する［…
……………］5天の子ら(9)の［一人……］お前が私にありのままにすべてを物語るまで、［……］かどうか［……］6お前
は私に［ありのままに］物語るべきであり、しかも嘘八百ではなく。お前から（生まれた）息子は類のない(10)（?）［…
…………］7永劫の王にかけて、お前が私にありのままに物語るまで、しかも嘘八百ではなく。［…………………］
8そのとき、私の妻ビテノシが私に猛烈な激情を込めて語った。そして彼女は泣いて［……………］9そして彼女

---

(1) II-V欄での「私」は、ノアの父レメクである。レメクの名前は、II欄の3、19行、V欄の26行に出てくる。このレメクは、いわゆる祭司資料に出てくるレメク（創五25-31）を反映しており、父はメトシェラ、息子がノアである（ルカ三36を参照）。ヨベ四27に拠れば、メトシェラの妻、すなわちレメクの母の名は、エドナである。

(2)「胤」は、原意は「種」で、比喩的表現で「子」を意味する。ダニ二43「人の胤」も同じく、人の比喩的表現。創アポII欄15行も参照。

(3) レメクは自分の妻から生まれた子供が自分の子供ではないのではないかという嫌疑を懐いている。この嫌疑の原因は、この書物（創アポ）には記述が遺されていないが、生まれた嬰児であるノアの人間離れした様子を描いたエチ・エノク一〇六2-3の記述から想像できよう。「彼の身体は雪のように白く、またばらの花のように赤く、頭髪、（ことに）頭のてっぺんの髪は羊毛のように白く、眼は美しく、彼が眼をあけると、それは太陽のように家中を隈なく照らし、家全体がいよいよ明るくなった。彼は、産婆の手を離

れて立ちあがると、口を開いて義の主を讃美した」（村岡崇光訳、二八八頁）。引用は省くが、エチ・エノク一〇六5-6のレメクの言葉は、この子供の父親が天使ではないかという疑心暗鬼を直截的に述べている。この猜疑心の背景には創六1-4の出来事の記述があるのは明らか。1行目の「見張りの者たち」「聖なる者たち」「ネフィリム」は、いずれも天使を指す。「見張りの者たち」はダニ四10、14、20に出てくる用語。最後の「ネフィリム」（これはヘブライ語表記で、アラム語では「ネフィリン」だが、聖書表記に合わせた）は「堕ちる」という動詞語根から来ており、広義の堕天使を指す。創六4、民一三33を参照。5、16行目の「天の子ら」も天使を指す同義的用語である。

（4）すなわち、「急いで」という意味か、あるいは、「狼狽して」という意味も可能。

（5）聖書にはレメクの妻の名前「ビテノシ」は言及されていない。ヨベ四28（創五28-29との並行記事）に「第十五ヨベルの第三年週にラメクはビテノシという名のバラクエルの娘、父の兄弟の娘を嫁に迎えた。彼女はその年週に男子を産んだ。彼は、この子はわたしのすべてのわざと主が呪われた地のゆえに、わたしをねぎらってくれるであろう、と言ってその名をノアと呼んだ」（村岡崇光訳、三七頁）と記述されている。このビテノシの綴りは、創六2、4に出てくる「人の娘たち」をアラム語の綴りで表現したものに相当する（タルグムの当該箇所を参照）。以下にレメクとビテノシとの間に子供の父をめぐる論争が展開されるが、このような場面はエチ・エノク一〇六章にもヨベ四章にもない創アポだけにある独自の場面展開である。

（6）「至高者」は神の呼称として、ダニ三26に出てくる。ダニ三32、四14、五18、21も参照。この呼称の単独使用は、創アポⅥ欄24行、Ⅹ欄18行にもある。

（7）「偉大なる主」は創アポでは、ここだけに使用されている神の呼称。

（8）「永劫の王」という神の呼称の表現は、7行目にも出てくる。

（9）「天の子ら」は、創六2の「神の子ら」という表現を代替する句。但しこの文脈では、レメクが、妻ビテノシが天の子らと関係を持たなかったかどうかを詰問している。エチ・エノク六2（一四3も参照）も創六2に照応しているが、創アポの当該箇所と同様に「神の子ら」ではなく「天の子ら」という表現を採用している。創アポでは、Ⅱ欄16行とⅥ欄11行にも「天の子ら」への言及がある。

（10）「類のない」「無比の」「唯一の」という表現は、前掲注（3）のエチ・エノク一〇六2-3の記述にあるノアの様相を想起すべきか。

は言った。「ああ、私の兄弟よ、(1) ああ、私の主人よ、あなたご自身が私の歓喜(2)を思い起こしてください［…………］
[10]あの刹那の熱《ほて》りの中にあり、そして私の息はその抱擁の中に(3)（あった）。そして、私に関しては、私はすべてを
ありのままにあなたに物［語って］います。［……］[11]［…………］そのすべてにおいて。私の心はそのとき、私の
内で大いに動転していたのです。（余白）［…………］[12]私の妻ビテノシが、私の顔色が変容したことに気がつい
たとき、［……］[13]そのとき、彼女は彼女の感情を抑え、私に語り、私に言う。「ああ、私の主人よ、ああ、私の兄
弟よ、［…………］[14]私の歓喜。私はあなたに誓います、偉大な聖なる御方《おかた》にかけて、［天］の王(4)にかけて。［……
……］[15]この胤《たね》はあなたからであり、この懐妊はあなたに因《よ》るものであり、［この］果実の植えつけ(5)はあなたに因
るものです。［…………］[16]また、決していかなる余所者《よそもの》(6)に因るのでもなく、また、決していかなる見張りの者た
ちに因るのでもなく、また、決していかなる［天］の子らに因るものでもありません。［…………なぜ］[17]あなた
の顔色の[16]［容相］が[17]そんなに変貌し、醜《みにく》く歪《ゆが》んだのですか。また、（なぜ）あなたの気概がそんなに（阻喪《そそう》した
のですか）。［…………私は］[18]ありのままにあなたに語っているのですから。（余白）［…………］[19]そのと
き(7)、私レメクは私の父メトシェラの許へ走った(8)。そして、私は彼にすべてを物［語った］［……］[20]彼の父[19]［エ
ノクの許へ(9)（行くように）……］[20]そして、彼は彼（エノク）からすべてを確実に知ることになるように。なぜな
ら彼は(10)［神の］最愛の子であり、［神の］友であり、［そして聖なる御方と共に］[21]彼の命運は配分されており(11)、彼ら
は彼にすべてを物語るからだ。［……］そして［私の父］メトシェラが［（これらの事柄を）］聴いたとき、［………
…］[22]彼は彼の父エノクの許へ走り、彼は彼から(12)すべてをありのままに知ろうとした。［…………］[23]彼の意思［…
…］。そして、彼はパルワイムの地(13)を縦横に行き巡り、そこに彼は大［地の］果てを見出した。[24]［そして］彼は彼の
父エノクに言った。「ああ、私のお父さん、ああ、私の主人よ、私はあなたの許《もと》に辿り着［いたのです。…………］
[25]［……］私に、そこで、私はあなたに申し上げます。私に腹を立てないでください。私はここにあなたを［探し］

(1)「私の兄弟よ」は字義通りの訳だが、妻であるビテノシが夫であるレメクに向かって言う場面で、夫に対する親愛を込めたアラム語の用法と理解されている。創一四16やレビ一〇4でも、「兄弟」という語が親族を含めた広義の意味で使用されている。

(2)「歓喜」は創一八12の「楽しみ」と同系語で、性的な意味が込められている。

(3)「私の息はその抱擁の中に」は婉曲的な訳だが、字義通りには「私の息はその鞘《さや》の中に」で、「鞘」は身体を指す。ダニ七15にも似た表現があり、それも字義通りに訳してみると、「私の霊[息]は、[その]鞘の中で苦しんだ」となる。

(4)「天の王」はダニ四34に由来する表現と考えられている。創アポではⅧ欄10行でも使用されている。

(5)「この果実の植えつけ」と直訳したが、子供の懐妊と出産を指す。果実を「胎の実」という複合表現で使用する例が、創三〇2や申七13にある。

(6)「余所者」は殊に、この地上の者ではない者、すなわち人間ではない天使のような存在を指す。

(7)生まれた子供がレメクの子であるというビテノシの説得にもかかわらず、レメクは彼の父メトシェラの許へ行って真実を知ろうとする。以下の19-26行はエチ・エノク一〇六4-5、7-8行に照応する。

(8)「メトシェラ」からノアまでの系図は、創五25-31にある。ヨベ四20、七38を参照。メトシェラは、19行と21-22行で息子レメクの要請で父エノクの許へ派遣される。彼の名前の後半の「シェラ」は派遣という語根からきている。また前半の「メト」は、23行目の「パルワイムの地」の「地」(アッカド語からの借用語)と同じ綴りであるから、ここには言葉遊びがあるのだろう。レメクが父メトシェラに祖父エノクの許へ行くように懇願する場面はエチ・エノク一〇六7にある。

(9)エノクの名前はここでは欠損しているが、20-21行目の人物描写から、確実な補塡。実際、22、24行目に「エノク」の名前が現れる。その他、Ⅴ欄3行目、XIX欄25、29行目にも言及がある。エノクの語根はヘブライ語でもアラム語でも「訓練する、育成する」という語義だが、天上の奥義を知る立場から、ここでも息子メトシェラに訓戒を与えている。エノクはアダムから数えて七代目にあたる(創五1-24)。七代目という言及は、エチ・エノク六〇8、九三3、ヨベ七39、新約のユダ14などに見られる(ユダ14-15には、エチ・エノク一9が引用されている)。

(10)エノクを指す。

(11)「彼の命運は配分されており」(*‘bdh plyg*)、「彼の命運」(*‘bdh*)。文字通りには「彼の籤」で、この語*‘bd*は、土地の分割での籤としても出てくる(XVI欄12、14、26行を参照)。

(12)エノクを指す。

(13)アラム語ではむしろ「パルワイン」だが、代下三6のヘブライ語表記に合わせた。具体的な位置はまったく不明だが、ソロモン神殿の金の覆いの出所として言及されている。

求めてやって来たのですから。……[26]あなたによって恐れ［…………］[27]［…………］[28-36?]（欠損）

保存状態

欄の右側、すなわち行の始まり部分はほぼ完全に保存されているが、行の終わりの三分の一ほどが全行にわたって欠損している。

第III欄

内容

非常に断片的だが、エチ・エノク一〇六8-19にあるメトシェラとエノクとの会話に相当する場面があると想定されている。

[1]［…………］ではない[2]［…………］すべての［……］そして、その長さではなく[3]［…………］というのは、
私(1)の父イエレドの時代に[4]［…………］［…………］[5]［天］[4]の子たちが(2)[5]［住んでいた…………］（余白）[6]［……
…………］［……］の日まで[7]［…………］［……］そして、彼らはあなたに対して［……］となるだろう[8]［……
……］［……］人（類）の住処《すみか》［……］［……］そして、［……］の上に。[9]［…………］全地の上に［……］とな
るだろ[10]［…………］［……］私の大地で［……］その海へ[11]［…………］［……］彼はそれらすべてを一つの果実
として配置する。大地は[12]［…………］［……］大地［……］彼は彼の民を呼び出した。さあ、行きなさい[13]［……
…………］ありのままに、しかも嘘八百ではなく[14]［…………］［…………］[15]［…………］［……］
そして、彼は到着した［……］泉に［……へ］[16]［…………］すべて［……］と共に[17]［…………］彼は全地を分割

する一人であり、(3)［……］と共に 18［…………………］（余白）19-23（欠損）24［…………］［……］そして、食料のために［……］25（欠損）6［…………］［……］彼は［彼の息子］メトシェ［ラ］に与えた［…………］27［…………］そして、彼は］彼の息子［メト］シェラ［に］洞察力を［与えた。(4)］そして［……］［…………］28［…………］［………］彼に［……］あらゆる海洋にある［……］29［…………］主は［彼］に永［遠に続］く名前を［与えるだろう。……］森林へ［…………］30［…………］そして、［……］に至るまで［……］31［…………］胎《たい》から［………］［…………］32［…………］に至るまで［……］そして、彼の［……］の上に名［前……］そして、彼は［……］に与えた［…………］33-36（欠損）

保存状態

Ⅲ欄の1-18行目までは、左端に最大で二十字分ほどの紙幅が残されている。そこに残された文字も断片的でほとんど読み取れない。マチーラにより、これまでの再構成を超える読み取りが可能になったと言えよう。

（1）創五18から、ここでの話者がエノクであることがわかる。エチ・エノク一〇六13-19で、エノクが、レメクの依頼を受けて訪ねてきた息子のメトシェラに語っている場面と想定できよう。

（2）「天の子たち」は、エチ・エノク一〇六12「天使の子」、13「天使の中のある者たち」に該当するか。そこでは、エノクの父イエレドの時代に、天（使）たち（創六2では「神の子ら」）が人の娘たちと交わって子供をもうけたことが語られている。

（3）ここは、洪水後にノアが大地の分割に果たす役割を、エノクにより預言的に語られている場面。

（4）エノクがメトシェラに大洪水による滅亡とノアの救済を語っている（エチ・エノク一〇六15以下参照）。

第IV欄

1さて、[……] [……] 彼らは大いに面倒を起こすだろう。2そして、[……] [……] そして、
なぜ[……] 3上に[……] [……] 永劫に至るまで[……] 大いに、そしてその邪悪 4-10(欠損) 11私は[……]
の上に裁きと正義が執行されるのを見た[……] [……] 名前 12偉大な聖なる御《お》方《かた》の、そして一つの終わり
[……] 彼らに大地の様相から 13ではない[……] 14[……] 彼らの上に[……] 15-36(欠損)

保存状態

III欄と同じように、IV欄も断片的である。

第V欄

内容

全体としてメトシェラへのエノクの返答がその内容となっている。1-10行では、エノクがメトシェラに、ノアがレメクの子であることについての確信を与える。11-13行では、幼児ノアの驚くべき特徴が語られる(エチ・エノク一〇六5、10と並行)。20-21行では、レメクに、そして最終的にはノアにまで受け継がれるべき秘密ないし不思議(来《きた》るべき洪水とその惨事に関係する)への言及がなされている。本欄はエチ・エノク一〇六章との並行箇所が散見される。1行空白の後、29行で、『ノアの言葉の書』への言及があり、次の段落への移行を示す。

[1]そして、彼はそれらのすべてをその巻物に覚えとして書いた、すべて［……］［…………］[2]（余白）さて、お前に、
［私(1)の息］子メトシェラ［…………］この嬰児の(2)［……］[3]見よ、私エノクが［……］時、［…………］[4]天の
[3]子らの一人からではな［く、］(3)[4]むしろ、お前の息子レメクから(4)［……］[5]そして、彼はその血において［……］では
なかった(5)［…………］[6]そして、［……］ではない［……］［…………］[7]彼の様相(6)の[6]［せい］で、[7]お前の息子レ
メクは畏《おそ》れていた。しかも、［……］のゆえに、［……］そして、ありのままに［……］［…………］[8]ありのままに、
彼は［……］に信頼を寄せている［……］（余白）［…………］[9]さて、私の息子よ、私はお前に告げる。そして、お前
に私はありのままに［……］のすべてを知らせる［…………］ありのままに［…………］[10]行け、お前の息子レメ

（1）ここでも話者はメトシェラの父エノク（創五21）。

（2）Ⅱ欄2行目に出てくる表現で、ノアを指す。

（3）この句はⅡ欄5行目を反映している。

（4）ここでは語り手のエノクが、レメクの父メトシェラに、生まれた嬰児がレメクの子であることを確信させようとしている。エチ・エノク一〇六18、一〇七2を参照。

（5）原文は、従来フィッツマイヤー（第三版）によって、*wmdm'*（接続詞 *w*+動詞語根 *dmh/y* のパエル分詞）と読まれてきた。これに従えば、その意味は「そして、彼は似ていなかった……」となる。これに対して、マチーラは、写真版と照合しながら、*wbdm'*（接続詞 *w*+ 前置詞 *b*+ 名詞 *dm* の規定態）の読みを提案している。この場合は、「彼は、その血において……ではなかった」の意味になる。この読みを採用した。文脈が壊れているが、ノアが天の子らの血をひくのではないことを言おうとしているのかもしれない。

（6）「彼の様相」とは、生まれたばかりのノアの様相を指す。エチ・エノク一〇六5を引用する。ノアの父親レメクが、レメクの父メトシェラに報告している場面である。「風変わりな子が生まれました。人間には似てもにつかず、天使たちの子に似ていて、とにかくつくりが尋常ではなく、わたしたちとは違って眼はお天道さまの傘みたいで、顔はきらきら光っております」（村岡崇光訳、二八八頁）。レメクの畏れは、ノアの誕生が地上での異変の予兆ではないかというもの（エチ・エノク一〇六6を参照）。

クに告げよ、①「[その嬰]児はまさ[しく]お前からであり、[そして、天の]子らの一人から[ではな]い[……]」と。
[……]11そして、彼らは彼を大地に放り投げた。②そして、審判のすべての営為を私は彼に委ねた[……]③[……
……]12彼は彼の④顔を私に向けて上げた。そして、彼の眼は太[陽の]ように輝いた。[……]13この嬰児は炎であり、
そして、彼は[……][………]14その胤は[……]からであり[………]15[………]16見よ、そのとき、
彼らは狼狽し、躊躇《ためら》った。⑤[………]17永遠[……]彼らは彼らの穢《けが》れに応じて[……]与えた。[……][……
……]18彼らは大いなる暴虐を働き、⑥彼らは[……]に至るまで、行うだろう。[………]19そして、彼らは激《げき》
昂《こう》し、⑦そして、あらゆる暴虐の大路[……]から[……][………]20さて、⑧私の息子よ、私はお前に[……]物
語っている([………]21お前の息子20[レメクに]21私はこの不思議について[……]のすべてを物語ろう。[…
……それは]22彼の時代に⑨行われるだろう。そして、見よ、[……][………]23あらゆるものの主を賞め
讃えること⑩[……][………]24そして、メトシェラが[これらの言]葉を聴いたとき⑪[……]25そして、彼の息
子レメクと共に、彼は不思議について語った[……]26そして、私レメクが[……]を聴いたとき[………]27主
は私から[……]を連れ出したことを喜びながら⑫[………]28(余白)[………]29『ノアの言葉の書』の写
[し]⑬30-36(欠損)

保存状態

欄の右側部分しか残されていない。

（1）エチ・エノク一〇六18「ところで、お前の息子レメクには、生まれた子はまさしく彼の子だ、と知らせてやれ」を参照。

（2）あるいは「置いた」。いくつかの解釈の可能性があるが、文脈がうまくつながらない。「そして、彼らは彼を大地に置いた」と理解すれば、彼ら（天使たち？）が、天上のエノクを訪れたメトシェラを大地に帰したということになるだろうか。

（3）エノクがメトシェラに権限を委ねたことへの言及か。このマチーラによる原文の読みは、従来の読み方とは異なっている。フィッツマイヤーまでは、「[天の子らの]すべての所業は……」と読み、創六2-4の神の子らの行為と関連されるかと推測された。

（4）ここでの「彼」は、レメクとビテノシとの間に生まれた息子ノアを指すであろう。一三頁注（6）でのエチ・エノク一〇六5の引用を参照。話者の「私」は、エチ・エノク一〇七3に関連するとすれば、レメクの許へ戻ったメトシェラになるか。

（5）再び文脈が不明瞭になっていて、誰が狼狽し、躊躇ったのかは不明。

（6）エチ・エノク一〇六18-19に、天使たちの子らによる罪と暴虐への言及がある。創六4-5、11-12も参照。

（7）マチーラは、従来の読み *wslqyn*（接続詞 *w*+動詞 *slq*「昇る」の分詞・複数形）に替えて、*yšlqwn*（動詞 *šlq*「沸騰する」の未完了・複数形）と読む。この読みに従った。

（8）20-21行は、エノクが彼を訪ねてきたメトシェラに語っている場面と理解される。

（9）原文は「彼の日々」。ノアの時代に起こるべき大洪水とそこからの救済を告げている場面か。エチ・エノク一〇六15-16を参照。

（10）*mbrk* は、動詞語根 *brk* のパエル活用で、能動分詞と理解して訳した。

（11）ここから、メトシェラがエノクの言葉を携えて、息子レメクに報告に行く場面に移行していく。エチ・エノク一〇七3を参照。

（12）マチーラによる原文の改訂に従っている。フィッツマイヤーは、行頭を *hzy*「見よ」と読んでいたのに対して、マチーラは、*hdy*「喜ぶ」（分詞）と訂正した。また、行末を *mr[h]*「主」と推読して、動詞の主語を明示した。

（13）行頭の「写し」（*pršgn*）は、従来はまったくの推読だったが、マチーラは、写真版に拠りながら、語の真ん中の文字 *š* の確実性を主張している。その前後をどう補うかだが、「写し」が従来の推読とも一致している。その他に、「メトシェラ」（*mtwšlh*）が提案されているが、マチーラは余白の幅から、後者を退ける。なお、ヨベ一〇13には、「ノアは、われわれがあらゆる治療法について教えてやったところを本に書きとった」（村岡崇光訳、五四頁）とあり、ノアが本を書いたことが記述されている。

第VI欄

内容

本欄全体は、ノアが一人称で語る内容となっている。

[1]胎児（のとき）から、(1)そして、（母が）私を妊《みごも》った子宮を通って、私は(2)真理のために飛び出してきた。(3)そして、私が私の母の胎《たい》から出てきたとき、私は真理のために植えられた。(4)[2]そして、私の生涯を通して私は高潔に振る舞った。(5)そして、私は永遠に続く真実の大路《おおじ》を歩むことを(6)これまで常としてきた。そして、聖なる御《お》[方《かた》](7)が私を教え導いて(8)[……][3]真理の踏み跡の進路を[……]するように、そして、私が永遠の暗黒へと通じる虚偽の道へと逸《そ》れることのないように警告して、そして、[……]かどうかを熟慮するように[4]私は主に[……]しよう。そこで、真理と知恵が目前に現れている中で、私は気を引き締めた。(9)祈願用の長衣を（身に纏《まと》い）、そして、[…………][5][…………]あらゆる暴虐の大路[……]（余白）[6]そ[の]とき、私ノアは成人となった。(10)私は、真理を握り締め、知恵によって自分自身を力づけた。[……][7][……](11)私は進んで行った。そして、私は彼の息女《むすめ》エムザラを私の妻にした。(12)そして彼女は、私によって妊娠し、私に[三]人の息子たち(13)[8][と息女たち](14)を[7]産んだ。[8]そのとき、私は私の息子たちに、私の兄弟の息女たちを妻に娶《めと》った。一方、私は私の息女たちを私の兄弟の息子たちに、[9]永遠の[主]が人類に[与え]た[8]永遠の法規に則って、（妻として）与えた。(15)[9]（余白）そして、私の時代に、私が熟慮したその熟慮の結果通りに、事が私に成就したとき、[10][…………]十回のヨベルの年、(16)そのとき、私の息子たちが彼ら自身のために妻を娶ることが完了した。[11][そして、]天[の主が]幻視の中で[私に現れた。](17)私は見て、天の子らの行状(18)を示され、知らされた、そして、何とすべてが[12][…………]天[……]。そして、私はこの不思議(19)を私の心の中に秘《ひ》匿《とく》し、何人《なんぴと》にもそれを知らせなかった。（余白）[13][…………][……]私に、そして、偉大な見

（1）「胎児」（*ʿwl*）は従来、「不法」［ʿavel］の意味に理解されてきたが、むしろ同一の綴りの［ʿul］「授乳する」から派生した名詞と取った方が文脈に合致しているので、ここでは後者を採用している。「胎児」の訳語は、まだ母親の胎内で養われている時期を指す。家畜の授乳の用例もあるが、人間の乳幼児に関しては、イザ四九15、六五20を参照。

（2）この一人称の「私」はノア。以下、この欄では、ノアが一人称で語る。

（3）具体的には、洪水前の悪の蔓延する世界が一掃されることを意味する。「飛び出してきた」は、ノアのこの世への出現・誕生を指すが、この表現はノアの意気込みを感じさせる。

（4）ノアのこの世界での使命を指す。創六8‐9を参照。「人間が真理のために植えられる」という比喩的表現はヨベ七34や一六26にもある。

（5）直訳すると「真理を実践した」、あるいは「真理を先導した」。1行目の「真理」と同一語が使用されている。

（6）「真実の大路を歩む」という表現は、トビ一3「私は……真理と正義の道を歩み続けた」にある。

（7）「聖なる御方」については、三頁注（3）参照。

（8）「私を教え導いて」。従来は、*wʿmy*（前置詞 *ʿm* ＋人称接尾辞、一人称、単数 *y*「そして、私と共に」）と読んでいたが、マチーラが写真版に依拠して *ʿlmy*（接続詞 *w* ＋動詞 *ʿlm* ＋人称接尾辞、一人称、単数 *y*「私を教え導いた」）を提案しているので、これに従った。

（9）ここでは、*hsy* の綴りに問題があり、*hrsy*（アラム語）ないし *hlsy*（ヘブライ語）の間違い（一字脱落）として「腰」と読むと、直訳で「腰を守る」「腰を結合する」となり、比喩的に「気を引き締める」意味になると理解した。

（10）字義通りには「人となる」だが、成長して大人になるという意味である。トビ一9参照。

（11）7行目の冒頭の部分をフィッツマイヤーは、ノアの妻エムザラの父名として、「バラキエル」（*brqyʾl*）を提案したが（エチ・エノク六7に堕天使の一人の名前として登場）、六文字を許容する余白がないとしてマチーラは拒絶し、*rqyʾl, bqyʾl, brqʾl* の可能性を示唆する。

（12）ヨベ四33「ノアはエムザラという名のレケエルの娘、彼の父の兄弟の娘を嫁に迎えた」（村岡崇光訳）とある。『創世記』には、ノアの妻の名前は言及されていない。

（13）ノアの「三人の息子たち」は、創五32、六10、七13、九18、一〇1に「セム、ハム、ヤフェト」の順で言及されている。また代上一4も参照。ヨベ四33は各自の生年を記して、セム、ハム、ヤフェトの順に生まれたことを明記する。それぞれ世界暦で一二〇七年、一二〇九年、一二一二年となっている。創五32の記述は、ノアの三人の息子たちが、同年に生まれたような印象を与えるが、三つ子ではなく、むしろヨベ四33に従えば、ノアの最初の息子セムが生まれた時に、「ノアは五百歳」だったと考えるべきだろう。またヨベ四

張りの者によって、一人の使者を通して私に、そして、偉大な聖なる御方《おかた》の特使によって私に、(1) [14]［…………］彼(2)
は示［し］た。そして、幻視の中で彼は、私に語りかけた。そして、私の前に、彼は立っていた。そして、彼は重々
しく言った［……］「お前に、ああ、ノ［ア］よ、」[15]［…………］そして、偉大な聖なる御方の［特］使によって、
一つの声が私に宣言した。「お前に、ああ、ノアよ、彼らは語りかけているのだ。［……］[16]［…………］［……］
私の前に。そして、私は大地の子らのすべての振舞いについて思い巡らした。私は悟り、そして［………］のすべ
てを見た。［………］[17]［…………］［……］彼らは繁栄するだろう。(3) そして、彼らは［……］彼らの中から［……］
を選んだ。［……］［…………］[18]［…………］［……］二週（間）(4)［……］そしてそのとき、それは封印される(5)［…

33とヨベ四28の記述とを勘案すると、ノアの生年は、世界暦七〇七年となる。ノアとエムザラとの結婚はその二年前だから、世界暦で一二〇五年となる。このように、『ヨベル書』に拠る限り、ノアの三人の息子たちの年齢関係は問題がなさそうだが、『創世記』の記述には、これと矛盾する記述がない訳ではない。例えば創九24では、ヘブライ語ではハムが「（一番）末の息子」となっている。七十人訳は、最上級を避けて比較級で翻訳しているが、おそらく矛盾を回避しようとした結果であろう。創一〇21に関しては、ここもヘブライ語では、「ヤフェトの（長）兄」で問題はないが、七十人訳はセムをヤフェトの弟と訳しているために（秦剛平訳「（セムは）年上のヤフェトの弟」、五八頁を参照）、欽定訳やルター訳に影響を及ぼした。三人の息子たちの年齢問題は創アポⅫ10-12、ⅩⅥ12-14、ⅩⅦ7-16でも扱われる。

(14) 8行目の冒頭の欠損箇所に「と息女たち」と補ったのは、このすぐ後で、ノアに息女たちがいたことへの言及があることから容認されるであろう。

(15) ノアの三人の息子たちの結婚相手が誰であるかについての記述は聖書にはない（創六18、七7）。ここでの結婚形態はいとこ同士の結婚で、いわゆる同族結婚（属内婚）と呼ばれる制度である。ノアの時代の後で、夫妻の両方の名前が言及される結婚は、アブラムとサライ、ナホルとミルカであるが、後者は伯父と姪の結婚である（創一一29）。また、アブラムとサライの息子イサクと、ナホルとミルカの息子ベトエルの息女リベカとの結婚は、イサクからすれば、従兄妹の息女との結婚である（創二四24）。このように、

族長時代では、いわゆる近親婚の例は多い。トビ四12でイスラエルの預言者の家系の理想の結婚とされている。「永遠の主が人類に与えた永遠の法規に則って」は、血の純粋さを保つことを強調する。同時に、結婚は神意に基づくべきだという思想は、トビ六13、18、七10-12で具体的に適用されている。

(16)「十回のヨベルの年」(*ywblyn ʿśrh*)。「ヨベルの年」(*ywbl*)(単数)に関しては、死海文書アラム語ではここが唯一の出典。レビ二五10-12に「ヨベルの年」の定義がある。五十年ごとに訪れるヨベルの年を十回数えると、ちょうど五百年になり、ノアに最初の息子が生まれた年齢に重なっている。前後の文脈が壊れているが、直前の9行目「そして私の時代に、私が計算したその算出結果の通りに、事が私に成就したとき」も含めて、神の意思の実現と受け止めたのであろう。

(17)この行頭の欠損部分の推読はマチーラに拠る。訳文では三箇所に分散している。

(18)「天の子ら」については、七頁注(9)を参照。創六4-5の記述は抽象的だが、ヨベ五1-3は「天の子らの行状」を具体的に叙述している」。

(19)「この不思議」は11行目の幻視の内容を指す。

---

(1)13行目は、冒頭部分が欠損しているが、いずれも *ʿly*「私に」という前置詞句を含む三つの類似した表現が並置されている。三つの内の最初の部分は欠損しているが、第二「偉大な見張りの者によって、一人の使者」と、第三「偉大な聖なる御方の特使」から推測すれば、神的存在者から、ノアに特別な使者が送られ、啓示が与えられた場面と考えられよう。*ʿyr*「見張りの者」(ここでは、単数の規定態 *ʿyrʾ*)は、創アポII欄1、16行にも複数形(「見張りの者たち」)で出てくるが、そこでは、むしろ堕落天使(創六2、4を参照)を指す。また、創アポVII欄2行では、天体の運行をつかさどる天使たちとして登場する。ダニ四10、14、20でも天使として登場する。ここでの *ṣyr*「使者」と、*mšlḥ*「特使」は訳し分けたが、同格的な存在であろう。

(2)この行の三つの文の主語の「彼」は、13行目に並置されている「使者」「特使」であろう。

(3)「彼らは繁栄するだろう」(*yṣlḥwn*)。この動詞の語根 *ṣlḥ* に関しては、もう一つの可能性として、フィッツマイヤーは「彼らは分裂するだろう」を採用した。文脈が壊れているので、どちらが正しいかの確証を得ることはできない。

(4)「二週(間)」が単純に「二週間」なのか、それとも、七年から成る「二回の週年(間)」なのかは不明。

(5)「それは封印される」。動詞 *stm* のパエル受動分詞と理解した。文脈が不明だが、「それは隠される」「それは曖昧にされる」などと訳すことができるだろう。

…］［…………］[19]［……］それはネフィリムが流した血を証言している。①私は沈黙し、［……］まで待った［……］[20]［…………］［…………］人［間の］息女《むすめ》たちと一緒にいた聖なる者たち②[21]［…………］占いの技法により、③彼はそれを穢《けが》［れた］ものとした。④そして私は、彼らの内の［一人の許へ］赴き、私は言った。「あなたに、……」［……］[22]［…………］［……］そして、彼らは［……］を検分しながら［……］［…………］[23]［…………］私ノアは、潤沢な恩寵と、真理を［……の主］の眼の中に［見］出した。⑤［……］[24]［…………］［……］そして、［……］永遠の民［……］、そして、遺恨の血、至高者、彼は［……］［……］[25]［…………］［……］天の門まで、⑥それを、永［劫］の王は[26]［…………］［……］人類を、そして家畜を、そして野獣を、そして鳥類を、そして［……を、⑦］[27]［…………すべ］ての行状、そして、［すべ］ての［……］［…………］[28-36]（欠損）

保存状態

上端は本文がすべて読める状態になっているし、右端も残されているが、下端に向かうにつれて読める部分が逓減していく。

第Ⅶ欄

内容

前半1–6行までは、偉大な聖なる御方からノアへの洪水前の箱舟建造に先立つ出来事が記されていると推測される。ノアに対する神の洪水後への対処の言葉が含まれている。7–9行は、ノアの偉大な聖なる御方への応答が一人称で語られている。10行目以降は文脈が判然としないが、19行目以降に再びノアの一人称の語りが現れる。

1［…………］［お前］はそれらを、すなわちその大地と、そしてその上にあるすべてのものを、その海を、そし
てその山々を支配［することになる。(8)］2［………］天のすべての星宿、すなわち太陽、月、そして星々(9)。そして、見

（1）「ネフィリムが流した血」。「ネフィリム」については六頁注（3）を参照。彼らが引き起こした流血事件は、ヨベ七22-24、エチ・エノク七3-5を参照。

（2）字義通りにはこのような訳になるが、七頁注（9）での「天の子ら」を指す。創六4の「神の子ら」を指し、堕天使たちのことである。

（3）従来、この行は復元不可能として翻訳がなされてこなかったが、ここでは、マチーラが復元した読みに従っている。行の冒頭部分の欠損に続いて、前置詞句 *bqsmʾ*「占いの技法により」が復元された。*qsm*「占い」は、アラム語動詞「切る、彫る、分ける」に由来する。聖書にも登場するが、当然ながら占いに対しては否定的な価値判断が下されている（民二三23、エゼ二一26、申一八10など多数。殊にエゼ二一26は、バビロンの肝臓占いに関係する）。

（4）マチーラは、*ʾ[t]mh* と動詞 *tmy*（アフェル）＋*h*（人称接尾辞）と再構成した。

（5）創六8の反映か。ヨベ五5、19をも参照。

（6）「天の門まで」（*ʿd trʿy šmyʾ*）。これと同一の句は、エノク4Q201 断片一第Ⅳ欄10行、4Q202 断片一第ⅲ欄10行にも出る。エチ・エノク三三—三六、七二章にも「天の門」への言及が散見される。

（7）これらの列挙は、ヨベ七23-24に描かれたネフィリムの暴虐の対象となった地上の生き物であろう。またこれらの生き物は、大洪水で滅ぼされた生き物と重なっている（創六7、七23を参照）。

（8）ここに創九2の語法が影響を及ぼしている可能性がある。

（9）「天のすべての星宿」（*kwl mzlt šmyʾ*）。「星宿」ないし「星座」（複数形）は、王下二三5に、太陽、月（*yrḥ*）と共に、異教礼拝の対象として出てくる。但し、「月」の用語はここと異なる *šhrʾ* これはむしろ、「月の光」（*šhrʾ*）を指すか。

張りの者たち①[3]［…………］［……］そして、この一年全体にわたる期間を通じて、②そしてヨベルの年、そして変化する彼らの行状、③そして、［……］[4]［…………］［……］の理由で［……］お前に、そして、［……］それらのすべてから[5]［…………］［……］栄誉［……］そして、わたしの褒賞をわたしはお前に賦与する。④[6]［…………］（余白）⑤[7]［…………］［……］偉大な聖なる御方《おかた》へ。そして、私は天の主の言葉を喜び、そして叫んだ[8]［…………］［……］そして、すべての［……］、［……］と共に、［…………］これに関して[9]［…………］かれは私を繁栄させ、そして、かれは私に［……］と証言した。⑥（余白）[10]［…………］［……］彼らが宣告した［……］血[11]（欠損）[12]［…………］［……］かれはこれをその血によってきれいに浄めた［……］の上の［……］[13]［…………彼］と共に、そして、［……］彼にとって［……］となるだろう［……］[14]［…………］［……］すべての人類に、あなたによって［…………］[15]［…………］（余白）[16]［…………］あなたに［…………］多くの[17]［…………］［…………］それらは分岐している。⑦それを彼は探し求めた[18]［……］そして、それが彼に強要した［…………］［……］極めて美しい[19]［……］天を非常に、そして、［……］ての終わり［…………］私を助けて、［……］を建造する［……］⑧[20]［…………］私が夢見たものに関して［……］。そして、私は偉大な聖なる御方を賞讃した。そして、［……］その洞察[21]［…………］［……］そして、［……］私はすべての行状を［……］した。[22]［…………］私と共に語り、そして彼は私に知らせ、そして［……］のすべてを明かすこと［……］[23]［…………］［……］彼らの［……］そして、彼らの息子たち、［……］の集会[24-36]（欠損）

保存状態

全行にわたって、欄の右側（行頭）が欠損しているが、左側（行末）はほぼ読み取れる。この欄は、マチーラにより、大幅な再構成が可能となった。

第Ⅷ欄

内容

ノアの箱舟建造後、ノアが家族と共に、地上の生き物を連れて箱舟に入り、それに続く洪水と、洪水が終わって、全員が箱舟から出たところまでが語られているか。

(1)「見張りの者たち」。直前の「星々」との文脈上の関係は不明だが、エチ・エノク一八14-16、二一1-6では、「見張りの者たち」が、星々として束縛されている場面が描かれている。

(2) 洪水の期間を指すか。創七10と八14、エチ・エノク一〇六15を見よ。

(3)「彼らの行状」(*'wb[d]hwn*)(動詞語根 *'bd*「行う」)は、「彼らの行路」(*'wb[r]hwn*)(動詞語根 *'br*「過ぎ行く」)という再構成も可能で、両方とも文脈に合う。

(4) ここまでが、偉大な聖なる御方からノアへの語りかけの言葉と理解した。

(5) この余白で、文脈上、大きな切断がある。7行目以下は、ノアの応答となる。

(6)「そして、彼は私に[……]と証言した」(*'wdh ly*)はマチーラの再構成に基づく。名詞 *'d/'dh* からの派生動詞がアラム語で可能か?

(7)「分岐している」(*bwslyn*)。マチーラの再構成。

(8) 箱舟建造に関する主題が扱われているか。

[1]彼の後に彼の妻が①［……………］［……］十六［……］そして、各々は［……］だった。[2]［……］の中に［……］の終わりに［…………］［……］[3]［……］その［とき、私ノア］は、［…………］[4]永遠［……］［…………］[5]［…………］[6-8]（欠損）[9]そして、洪水の全期間を通して②［…………］[10]［……］あなたの［……］天の王によって［…………］[11]あなたによって［……］そして、私と一緒に［……］［…………］[12]［……］これ［……］そして、すべ［…………］[13]そして、彼は［……］示した。［…………］[14]そして、［……］［…………］[15]［……］［…………］

[16]お前たちの週に③［……］［…………］[17]［……］［……］［…………］[18]そして、その週に従い、そして、書かれた文書④、それは［…………］[19]その週、そして、［…………］[20]そして、三週間ほど⑤［…………］[21-28]（欠損）

[29]［…………］［…………］[30]［…………］［…………］各々の［……］[31]［…………］これら、そして、［……］園に、そして、［……］[32]［…………］［……］お前自身が取れ、そして、［……］お前の［……］[33]［…………］［……］お前の息子たちへ、お前の後から、すべての［……］へ[34]［…………］［……］（お前は）恐れるな、そして、（お前は）行くな[35]［…………］そのとき、私は出かけた[36]［…………］

保存状態

6‐8行と21‐28行が全欠損。これらを除くその他の行は、断片的に何らかの文字が残されている。

第IX欄

[1]［……］お前たちの父［……］彼の［……］へ（余白）［…………］［……］[2]［……］すべて［……］彼は救えないだろう。そして、［……］すべて［…………］［……］[3]［…………］お前に［……そして］わたしはこの支配権をお

［前］に委ねている(6)［……］［…………］4-9（欠損）10［…………］沿岸地帯から、その境界、そして(7)［……］［……
……］11-37（欠損）

（1）字義通りの訳だが、もしこれが動物のつがいを指すとすれば、「つがいの雄の後につがいの雌が」となる（創七2、9を参照）。フィッツマイヤーは、人間を想定して、ノアの後にノアの妻が箱舟に乗り込んだ様子の描写と想定した。欠損の後の行の後半に「十六」という数字が出てくるので、マチーラは、エチ・エノクの当該箇所の背後に、ヨベ五23との関連を想定している。創七11によれば、洪水は「ノアの生涯の第六百年、第二の月の十七日」に起こった。ヨベ五23はこれを受け、「二月の朔日から十六日までかけて乗り込んだ」（村岡崇光訳）ことを記述している。

（2）創八14に「第二の月の二十七日になると、地はすっかり乾いた」とあり、洪水の始まりが、一年前の「第二の月の十七日」（創七11）であったから、『創世記』では一年と十一日と考えている。これは、太陰暦の三百五十四日に十一日を足して、太陽暦の三百六十五日に調整した可能性がある。ヨベ五31-32「二月の十七日には大地が乾いた。その月の二十七日には彼は箱舟を開いて、獣と家畜と鳥と動くものをだしてやった」（村岡崇光訳）とあるように、『ヨベル書』は一年を三百六十四日とする太陽暦を採用しているので（ヨベ六32）、この調整が不必要だったことが判る。

（3）「お前たちの週に」（*bšbʻkm*）。文脈が判然としないが、この前置詞句の読みはマチーラに従っている。彼自身も、いくつかの読みの可能性を指摘している。句頭の前置詞が *b* か *k*（こちらとすれば、「お前たちの週に従い」のような意味になる）。また、「（一）週」（*šbʻt*）（構成態）は、この欄だけでも他に三回（18、19、20行）の出典があるが、いずれも *šbwʻh* となっていて、ここだけが、*w* を欠いた不完全書法となる。また、人称接尾辞の「お前たちの」（*km*）は、ヘブライ語法である（エチ・エノクでは珍しい訳ではない）。動詞語根 *šbʻ*「誓約する」、ないし *šbʻ*「満足する」からの派生も可能だろう。

（4）「そしてその週に従い、そして書かれた文書」（*wkšbwʻh wktybh*）。ここは前注（3）で指摘したように、前置詞 *b* も可能。その場合には、「その週に」という意味になる。

（5）文脈は不明だが、創八8-12の、ノアが鳩を放つ場面と関係するだろうか。

（6）洪水後に、ノアへ支配権が委ねられた場面か。

（7）セム、ハム、ヤフェトがそれぞれ分かれて住むことへの言及が、創一〇章にある。ヨベ七13-19をも参照。

保存状態

この欄はこれまで、再構成が不可能とされてきたが、マチーラが新たに数行分の解読を試みた。残されている左端から、この欄だけは36行ではなく、全部で37行あったと推測されている。

第X欄

内容

洪水後のノアと彼の家族の出来事が語られている。12行に箱舟がアララト山に漂着したこと（創八4を参照）が記され、後半は箱舟を出た後のノアの犠牲奉献の様子が記述されている（創八20－21を参照）。

[1]偉大な（余白）そのとき、［私］はあらゆるものの主を賞め讃えた。(1) 彼は私から［……］そして、［……］が完了した。［…………］[2]ノアに［……］言葉、それらのすべ［て］［…………］の中に［……］（余白）[3]その夜に［…………］［……］そのとき、［私］は出かけた［……］[4-6]（欠損）[7]［………］［…………］[8]そして、お前たちは［……］に出かけて行きなさい。そして、お前たちは賛美せよ。そして、お前たちは栄光を帰せよ。というのは、［……］創造者［………］[9]［……］すべての［……］が［……］するまで、［……］そして、お前たちは［……］に耳を傾けよ［…………］お前たち全員がお前たちの主に、そして、［……］[10]永劫《えいごう》の王に向かって、永遠から永劫まで、無窮《むきゅう》の間［……］（余白）[11]そのとき、大地の上では［……］となり、そして彼は［……］から取った［…………］[12]［……］［彼は］見出しながら、というのは、［水］の中に［……］の上［……］［…………］その箱舟はアララトの山塊の一つ（の山）に安着した。(2) そして、永遠の炎が(3)［……］[13]［………］［…………］そして、すべての大地のために、その全体にわたって、私は罪の贖《あがな》いをした。(4) そして始めに、[14]その［雄山羊(5)］が[13]［……の上］に、

（1）「[私]はあらゆるものの主を賞め讃えた」（*brk[t] lmlh kwlʾ*）。マチーラによる再構成（動詞語根 *brk* の後の欠損部分を *t* と推読し、一人称単数完了とした）。彼は、これとよく似た表現がV欄23行 *mbrk lmlh kwlʾ*「あらゆるものの主を賞め讃えること」（ここでの動詞語根 *brk* は分詞形）を指摘している。

（2）創アポでは「アララト」は *hwrrṭ* と綴られる（一回だけ w のない *hrrṭ* が現れる。これと一部欠損も含めて合計五回の出典）。死海文書の『創世記注解A』（4Q252 [4QCommGen A]）、I欄10行目を参照。これはヘブライ語で書かれているが、*hwrrṭ* と綴られている。ヘブライ語聖書では *ʾrrṭ* と綴られる（創八4。他に、王下一九37、イザ三七38、エレ五一27を参照。但し、サマリア五書の創八4では *hrrṭ*）。さらに、死海文書では、トビ 4Q196 断片二4に、これはアラム語文書だが、*ʾrrṭ* の綴りが採用されている）。七十人訳ギリシア語聖書は、創八4を、ἐπὶ τὰ ὄρη τὰ Αραρατ「アララトの山塊に」と翻訳しているが、Αραρατ の直前に定冠詞 τὰ（対格）を付している。彼らが使用したヘブライ語本文が *hwrrṭ* ないし *hrrṭ* であった可能性を示している（固有名詞の語頭の *h* をヘブライ語の定冠詞と誤解した?）。このように、（多分）同一の地名がアラム語とヘブライ語の区別なく二通りに併用されていたと考えられよう。ここでは聖書の音訳「アララト」に従っている。この「アララト」は、聖書の用法からもわかるように、「アララト地方」のように、広範な地域名と考えるべきだろう（アッシリア語「ウラルトゥ」の用法を参照）。創八4の記述は、「その箱舟はアララト山塊の上に留まった」となっている。「山塊」と訳した語は「山」の複数形で、「山脈」「連山」などと訳せる。創アポのこの箇所は、「アララトの山塊の一つ（の山）」としている。さらにヨベ五28「アララト山脈中の山の一つルバル（山）の頂上に止まった」（村岡崇光訳）となっていて、山の名前と漂着の場所が頂上であったこと（「ルバル（山）の頂上」）にまで言及している。なおヨベ七1では、ノアが葡萄の木を植えた場所がルバル山となっている（創アポ一二13を参照。創九20では葡萄園の場所は特定されていない）。「安着した」と訳した動詞語根 *nwḥ*（創八4の語根と同じ）は、ノアの名前 *nḥ*（語源は不明。創五29では動詞語根 *nḥm*「慰める」から説明）との語呂合わせであろうという指摘がなされている。

（3）ノアは箱舟を出た後に祭壇を築いた（創八20、ヨベ六1を参照）。レビ六5、6には、「祭壇の上の火は常に絶やさず燃やし続ける」とあり、「永遠の炎」はこの祭壇の炎を指すか。

（4）創八20を参照。『創世記』では、洪水の原因はそれほど具体的には叙述されていなかった（六5、11-13を参照）。ヨベ五2-3、エチ・エノク七3-6、八2-4、九1-2、9-10などには、極めて具体的に暴虐の様子が叙述されている。

14最初に13[……]。14そしてその後で、[……]に[……]が起こった。[…………]そして、その脂肪を私はその火の上で燃やして煙にした。(1) 二番目に、[…………]15[その]とき、[……]それらの血のすべてを(その)祭壇の基部へ[……]。(2) そして、[私]は(それを)注ぎ出[した。そして]、それらの肉のすべてを私はその祭壇の上で燃やして煙にした。(3) そして、三番目に山鳩の雛を(4) 16それらと一[緒]に、その祭壇の上で、それらの血と、その上にあるそれらのすべてを、私は献げ物として捧げた。そして、私は、油を混ぜた上等の小麦粉を香料と一緒にして、それらの穀物の献げ物として捧げた。(5) 17[……]一部(?)[……]私は賞め讃えた。そして、それらすべての上に私は塩を振りかけた。(6) そして、私の全焼の献げ物の香りが[天]に昇って行った。(7)(余白)18そのとき、至高者が[……]を祝[福]した。(8) [……][…………]19-35(欠損)

保存状態

1-11行までは、欄の右半分が断片的に残っている。12-17行は、ほぼ完全に残されている。19-35行は全欠損。

第XI欄

内容

洪水後にノアが箱舟を出て、大地を歩き回って眺めた様子が記述されている。ノアの神への感謝に続いて、神とノアとの契約(創九章)に言及されている。

創アポVI欄19行では、「ネフィリムが流した血」への言及がその一端を示している。おそらく暴虐の叙述は創アポでは失われた箇所にあったと推測される。そのことを踏まえて、ノアは「すべての大地のために、その全体にわた」る罪の贖いをしたのであろう。この部分に関しては、殊に、ヨベ六2を参照。「罪の贖いをする」動詞語根 *kpr* は祭儀用語で、「罪を拭い去る」の意味で使用されている。

(5) これはレビ一六9を反映しているヨベ六2に従った推読で、贖罪日の規定が背後にあると考えられている。またレビ四章の「贖罪の献げ物」の規定では、「共同体の代表者」が罪を犯した場合には、「雄山羊」を焼き尽くす献げ物とする規定がある(22-26節)。

---

(1) ヨベ六3を参照。レビ三3-5、9-11、14-16にあるように、脂肪は燃やして煙にする。「脂肪はすべて主のものである」(レビ三16bβ)からである。

(2) レビ四7、18、25、30、34には、祭壇の四隅の角に塗った残りの血の処分法として、「祭壇の基部へ流す」ことが定められている(出八15、レビ九9をも参照)。

(3) レビ一章の「焼き尽くす献げ物」やレビ三の「和解の献げ物」の規定を参照。

(4) ヨベ六3には、ノアが箱舟を出た後に祭壇を築いて焼き尽くす献げ物とした犠牲の動物の中に「山鳩の雛」が入っている(創八20を参照)。レビ一二6のタルグムは、「山鳩」(*tr*)の訳語として、ここと同じ *špnyn*ʾ を使用している。

(5) 「そして、私は、**油**を混ぜた**上等の小麦粉を香料**と一緒にしてそれらの**穀物の献げ物**として**捧げた**」。ここでの献げ物の素材は、レビ二1-2での「穀物の捧げ物」と重なっている(太字体部分はアラム語とヘブライ語との差はあるが同一語。レビ六8、一四21をも参照)。文脈としては、ヨベ六3に並行している(創八20には、「穀物の献げ物」への言及はない)。

(6) レビ二13「穀物の献げ物にはすべて塩をかける。あなたの神との契約の塩を献げ物から絶やすな。献げ物にはすべて塩をかけて捧げよ」の規定に従っている(エゼ四三24を参照)。ヨベ六3を参照。塩は神との契約関係を示す象徴となった(民一八19、代下一三5)。

(7) ヨベ六3を参照。17行目はこの後に[余白]があり、洪水後のノアの犠牲奉献で一旦話が閉じられる。

(8) ノアの犠牲奉献に対する神の応答であろう。創八21-22を参照。

1［……］さ［て］①、私ノアがその箱舟の戸口にいた（ときに）②、その水源は枯れていった③［……］2-4（欠損）5［……］
それは［……］そして、私の息子［……］彼らの息子たち［……］6-7（欠損）8［…………］［……］そして、彼らの
すべて［……］すべて［…………］9［…………］その山々とその砂漠を、その原野とその沿岸地帯を④、すべて
［…………］ではない10［……］四（余白）11［そのとき］、私ノアは出かけて行き、そしてその大地を縦横に歩き回
った⑤［…………］［……］12［……］その上に、それらの葉の中に、そしてそれらの果実の中に、至福が（あった）⑥。
そして、すべての大地は、新芽と草本と穀物⑦で満ちていた。そのとき、私は13［天の］12主を賞め讃えた。13かれへ
の賞讃は永遠に続く。そして、かれにその栄光があるように。そして、大地への憐れみを示した御方を、14そして、
暴虐と邪悪と欺瞞の実行者たちすべてを13そこから除去して、滅ぼした御方を、私は繰り返し賞め讃えた。14そし
て、かれはその正しい者⑧を救済した。［……］唯一［……］、そして、かれはかれ自身のためにすべてを創造した⑨。
（余白）15⑩そして、天から［神］⑪が私に［顕現し］て、私と共に語り、そして、私に言う。「恐れるな、ああ、ノアよ、
わたしはお前と共に、そして、お前の息子たちと共にいる。彼らは永遠にお前のようであるだろう⑫。16［……産］め
よ、そして増えよ、そしてその大地を満たせ。そしてそれらすべてを、その海を、そしてその砂漠を、そしてその
山々を、そしてそれらの中にあるすべてを、（お前が）支配せよ⑬。そして、見よ、わたしは17お前と、そしてお前
の息子たちに、食料としてすべてを、すなわち大地の野菜と草本とを与える⑭。しかし、お前たちは血を一切食べて

（1）一部欠損しているが、話題の転換に用いられる副詞 *k[ʿ]n* がマチーラによって復元された。
（2）これはノアが洪水の終わりを認識し、神の命令に従って、箱舟から降りた状況と想定できる（創八13-18を参照。ヨべ五29-32、六1に並行記事がある）。
（3）「水源」は「泉」の複数形。創七11、八2の「深淵の源」に該当するだろう（ヨべ五29「大いなる淵の泉は枯れ」を参照）。「枯れていった」（*lq[šw]*）はマチーラの復元。動

詞語根 *lqš* は、「遅くなる」「緩慢になる」の意味で、文脈に沿っている復元と考えられる。

（4）箱舟を出たノアが目にした光景だろうか。

（5）『創世記』（八18）にも『ヨベル書』（六1）にもない内容だが、洪水後にノアがこのような行為をしたことは十分に想像できる。「縦横に」という表現は、創一三17での神からアブラムへの言葉を想起させる。そのタルグムは、ここと同じアラム語で翻訳している（本文書XXI欄14–15行を参照）。

（6）「至福」と訳した語は *ʿdn*「エデン」（創二15「エデンの園」を参照）で、ここではその派生的な意味で使用されている。洪水後の自然の回復の喜びが表現されている。

（7）「新芽」（*dtʾ*）と「草本」（*ʿśb*）は共にダニ四12にそれぞれ、*dtʾ*, *ʿśb* として出てくる。両者の区別は難しいが、前者は「発芽する」という動詞で使用される場合の語義を生かした。後者は「ハーブ」とすれば現代的か。「穀物」（*ʿbwl*）は、ヨシ五11、12にヘブライ語で出てくる（そのタルグムも *ʿbwl* を使用）。広い意味で地の「産物」。アッカド語 *ebūru* からの借用語（T. Muraoka, *A Grammar of Qumran Aramaic*, p. 62, note 215 を参照）。

（8）ノアを指す。

（9）「かれは……創造した」（*qnh*）この動詞は、創一四19、22、申三二6、詩一三九13、箴八22で、神の創造行為として使用されている。箴八22のタルグムは、動詞 *qnh* を動詞 *bry*「創造する」を用いてアラム語に翻訳している。12行目の終わりからここまでは、洪水を免れさせてくれた神へのノアの感謝と賞讃が綴られている。創八20とヨベ六1ではいずれも「祭壇を築く」という祭儀行為となっているのと対照的である。14行目の「その正しい者」というノアの自負は、創五29のノアの命名の由来や創六9の無垢なノアの歩みと関係しているであろう。

（10）15行以下は、創九1–17の祝福と契約の場面と並行する内容となっている（ヨベ六4–9をも参照）。

（11）本文書XXI欄の8行目に、「そして、神が私に顕現して」（*wʾthzy ly ʾlh*）という表現があり、この欄の15行目の冒頭の欠損している箇所の動詞と主語をこれで補完した（XXII欄27行も参照）。この動詞句の主語に関しては、フィッツマイヤーが、「神」（*ʾlh*）ではなく、「主」（*mrh*）を提案している。これも有力な読みであろう。

（12）ノアの次の世代への約束は、創六9、12、ヨベ六10、11、16などを参照。

（13）地上のすべての自然界の支配権の委譲が、対象を列挙して具体的に記述されている。『創世記』や『ヨベル書』にはない発想と言えよう。

（14）ここで初めて、地上の一切の生き物が食料として与えられる。創九2–3、ヨベ六5–6を参照。

はならない。(1) お前たちに対する畏怖とお前たちに対する恐れ(2) [18][……………]永遠に。彼は[……]に言った[……………………]年々[……][19][…………………]わたしはお前に[……]年々(?)を通して[……]お前の息子たち[…………]

[20-35](欠損)

保存状態

1‐10行目までは断片的で、11‐17行がかなり良い状態で残されている。20‐35行は全欠損。

第XII欄

内容

この欄の冒頭には、ノアとアブラムの契約の印としての虹の記述がある（創九13参照）。それに続いて、洪水後にノアの三人の息子たち、夫婦それぞれに生まれた子供たち（ノアの孫たち）の記録、ノアと三人の息子たちによる耕作の開始と葡萄園作りが語られ、葡萄酒醸造とそれを飲んだ後、家族全員で洪水から救済してくれた神を祝福した次第が続く。

[1]「[……………]見よ、わたしは[雲の中に]、わたしの虹を置いた(3)。それは、わたしにとってその雲の中の印となった。そして、それは[……]徴《しるし》となる。(4) [2][…………………その大]地[……](5) [3][……………](それらは)多い。そして、[……]が私に現れた。[4][……………]主に[……………][……………][5][……………][6][……………](余白)

[7][……………]私の息子[……………][……………][8][アララト]の[7]山塊に[8][……]アララトの山塊に(6)[……]そしてその後で、私はこの山の麓へ降りた、私と、私の息子たちが。(7) そして、私たちは[9][一つの町][8]を建てた。(8)

（1）血の摂取の禁止の記述は、創九4、ヨベ六7、13を参照。さらにヨベ六10、12、38、七28-32にも詳細に記述されているように、『ヨベル書』では、祭儀的清浄への関心からの記述が多い。レビ一七10-12、14、申一二23をも参照。

（2）創九2、ヨベ六5との関連が指摘されている。

（3）創九13の逐語的アラム語訳（タルグムを参照）で、欠損部分を「雲の中に」（*bʿnn*）を補うのは必然（ヨベ六16を参照）。「虹」（*qšt*）は、ヘブライ語聖書では「弓」としての用例は豊富にあるが、「虹」と限定される用例は、創九13、14、16の外に、エゼ一28のみと、わずかである。これはノアに対する神の直接話法の言葉（創九13aを参照）である。ヨベ六16では神が三人称の記述となっている。洪水4Q370の7行目「[そして]かれはその契約を思い起こすように、かれの虹を雲の中に置いた」も同様に、神が三人称の記述である。

（4）これは、直前の神の言葉を聞いて、ノアが雲の中の虹が契約の印であると解釈したもの。創九13bの神の言葉を反映している。

（5）「[その大]地……」は創九13ないし14にある「大地」に対応するものであろう。

（6）「アララトの山塊」については、X欄（二七頁）注（2）を参照。7行末の「アララト」の復元は、8行とX欄12行による。文脈が失われているが、ノアの一族がアララトの山塊に漂着し、箱舟から出た直後の出来事が述べられていると推測される。ヨベ五28を参照。

（7）最初に「私は降りた」と一人称単数形の動詞で表現した後に、「私と、私の息子たちが」（*ʾnh wbny*）が付加されている。

（8）フィッツマイヤーは、前注（7）で言及した「私と、私の息子たちが」（*ʾnh wbny*）の後を「私の息子たちの息子たち」（*wbny bny*）、すなわち「私の（男の）孫たち」と読んで、ノアの孫たちを「降りた」人々の主語に加えた。マチーラはこの読みを不可とし、「そして、私たちは建てた」（*wbnynʾ*）と読んでいる。「建てた」の目的語は、次行冒頭の読み、「[一つの町]」（*md[ynʾ]*）である。ここではこの読みを採用している。ヨベ七14-17には、ノアの三人の息子たちが、それぞれ一つずつ、三つの町をルバル山の近くに建てた記事がある。この箇所がこの記事の反映だとすれば、「[一つの町]」（*md[ynʾ]*）ではなく、複数形の「町々」（*mdynn*）ないし*mdyntʾ*と再構成した方がよいかもしれない（殊に、ヨベ七35を参照。ノアが三人の息子たちに「町々」（複数形）を建てるようにと促している）。

[9]［……］というのは、大地の荒廃が甚だしかったからである。(1) 洪水の以降に、［私の息子たち］に［息子］たちや［息女］たちが生まれた。(2) [10]洪水の二年後に、(3) 私の長男［セム］に最初の息子アルパクシャドが生まれた。そして、セムのすべての息子たちは全体で[11]［エラ］ムとアシュル、アルパクシャド、ルドとアラムと、五人の息女《むすめ》たちで［あっ］た。(4) そして、［ハムの］息［子たちは、クシュとミツライ］ン、そしてプト、そしてカナン、そして[12]七人の息[11]女たち（であった）。(5) [12]そして、ヤフェトの息子たちは、ゴメル、マゴグ、メディア、ヤワン、トバル、メシェク、ティラス、そして四人の息女たち（であった）。(6) [13]［そして、］私は、私のすべての息子たちと一緒に、その大地を耕し始めた。(7) そして、私はルバル山に巨大な葡萄園を造った。(8) そして、四年目に、それは私に[14]多量の[13]葡萄酒をもたらした。(9) [14]そして、私はその葡萄酒のすべてを運び出した。(10)（余白）そして、最初の祝祭が訪れたとき、最初の祝祭の第一日に、それは、[15]［第一の］[14]月に、[15]［…………］私の葡萄園に、そして私の葡萄園のただ中で、私はこの

（1）大地の荒廃の様子は創七19–23、ヨベ六2に言及されている。

（2）創一〇1–31では、三人の息子たちの息子たち、すなわち男の孫にしか言及がないが、これは男系の系図的関心からの記述だからである。ここでは、女の孫たちへの関心も示し、名前の言及がないまでも、人数にまでは触れている。

（3）洪水の発端（創七11「ノアが六百歳の二月十七日」）から「地がすっかり乾」くまで（創八14「ノアが六百一歳の二月二十七日」）一年と十日（太陰暦を単純に太陽暦に換算すれば三百六十五日）であるから、洪水の発端から数えるにしても、終焉から数えるにしても、ノアの孫の誕生は箱舟の中ではない（ヨベ五23、31を参照）。創一〇10もヨベ七18も、ノアの孫の誕生を「洪水の二年後に」としている。但し創一〇10は、セムが百歳（すなわち、ノアが六百歳）の時、セムにアルパクシャドが生まれ、それは洪水の二年後としているが、創八13では、ノアが六百一歳の時、彼はまだ箱舟にいたことになっており、厳密に考えると矛盾が残されている。なお、ヨセフスは、アルパクシャドの誕生を洪水後の十二年としている（『ユダヤ古代誌』一150）。

（4）ノアの三人の息子たちの子供たち、すなわち、ノアの孫たちへの言及の順番は、創一〇章では、ヤフェト（2–4節）、

ハム（6-19節）、セム（21-31節）となっているのに対して、ここでは、セム、ハム、ヤフェトの順になっている（創五32、六10、七13、九18、一〇1を参照）。この問題については、VI欄（一七頁）注（13）を参照。セムの五人の息子たちの名前は、ここと同じ順番で創一〇22に言及されている（ヨベ七18も参照）。息子たちと同数の無名の「五人の息女たち」について創一〇22は言及しない（しかし、創一一11を参照）。

（5）ハムの息子については創一〇6を参照。「ミツライン」と音訳した語は「エジプト」を指すアラム語形で、ヘブライ語では「ミツライム」。人名なのであえて音訳した（ヨベ七13も参照）。「七人の息女たち」はここでも無名だが、息子たちの数（四人）より多い。

（6）ヤフェトの七人の息子たちは創一〇2に同じ順序で出てくる（ヨベ七19をも参照）。四人の息女たちはここでも無名。

（7）創九20では、ノアが三人称で記述されているが、それをここでは、ノアの一人称に変更した内容になっている。但し「私のすべての息子たち」が、「私は」の後に続き、意味上は「耕し始めた」の主語に加わっている。しかし動詞「始めた」（*šryt*）は、一人称単数形なので、訳文では「私のすべての息子たちと一緒に」として、ノアの一人称の語りを一貫させた。ノアの息子たちが父親と一緒に共同して農耕に従事したという記述は、聖書にも『ヨベル書』にもない（創九20、ヨベ七1を参照）。

（8）直前の文章と同様に、「そして、私は造った」（*nṣbt*）（一人称、単数形）の主語はノアだけである。創九20では、葡萄園の場所は特定されていない。「ルバル山」に特定しているのはヨベ七1。『ヨベル書』ではルバル山は、ノアの箱舟の漂着地（五28）であり、ハム、ヤフェト、セムが建てた三つの町の近くであり（七14-17）、ノアの埋葬地（一〇15）でもある。X欄（二七頁）注（2）を参照。

（9）「そして、四年目に」（*wlšnyn ʾrbʿ*）は、序数ではなく、基数が使われている。但しアラム語では序数の意味で基数が使用される例もあるので、「四年目に」と訳した（フィッツマイヤーの当該箇所の議論を参照）。創七20には、葡萄園を作ったことは記述されているが、葡萄酒の醸造についてはどこにも記述がない。ヨベ七1-2は、葡萄園を造って以降の期日をも記載して、葡萄酒の醸造と貯蔵までを記述している。そこでも「四年目」の産出に言及している。これは、レビ一九23-25の規定と密接に関連している。

（10）「私は……を運び出した」（*ʾytt*）は、マチーラの新しい読みに従った（動詞語根*ʾty*、アフェル一人称単数完了）。最初の三年間の収穫は食べてはならず、四年目の収穫はすべて「主への賛美の献げ物」となるという祭儀上の規則（レビ一九24）に従えば、「（奉献のために、祭壇へ）運び出した」ということか。ヨベ七2には、この『レビ記』の奉献規定への言及は一切ないので、単に「（貯蔵するために）運び出した」ということか。

容器を開けた。そして、[16]その葡萄園を［造って後の］[15]第五年の最初の日に、私はそれを飲み始めた。⑴[16]この日に私は、私の息子たちと、私の息子たちの息子たちと、私たちのすべての妻たちと、彼らの息女《むすめ》たちを招いた。私たちは共に一緒に集まり、⑵そして私たちは、[17]その［祭壇……］[16]出向いた。[17]そして私は、その破壊から私たちを救済した天の主《しゅ》を、いと高き神を、偉大な聖なる御方《おかた》を賞め讃え続けた。⑶[18]［…………］私たちを、そしてすべての［……］のために、［……］それは、私の父祖たちが確保したもので［……］。そして、［…………］[19]［……］美しい［…………］私の義《ただ》しさによって、そして私は、私の寝床に横たわり、そして私は眠りについた。［…………］[20]［…………］［……］純粋な、そして［…………］[21]［…………］［…………］あなたから、その方は［……］いと高き神[22]［…………］［……］私は目覚めた［…………］[23]［…………］［…………］私ノアは［…………］[24]［………］[25]［…………］（余白）[26]［…………］[27]［…………］毎年［……］[28-35]（欠損）

保存状態

8行目までは極めて断片的にしか残っていない。9‐19行は欠損箇所はあるが、かなり読める状態となっている。20行目以下は、断片的に残るか、全欠損となっている。

第XIII欄

内容

ノアの見た幻視の報告がその内容となっている。

[1-2]（欠損）[3]［…………］そして、お前に［…………］その王、そして、［……が］始めた［…………］[4-6]（欠損）

[7]［…………］［……］そして、その布告［…………］［…………］すべてに[8]［……］［…………］その木材［…………］［……］空の［鳥］、そして野の獣、そして大地の家畜、そして乾燥地の這う生き物が(4)［……］しようとしていた。(5)［……］[9]［…………］岩石と陶土とを、彼らが粉砕し、それらをそこから彼ら自身のために取り出して

（1）14行目の空白の後、15行目末までに、時間の経過に関する次のような記述が続いている。「最初の祝祭が訪れたとき」「最初の祝祭の第一日」「［第一の］月」「第五年の最初の日」。これらは、13行目の「四年目に」と相俟って、ヨベ七1-2の時間の記述と一致している。殊に、「第五年の最初の日」は、レビ一九25の規定に則している。

（2）収穫感謝を家族全員で祝う場面。創九20の後に期待される場面か。ヨベ七6を参照。

（3）家長のノアが一族全員を引き連れて、祭壇に赴き、洪水からの救済に感謝を捧げる場面。これも創七20以下に言及がない。創一四19-20を参照。

（4）「家畜」「野獣」「鳥（類）」の三語は、六26にこの順番で出てくる。ここの文脈は不明だが、使用されている「野の獣」（*ḥywt brʾ*）と「空の鳥」（*[ʿw]p šmyʾ*）はダニ二38に逆の順序で出てくる。「野の獣」だけはダニ四9、18、20、22、29にも繰り返し使用される。「空の鳥」もダニ四9、18に言及があるが、そこでは*ṣpwry šmyʾ*となっていて、違う単語の複数形が用いられている。因みに、創造の記事では、「鳥」を指す語は一貫してここと同じ*ʿwp*が用いられている（創一26、28、30）。「乾燥地」（*ybšʾ*）は語源を生かしてあえて「乾燥地」としたが、単に「地上」でもよいのかもしれない（ダニ二10を参照）。

（5）「［……］しようとしていた」（*hlkyn*）。これまでは*hlpyn*と読み、動詞語根*hlp*から「通過／経過／変化していた」と読まれていた（ダニ四13、20、22を参照）が、マチーラがこの読みを不可として、動詞語根*hlk*を新たに提案した。これに従っている。

いた。(1) 私がなおも観察していると、金と銀と[10]［……］鉄と、そしてそれらすべての木々とを、彼らが粉砕し、それらをそこから彼ら自身のために取り出していた。私がなおも観察していると、太陽と月と[11]星々とを、彼らが粉砕し、それらをそこから彼ら自身のために取り出していた。私は、彼らが大地に群がる生き物と、水の中に群がる生き物に終わりをもたらすまで、なおも観察していた。そして、[12]水が[11]枯渇し、[12]そして終わりに至った。（余白）

[13]そして、私は周囲を見回して、オリーブの木を観た。(2) すると見よ、なんとそのオリーブの木は高く成長していた。そして、夥《おびただ》しい時間［が経過して］、夥しい枝葉が繁茂した。［…………］[14]大粒で端麗《たんれい》な果［実］［……］そして、それらの中に現れた。私はこのオリーブの木を熟視していた。すると見よ、何とその夥しい葉［…………］[15]［……］すべて、縛りつける紐（?）をその上に。そして、私はこのオリーブの木とその葉に大いに驚嘆していた。私は度外れに驚嘆し、遂に［……］。[16]天の［四方の］風が、(3) このオリーブの木に暴力的に、そして破滅的に吹きつけていた。そして、それを引き千切り、それを粉々に破壊していた。最初に、［一陣の風が］[17]西の［……］[16]から湧き起こった。[17]そして、それはそれを撃った。そして、その葉の一部とその果実の一部を揺すり落とした。そして、それを一連の風の中に撒き散らした。そして、その後で、［一陣の風が湧き起こった］［……］[18]そして、北風が［……］から［…………］［……］そして、その果実の一部［…………］[19]［…………］［……］［…………］[20]［…………］［……］そして、その果実［…………］[21-35]（欠損）

保存状態

冒頭の1-7行目までは断片的に残るか、全欠損。8-17行目まではほぼ全体が読める。18行目以下は再び断片と全欠損状態となっている。

第XIV欄

内容

XIII欄の続きで、ノアの見た幻視とその解釈（9行以降）がその内容となっている。

[1-3]（欠損）[4]［…………］［その］果実。お前はその［木］材を熟視する。上部を[5]［……］[4]から引き千切られている[5]［…………］［……］[6]［…………そのすべ］ての大枝と、すべての果［実］葉（?）[7]［…………］［……］［私］たちは知っている。見よ、[(4)] [8]［…………］［……］お前の中に、取れ[(5)]［…………］［……］（余白）[9]［さて、］

（1）この文は次の10行目と11行目でも繰り返されるが、主語の「彼らが」と「そこから」（*mnh*）が特定できない。9–10行で粉砕の対象となっている「岩石」「陶土」「金」「銀」「鉄」はたしかにダニ二32–45に出てくるが、順番も個々の役割も異なり、この背景から欠損を補ったり、解釈することには無理があると言わざるを得ない（フィッツマイヤーの議論を参照）。10–11行目では「太陽と月と星々」も粉砕の対象になっていることからすると、ここでの主語は、創アポII欄1行の「聖なる者たち」、あるいは「ネフィリム」（創アポVI欄19行も参照）のような存在を想定すべきだろうか。

（2）幻視の中で二本のオリーブの木を観る主題はゼカ四3–14を参照。「二人の油注がれた人たち」（ゼカ四14参照）の比喩として使われている。ここでの「（一本の）オリーブの木」は、13–14行で、その豊潤な成長が語られた後、16行目以降では、「天の四方の風」によって徹底的に滅亡させられる様相が詳細に展開されている。この場面は、アッシリア（あるいは、エジプト）の増長と滅びの象徴としての「（一本の）レバノンの杉」が、豊かに成長する様子とその末路が描写されている場面（エゼ三一3–18）を想起させる。

（3）「天の［四方の］風」（*[ʾrbʿ] rwhy šmyʾ*）。欠損部分「四方の」の補いはダニ七2に基づく（エゼ三七2をも参照）。

（4）「見よ」（*hlw*）はマチーラの読みであり、*ʾlw*（感嘆を示す小辞）の異形で、これに従った。フィッツマイヤーは*hn*と読み、直前の「私たちは知っている」とつなげて「かどうか」と理解していた。文脈が壊れていて、ここでの「私たち」が誰なのかは不明。

耳を傾けて、聴け。①　お前がその偉大な杉である。②　それは、お前の夢の中で、お前の前に、山々の頂の上に立ってい
た。10［そして、］そこから萌え出ている若枝が、［丈］高く成長していた。それは三人の息子たちの高さまで丈が伸
びていた。［…………］からの水［……］大地［……］11［……］そして、お前が最初の若枝がその杉の幹にまといつ
いているのを見たということに関して言えば、③　またさらに、一つの枝がわかれ出ていた。そして、そこからのその
木材が［……］12［見］よ、最初の息子は、彼のすべての日々にわたって、お前から離れて行かないだろう。そして、
彼の子孫の間で、お前の名前が回想されることになるだろう。④　彼の一族から、お前の息子たちすべてが［……］13
そして、彼の中に［……］［最］初の息子は、すべての［……］に対して、真理の植えつけとして立ち現れるだろう。
［……］その日［……］そして、［……］14［……］彼⑤は永遠に確固として立っているだろう。そして、お前がその若枝
が［その杉の］幹にまといついているのを見たということに関して言えば、［…………］15［…………］そして、
お前が最後の若枝の小枝を見たということに関して言えば、それは［……］から［…………］16［……］（余白）［…
…］その暗黒。それらの大枝の一部が最初のものの大枝の真ん中に入り、⑥　二人の息子たちに関しては、その［……］
諸々の［小］枝17［…………］一つは大地の南へ、そして一つは大地の北へ。⑦　そして、お前がそれらの大枝の一部
が最初のものの大枝の真ん中に入っていることを見たことに関して言えば、18［…………］この若枝の［……］は、
彼の大地に居を定めていた。そして、すべての沿岸地帯［……］大海へ、そして、［……ではなく］［…………］
［彼］らは［沿］岸地帯の真ん中に［定］住した。19［…………］その不思議を理解するため、お前に終わりが臨《のぞ》んだ。
［……］お前は［……］を探すだろう。［……］水［……］［…………］20［……］［…………］そして、不思議［……
……］その中に入り、そして［その］最初のもの［……］彼自身のために、すべての［……］⑧、それは［…………］
21［…………］彼自身のために、［……］アマナ⑨にある嗣業《しぎょう》の地に、エラムの傍らに、［……］大海⑩［…………］22
［…………］奉仕する［……］、最初に、彼の嗣業の地を［……］の嗣業の地と交換した。⑪［…………］［……］23

[………] 24 [………] 25 [………]奇[蹟]によって[………] 26 [………]そして種子[………

(5)「お前の中に」(*bk*)(前置詞+二人称単数の人称接尾辞)と「取れ」(*qḥ*)(二人称単数の命令形)の二人称単数はノアを指すか。

(1) この二つの命令形の話者が誰かは不明だが、ノアへの語りかけであることは次の比喩的解釈から見て間違いないだろう。

(2) ノアが「その偉大な杉」と比喩的に同定されている。XIX欄14-16行では、アブラムが見た夢の中で「一本の杉」が「一本のなつめ椰子」と並んで出てくる。「その杉」(*'rz'*)は初出であるにもかかわらず規定態なので、既に欠損部分のどこかで言及されていたのであろう。

(3)「最初の若枝」と「最初の息子」という表現で、14行目までノアの最初の息子セムへの言及が続く。ノアの三人の息子のセム、ハム、ヤフェトの年齢に関しては、ヨベ四33を参照。また、洪水後にセムが父ノアと一緒に住んだことについては、ヨベ七16を参照。

(4) イスラエルはセムの子孫であるから、セムの子孫によってノア伝承は継承される。創九26とヨベ八18を併せて参照。

(5) あるいは「それ」。

(6) この文は17行でも繰り返されているが、これはセムの領土の中に、ハムの息子カナンが嗣業の地の誓いに違反して居住してしまったことと関係しているか。ヨベ一〇28-34を参照。

(7)「大地の南へ」「大地の北へ」は、文字通りには、「大地の右へ」「大地の左へ」。東面に向かって右が南、左が北。この二語が対になって方角を示す用例はエゼ一六46にある。詩八九13「北と南」(*ṣpwn wymyn*)をも参照。「大地の南へ」はハムであり、「大地の北へ」はヤフェトであり、ここで中央部分を占めるセムに対して、二人の弟たちの地理的位置づけがなされている。ヨベ八12を参照。

(8) マチーラは、「彼らの神(?)のことごとく」(*kl 'lm*)と、疑問符を付けながら読んでいるが、文法的には無理があり、不明とした。

(9) イスラエルの北限にある山岳地帯の地名。ヨベ九4「レバノンとセニルとアマナ」と併記されている(雅四8をも参照)。「セニル」はヘルモン山を指す(申三9参照)。

(10)「大海」(*ym' rbh*)は多くの場合、地中海を指すが、ここでは文脈が壊れていて特定が難しい。

(11)「交換した」(*šḥlp'*)。マチーラの再構成で、語根 *ḥlp* のシャフェル形と理解されている。「嗣業の地」の交換が、どのような歴史的事態を指すのかは不明。

…］ 27［…………］その杉へ［…………］ 28-34（欠損）

保存状態

1–3行は全欠損。4–7行は欄の左側部分が断片となって残されている。8–22行は部分的欠損はあるが、一応全体が読める。23–34行はほぼ全欠損。

第XV欄

内容

18行までがノアの幻視の記述と考えられる。19–21行半ばまでが目覚めたノアへの天使（？）からの語りかけ。21行半ばから、ノアの一人称の語りへと移っていく。

1-4（欠損） 5［……］邪悪によって、すべての［……］へ［…………］ 6［…………］があった時［ま］で［……］［…………］ 7憐れみ深い御方が［……］てへ［…………］［……］これら［……］ 8そして、彼らに［……］すべての［……］へ［…………］［…………］彼らの一部が夥しい不正な行為［……］、そして、彼らはお前の［大］地の中に住み着いて［……］ 9大地の果て。そして、お前が彼らのすべてが落胆の叫びをあげて背を向けているのを見たということに関して言えば、彼らの大多数は邪悪だということになろう。そして、お前が、［……］を見たということに関して言えば、 10大地の南方からやって来るその偉大な戦士①を、鎌②が彼の手に、そして火が彼と共にあり、彼は［……］のすべてを粉砕した。［……］ 11［…………］そして、大地の南方からやって来る偉大なる主は、［…………］［……］ 12［…………］松明を、そして邪悪な者。そして、彼はすべての背反する［輩を］、その火の上に投げ

飛ばした。[…………]
[13]そして、彼らは[……]へ(3)身を隠すだろう。そして、[…………]そして、お前が彼ら
が[…………]を摘み取ったのを見たことに関して言えば、[…………]南
[14][…………][…………]彼ら
に鎖(4)、四人の偉大な天使たち(5)[…………]
[15][……][…………]彼らのために鎖、大地のすべての諸民族から、
その彼らは[……]に対する支配権を持っていないだろう。
[16][…………][…………]彼らの行為によって[…
…扇]動された者、そして彼らの疎漏《そろう》による過ち、そして彼らの数々の瀆神《とくしん》による動揺、そして彼らの果実[……]
[17][……]そこで、彼はこの民を彼自身の仲間とするだろう。彼は一つの偉大な山を粉砕し、そしてその一部を、彼
は聖別する。そして、彼は[…………]との間で分割するだろう[……]
[18][…………][…………]すべての
諸民族の間で、そして彼らのすべてが彼らに奉仕するだろう。そして、彼らは狼狽し[…………]すべて
[19](余白)
お前、ノアよ、この夢に驚嘆してはならない。また、それに増し加えられてもならない[……]
[20][…………]私
はお前にことごとくありのままに語ってきた。そして、そのように、お前に関して[……]と書かれている。
[21]そ
して、私はお前の民の一部をお前に合流させる[……]お前に[そのとき、私]ノアは、私の眠りから[目覚めた。(6)]

---

(1)「大地の南方からやって来るその偉大な戦士」と、11行目の「大地の南方からやって来る偉大なる主」は、神の顕現場面と考えられよう(申三三2、ハバ三3参照)。

(2)「鎌」(*mgl'*)は農具であり、武器ではないが、ここでは武器として使用されている。申一六9、二三26、イザ二4、ミカ四3、ヨエ四10のタルグムを参照。

(3)「……へ」(*ldqyrt*)はマチーラ の読みだが、意味不明。

(4)「鎖」(*šwr* [*šûr*])。マチーラの解釈。同綴異義語で、文脈が壊れていることもあり、断定は難しいが、従来の「壁、塀」(*šwr* [*šôr*])よりは、堕落天使の拘束の場面などを想起させるものに近くなるか。エチ・エノク一〇4、二一章の「御使いたちの獄舎」などを参照。

(5)黙七1-2では、「天の四隅」に一人ずつ立っている、と記述されている。黙九14も参照。

(6)この再構成はXIX欄17行に基づく。

そして、太陽が昇った。そして、私［ノアは……］22［……］永遠の神を祝福するために、そして［…………そして、］私は私の息子、セムの許へ(1)［行］った。そして、私はすべてを［彼］に語っ［た］。23［…………］［…………］お前に、［……］お前に、［……］義《ただ》しい者(2)［…………］を知らせるために［……］お前に［……］24お前に、［……

……］お前自身のために至［高な］る神を受け容れよ［…………］25-27（欠損）28［…………］彼らの［…………］［…

……］その中に 29-35（欠損）

保存状態

1–4行が全欠損の後、5–23行までが欠損はあるが、一応つながる程度に読める。24–35行は極めて断片的な部分と全欠損となっている。

第XVI欄

内容

XV欄末から始まったと推定される、ノアの三人の息子たちへの大地の分割記事がその内容である（ヨベ八11–九15と並行）。XVI欄9–12行がヤフェトへの分割、14–25行がセムへの分割記事となっている。ハムへの分割記事はXVI欄26行から始まり第XVII欄6行目までの欠損部分にあったと推定される。そうすると、ノアの息子たちへの分割の順番は『創世記』一〇章では、ヤフェト（2–5節）、ハム（6–19節）、セム（20–31節）であり、『ヨベル書』がセム、ハム、ヤフェトとなっている（八12–30）のに対して、『創世記アポクリュフォン』では、ハム、ヤフェト、セムという特異な順番となっていることになる。なお、XVI欄12、14行に出てくる *ʿdb[ʾ]* という語の解釈に拠るが「籤引き」による土地分割という方法が取られていると理解される。『ヨベル書』は明瞭に籤引きという考えに立つ（八11-12、17、24）。しかし創一〇章には籤引きという考えはない。創アポ（XV欄末の欠損部分からXVI欄6行）とヨベ八章は、ノアの三人の息子たちへの分割地の地理的記述と、三人の息子たちがそれぞれの分割地をそれぞれの息子たちに分割する出来事（創アポXVII欄7行から26行以下の欠損部分の途中まで〔セム、ヤフェト、ハムの順〕と、ヨベ九〔ハム、セム、ヤフェト順〕）を分けて記述しているのに対して、創一〇章は両方をまとめて記述しているとも言えよう。

1-7（欠損）8［……］［……の］泉のように［……］西［…………］それが［……に］到達する［まで……］9それらの
間にあるその海の、マウクの水源(3)、ティナ川(4)まで、そしてそれは泉のように、その長さを通過する10北方の全地、
その全域、それが［……］の水源に到達するまで、そして［……］の地まで11［そして］この境界線の水域を過ぎてガ
［デ］ラにまで(5)到達する。そして、［……］12そして、ノアは籤《くじ》によって、ヤフェトと彼の息子たちに永久に続く

（1）以下では、ノアから長子セムへの訓示となっている。
（2）「義しい者」（*ṣdyq'*）はノア自身を指すか（創六9参照）。
（3）「マウクの水源」（*r'yš mhq*）。これはマチーラによる再構成。シリア語本文での読みとして *Mahouq* が提案されている。ヨベ八22、26に、それぞれハムとヤフェトの嗣業の地の記述の中で言及されている。語源から「消滅の水源」「破壊の水源」の意味か。
（4）「ティナ川」（*tynh*[*n*]*hr'*）。古代においてアジアとヨーロッパの境界と見なされていたタナイス川で黒海の北方にあるアゾフ海に注ぐ。近代ではドン川と呼ばれる。XVI欄15、16行、XVII欄16行にも、またヨベ八12、16、25、28、九2、8でも言及される。
（5）「ガデラ」は、スペインの南西にあるCádizを指すと考えられている。ヨベ九12にヤフェトの子メシェク（創一〇2を参照）の地として言及されている（ヨベ八23、26をも参照）。

嗣業《しぎょう》の地として相続するようにと割り当てた。⑴（余白）[13]（余白）[14]［そして］セムに第二の籤が、彼と彼の息子たちが［永久に続く嗣業の地］として当たった。⑵[15]［……］このティナ川の水は流れ出た［……］［…………］（に至る）まで⑶［……］泉のように［……］[16]ティナ川［ま］で、それは［…………］メアトの海に、⑷それは[17]塩の大海⑸の[16]湾に到達する。[17]そして、この境界は泉のようにこの湾を離れて、そ［れは］［…………］[18]［……］へ、［……］エジ［プ］トに面している海の湾まで、そして、それは［……］［…………］を過ぎて［……］[19]［…………］の嗣業の地に到達する［…………］［……］[20]［…………］［…………］東方へ[21]［…………］［……］彼らの［息子たち］、［ノア］の［すべ］ての息子たち［…………］［……］[22]［…………］［ノ］アへ［……］[23]［…………］そして、彼⑹は進んで行った[24]［……］［…………］［……］との間に［…………］[25]［…………］（余白）[26]そして、ハムに［第三の籤］が当た［った］⑺［……］彼［と］［彼の息子たち］が［永久］に相続するように［……］[27]［…………］ギ［ホ］ン［川］⑻ま［で］［…………］それは、［……］の［南］まで到達する[28]［…………］［……］セムに[29-35]（欠損）

保存状態

1–7行が全欠損。8–21行は欠損はあるものの一応の解読が可能となっている。22–28行は断片的。29–35行は全欠損。

第XVII欄

内容

『創世記』一〇章はノアの子孫の系図とそれぞれの居住地域のリストとなっているが、25節に土地の分割への言及という考えが「ペレグ」（*prg*）の名前の由来の説明としてわずかに出てくる（ヘブライ語動詞*prg*は、「分割する」の意味。ヨベ八8を参照)。本欄は、セム(7–19行)とヤフェト(16–19行)がその子らへ土地を分割した記事である(ヨベ九2–13を参照)。しかし、本文の保存状態が悪く、ハムの分割記事(20行目以下に続いていたと想定されるが、実質的には欠損)を欠く。この想定が正しければ、セム、ヤフェト、

(1)「割り当てた」(*ḥlq*)に続いて「籤によって」(*bʿdb*)という表現がある。マチーラ の訳もそのように理解できる。籤による土地分割ここの記述はヨベ八29と並行している。籤による土地分割地の決定はヨベ八11にある。この籤による土地の分割という考え方は『創世記』にはない。ここまでがヤフェトへの土地分割であり、彼が第一の籤を割り当てられたと考えられる(14行目に「第二の籤」への言及がある)。

(2)ここまできて、創アポでのノアの三人の息子への土地の分割の順番が、ヤフェト、セム、ハム(26行目に「ハム」への言及がある)であることが判明する。創一〇章では、ヤフェト(2–5節)、ハム(6–20節)、セム(21–30節)の順である。これに対して、ヨベ八章では、セム(12–21節)、ハム(22–24節)、ヤフェト(25–29節)となっており、『ヨベル書』での誕生順と一致している(ヨベ四33参照)。

(3)欠損があるここの記述は部分的にヨベ八12の記述と並行する。

(4)アゾフ海で、黒海北部にある内海。ヨベ八12を参照。北からティナ川が注ぎ込む。

(5)「塩の大海」(*ym mlḥʾ rbʾ*)は地中海を指す。XIV欄18行では単に「大海」(*ymʾ rbh*)として言及されていたが、XIX欄13行、XXI欄16行では*dy mlḥʾ*を伴っている。聖書では、「塩の海」(*ym hmlḥ*)は死海を指す(民三四12、申三17、ヨシ三16、一二3、一五2、5、一八19)。また「大海」(*ymʾ rbʾ*)(ダニ七2)は同じく地中海を指す。ヘブライ語の「大海」(*hym hgdwl*)も地中海を指す(民三四6–7、ヨシ一五12、47、エゼ四八28)。

(6)あるいは「それ」。

(7)推読が多いが、「ハム」に「第三の籤」を想定することは無理がない。ヨベ八22–24のハムの割り当て地の記述を参照。

(8)「ギホン川」は、創二13に、「第二の川の名はギホンで、クシュ地方全域を巡っていた」とあるように、「クシュ」の同定に問題がなければ、エジプトの南方のエチオピア地方を流れるナイル川の源流の一つと考えられる。ヨベ八22–23を参照。

ハムの順に記述がなされていることになる。ハムの記述が6行目までにあったと推測すると、ハムの子孫へ、セムの子孫へ、ヤフェトの子孫へという順番になり、『ヨベル書』九章の順番と一致する。なお、XV欄末―XVI欄が、ノアの三人の息子たちへの大地の分割であったのに対し、本欄は三人の息子たちがそれぞれの子供たちへと土地分割をする記事となっている。これは『ヨベル書』も同様で、八12-30がノアの三人の息子たちへの分割で、九章のノアの孫たちへの分割記事と区分されている。創一〇章は両者が一体となった記事となっている。

[1-4]（欠損）[5]［…………］メシェクと(1)［……］の息子たちへ、[6]［……］［…………］（余白）[7]［そして、］セムは彼の割り当て地を彼の息子たちの間に分割した。(2)そして、最初にエラムにチグリス川の水域に沿った北方（の領域）が当たり、それは[8]紅[7]海にまで到達している、(3)[8]北方にあるその水源へ。そして、［彼に］続いて、アッシュル(4)に西方（の領域が当たり、）それはチグリス川にまで到達している［…………］そして、彼に続いて、[9]アラムに(5)両河川の間にある領域(6)（が当たり、）それはその地方にあるアラ［ラト］山の頂上にまで到達している。そして、彼に続いてルドに(7)［……］[10]このタウルス山が当たった。(8)そして、この割り当て地は西方へ進み行き、遂にマゴグにま

（1）メシェクはヤフェトの子孫（創一〇2参照）。マチーラによって新たに再構成された読みだが、文脈からすれば、ヤフェト系の名前が出る場面ではない。

（2）ヨベ九2aに並行。セムの子らは「エラム、アシュル、アルパクシャド、ルド、アラム」（創一〇22）であるが、本欄7-15行には、ルドを除く四名分が言及されている。ヨセフス『ユダヤ古代誌』一143にはセムの五人の息子たちが「ユーフラテス川からインド洋にいたるアシアに居住し

た」と記述されている。

（3）「紅海」（*ym' śmwq'*）（*śmwq* は「赤い」という意味の形容詞）は、字義通りの翻訳で、この表現は二一17、18、18にも出てくる。ヨセフス『ユダヤ古代誌』一39（秦剛平訳）では、「エリュトラ海」（*'Ερυθρά θάλασσα*）とギリシア語を音訳。これも意味を取れば、「紅海」となる）の文脈からは、チグリス川とユーフラテス川が注ぐペルシア湾を指す。ヨベ九2に、エラムへの分割地の記述の中で「紅海」への二回の言及がある。そこでも、ペルシア湾からインド洋にわたる海域を指す可能性がある。この理解の方が、文脈が壊れているとはいえ、ここでの「紅海」の記述に合致する。ヘロドトス『歴史』一180、二11、158、四42はいずれもアラビア湾ないしインド洋を指している。このように「紅海」には、個々の用例・文脈に沿って、指す海域が異なることに留意する必要がある。因みに、ヘブライ語聖書では、シナイ半島の北西端にある地中海に面した「葦の海」の外に、シナイ半島の西側とエジプトとの間のスエズ湾と、シナイ半島の東側とアラビア半島との間にあるアカバ湾にも一貫して「葦の海」（*ym swp*）が用いられている。

（4）「アッシュルに」（*l'šwr*）は先行する「西方へ」の同格として訳したが、9行目の「アラムに」（*l'rm*）と同様に、セムの息子アッシュルへの土地分割への言及である（創一〇22、ヨベ九3を参照）。

（5）「アラムに」（*l'rm*）（創一〇22、ヨベ九5参照）。アラムの順番は本欄では第三位の位置を占めている。ここでのアラムの領域の記述は、いわゆる「アラム人の原郷」とされるメソポタミアの北部地域とその北方を含む広域となっている。

（6）「両河川の間にある土地」（*'r' dy byn tryn nhry'*）はもちろんメソポタミアのこと。ヨベ九5のやや詳細な記述とほぼ並行している。

（7）「ルド」は創一〇22、ヨベ九6参照。ルドへの言及は少なく、ここでの記述は10-11行にわたっていて詳細のものと言えるが、文脈が摑みにくいし、『ヨベル書』での記述とほとんど共通部分がない。本欄17行目で、ヤフェトの息子ヤワンの領地の説明でルドに二回言及される。

（8）「タウルス山」（*twr twr'*）は固有名詞として音訳したもので、意味を生かせば「牡牛の山」となろう。これをラテン語 *taurus*, ギリシア語 ταύρος 経由で「タウルス山」とすると、現在のトルコの南東部のタウルス山脈を指すことになる。むしろシリア北部のアマヌス山と同定した方が地理的説明としては適合すると考える学説もある（ヨベ八21、九4参照）。「この牡牛の山が当たった」と訳した動詞 *npq* は7行目の「エラムに……（の地域）が当たり」と同じ動詞が使われており、分割地の割り当ての意味であろうが、ここでは9行目末が破損していて誰のものになったかは不明である。

で到達する、(1)すべてが［……］湾に沿っていて［……］それは東の海に（あり）、(2)[11]北方に、それはこの湾に隣接している、三つの割り当て地の上方に、その南方に（ある）。アルパクシャドのために、(3)［……］それが[12]［……］に[11]到達するま［で］[12]［……］それは南方に向きを変える。ユーフラテス川により潤されている全地、そして［……］のすべてが［…………］［……］[13]［…………］それらの間にある峡谷や平坦地のすべて、そして、この湾の内側にあるその沿岸地帯、［……］のすべ［て］［……］それは［……］にま［で］到達する［…………］[14]［……］アマナへ、(4)それはアララト山に隣接する。そして、アマナ（から）ユーフラ［テス川］に到達するまで［…………］へ、［……］遂にそれが［……に到］達するまで［……］[15]［……］彼の父ノアが、彼に分割し、彼に与えた割り当て地（余白）[16]［そして、］ヤフェトは彼の息子たちの間に分割した。(5)最初に彼は、ゴメルに北方にあるティナ川まで到達している（地域を）与えた。(6)そして、彼に続いてマゴグに、(7)そして彼に続いて、[17]マダイに、(8)そして彼に続いて、ヤワンに、(9)ルドの近傍で、ルドの近［傍の］湾と、［第］二の湾との間にあるすべての島々を（彼は与えた）。トバルに[18]第二の［湾］を[17]横切っている（地域を）、(10)[18]メシェクに(11)［…………］［……］［ティラス］(12)に四つの島々を、そして、その

(1)「マゴグ」（*mgwg*）は一般的に黒海北岸に住む遊牧騎馬民族スキタイ人と関係すると考えられている（ヨベ九8参照）。聖書にはヤフェトの子（孫）（創一〇2）として言及されている。そこにマゴグと一緒に列挙されているゴメル、トバル、メシェクはいずれも小アジアに位置づけられる。エゼ三八2、三九6をも参照。但しここでの文脈では、タウルス山から「西方へ進み行き」「マゴグにまで到達する」のであれば、小アジア西方にマゴグを求めるべきか。

(2)本文欠損のため文脈が理解しがたいが、ヘロドトス『歴史』四100のスキタイ人の記述に類似するので黒海を指すと考えられよう。

(3)「アルパクシャドのために」（*l'rpkšd*）はセムの子孫（創一〇22、24、一一12-13）で、11-15行のアルパクシャドへの嗣業の地の記述は、9行目以下のアラム人の嗣業の地の南側のメソポタミアのほぼ全域が包含されている。これはヨベ九4の嗣業の地の記述と並行している。ヨセフス『ユ

ダヤ古代誌』一144は、アルパクシャドをカルデア人と同定している。

(4)アマナに関しては、XIV欄(四一頁)注(9)を参照。雅四8、王下五12(ケレー)を参照。アンティ・レバノン山脈ないしアマナス山脈の高峰を指すか。ヨベ九4でもアルパクシャドの領地として言及されている。

(5)ここからノアの息子ヤフェトが彼の割り当て地を彼の息子たちに分割した記述が始まる。ヤフェトの割り当て地全体については、ヨベ八25-28を、彼の息子たちへの分割についてはヨベ九7、8-13を参照。ヨセフス『ユダヤ古代誌』一122-125をも参照。

(6)ゴメルはヤフェトの息子(創一〇2)。ゴメルへの分割地の記述はヨベ九8に並行している。ティナ川についてはXVI欄(四五頁)注(4)を参照。黒海の北方のティナ川まで、つまり(小アジア方面から)ティナ川の西側までが割り当てられている。

(7)マゴグ(創一〇2)への分割地の記述はないが、ヨベ九8に従えば、ゴメルの分割地の北方の内陸部がその割り当て地となる。ヨセフス『ユダヤ古代誌』一123は、マゴグをスキタイ人と同定している。

(8)聖書の「メディア」(創一〇2)のことだが、その分割地の記述はない。ヨベ九9の記述は、「二人の兄弟(の領域)の西から島々まで、および島々の端までがあたった」とあり、地中海を西進してブリテン島までとなる。イラン高原に想定されるべきメディア(王下一七6、一八11、イザ二一2、エレ二五25、五一11、28)とはおよそかけ離れている。そのこともあり、あえて「メディア」とせず、原音に近い「マダイ」にした(綴りは両者とも同じ)。『ヨベル書』の英訳もMadai(Medea)のような表記をしている(村岡崇光訳も「マダイ」を採用)。

(9)「ヤワン」(*yw'n*)(創一〇2。但しマソラの綴りは*ywn*)の分割地の記述はヨベ九10に並行している。ヨセフス『ユダヤ古代誌』一124は、「ヤワンからイオニア人と全ギリシア人が生まれた」と記して概ね一致している。

(10)「トバル」(*ltwbl*)(創一〇2。但しマソラの綴りは*tbl*)の分割地の記述もヨベ九11「トバルには第五の区域としてルデの区域の境界接する半島の中央から第二の半島まで、第二の半島のむこう、第三の半島(を含む領域)があたった」という記述に部分的に並行している。ヨセフスは彼らのイベリアへの植民活動に言及している(ヨセフス『ユダヤ古代誌』一124)。

(11)「メシェク」(創一〇2)への分割地の記述は欠損している。ヨベ九12に拠れば、南フランス、スペイン、ポルトガル、さらに西方になり、トゥバルの西側に位置づけられて、ジブラルタルまでの地域を含むか。ヨセフスはメシェクをカッパドキア人と同定している(ヨセフス『ユダヤ古代誌』一125)。

近傍の［……］に至るまで、[19]ハムの息子たちの割り当て地の近傍に到達している海[18]の内側に至るまで[19]［……］［……永］久（余白）[20]［…………］[21]［…………］それを彼は与えた［…………］［…………］すべて［……］[22]［…………］ノアの息子たちは［……］［彼らの］嗣業の地を［彼らの息子たちの間に］［割り］当て［た］［…………］[23]［…………］［……］[24]［…………］彼の息子たち［……］（余白）［…………］[25-35]（欠損）

保存状態

7-19行が、部分的欠損もあるがほぼ全体が読める。その前後は断片的と全欠損。

第XVIII欄

内容

アヴィガドとヤディンは、嗣業の地の記述はXVII欄末で完了したと推測している。本欄は回復不能なほどテクストが破損しているが、『創世記』一一章27節以下のウルとハランにおけるアブラムが扱われていると考えられる。バベルの塔（創一一1-9）の記事があったかなかったかは大きな問題であるが、それほど大きなスペースが割かれる余地はなく、仮にあったとしても簡略なものであったろうと推測される。

保存状態

全欠損。

第XIX欄

内容

XVIII欄の途中からアブラム物語に移行したと推測される。本欄の失われた最初の6行が『創世記』一二章1-7節に相当するであろう。7行目以下からアブラムのカナン地方放浪の記事となっている（10行目前半まで。創一二9までに照応）。10行目の空白の後からXX欄33行までがアブラムのエジプト滞在記事（創一二10-20）の大幅な拡張版となっている。『創世記』がアブラムについて三人称で語る物語なのに対して、『創世記アポクリュフォン』ではアブラムが一人称で語る文体となっている。

（12）残念ながら、直前の前置詞 *l* に続くはずの「ティラス」の部分は欠損している。しかし、ヤフェトの七人目の子孫（創一〇2、ヨベ九8-13）は間違いなくティラスであり、六人目までは聖書も『ヨベル書』も同一の順序で言及されているのだから、この補完は十分妥当であろう。ティラスの分割地に関しては、本欄18-19行に断片的に残されていて、ヨベ九13と部分的に並行している。後者に拠れば、ハムへの嗣業の地との間にある地中海の四つの大きな島々が付与されている（コルシカ島、サルディニア島、シシリー島で四つ目はマルタ島、キプロス島、クレタ島のどれかと推測される）。ヨベ八29にはヤフェトとその子孫全体の嗣業の地の中に五つの大きな島への言及がある。

1-5（欠損）6［…………(1)］［……］［…………］［…………］7［…………］［…………］［……］
そして私は、そこで［神］の御《み》［名《な》］を唱えて、言った。「あなたは、真《まこと》に8［……］の神です、また、永［遠］の王です(2)」。
［そして、］彼はその夜、私に語りかけた。「［……］そして、しっかりして、突き進みなさい、今までのところ、お
前はまだその聖なる山に到達していない(3)」。そこで、私は出立し、9そこへ出かけ［て行っ］た。そして、私は［…
…］のモレの南方へ(4)と進んで行った。そして、私は遂に、ヘブロンへ到達した。そして、私はその地域のために、
ヘブロンを建設した。そして、10そこに［二］年間、9私は住んだ(5)。10（余白）さて、このすべての地に飢饉が起こっ
た(6)。そして、私はエジプトには穀［物があ］ると聞いた(7)。そこで、11エジプトにある地に［……］［…………］行こ
うと、10私は出立した。11［……］［…………］そして［……］があった。［私］は、12その川の支流11の一つであるカ

(1) XVIII欄の途中からアブラ（ハ）ム物語が始まっていると考えられる。XIX欄1-6行目は欠損していて何もないが、創一二1-7前半があったものと推測される。7行目が創一二7後半「アブラムは、彼に現れた主のために、そこに祭壇を築いた」に該当するのか、それとも創一二8後半部の「そこにも主のために祭壇を築き、主の御名を呼んだ」のどちらに該当するのかは、判断が難しいが後者に取る（ヨベ一三5以下を参照）。『創世記』の記述が三人称なのに対して、ここではアブラムが一人称で語る。創一二7後半の文脈で理解すると、7行目の「そこに」（推読）と「そこで」はシケムを指すが、創一二8後半部に取れば、ベテル近郊ということになる。アブラムの改名の記事（創一七5）より

前の出来事なので、この創アポでは彼の名前はアブラムとしてのみ登場する（XIX欄14行目に初出）。

（2）創一二8後半部は「（彼は）主の御名を呼んだ」だけだが、創アポでは、7-8行（一部欠損を修復）に神への呼びかけの言葉、「あなたは、真に［……］の神です、また、永［遠］の王です」が直接話法で記述されている。この修復はヨベ一三8「あなたは私の神、永遠の神でいらせられます」が根拠となっている。また、「（その）神の御名」（*šm ʾlhʾ*）と訳したように固有名詞の神聖四文字YHWHではなく、普通名詞の「神」（*ʾlhʾ*）が使用されている。

（3）「（その）聖なる山」（*ṭwrʾ qdyšʾ*）（規定態）が具体的にどの山を指すのかは不明。ここでの文脈では、アブラムはシケムからヘブロンへ移動している。創一二章では、シケム（6節）、ベテル（8節）、ネゲブ（9節）へと移動している。旧約聖書では、「（その）聖なる山」（*hr hqdš*）（冠詞付き。アラム語の規定態に照応。イザ二七13、エレ三一23、ゼカ八3）の外に、人称接尾辞付き（「私の／あなたの／彼の聖なる山」）（*hr qdšy/hr qdšk/hr qdšw*）で、詩二6、三5、一五1、四三3、四八2、九九9、イザ一一9、五六7、五七13、六五11、六六20、エゼ二〇40、二八14、ダニ九16、20、ヨエ二1、四17、オバ一16、ゼファ三11、さらに、形容詞付きの「麗しい聖なる山」（ダニ一一45）が、また、複数形で「聖なる山々」（*hrry qdš*）（詩八七1）でも、すべてがエルサレムを指すので、ここもそのような解釈が提案されているが、果たしてこの文脈がその解釈を許容するだろうか。ヨベ八19では、「シオン山は大地の臍の中心」と記述されているが、ヨベ一三1、5、10では、シケム、ベテル、ヘブロンの順にアブラムが南下していく中で、「聖なる山」への言及はない。

（4）「モレの南方へ」（*ldrwmʾ mwrh*）はマチーラによる新しい読み。「モレ」はシケムの近傍にある（創一二6）。

（5）ヘブロンへの到達、ヘブロン建設、ヘブロン滞在への言及はヨベ一三10に並行している。創一二9にはヘブロンへの言及がなく、アブラムは直接ネゲブ地方に至っている。アブラムはロトと別れた後でヘブロンに住んでいる（創一三18）。ヘブロン建設の七年後に「タナイス」（ギリシア語に由来する名前で、ヘブライ語の「ツォアン」）が建設されたという記事がヨベ一三12にあり、これは民一三22（新共同訳では「ツォアン」）に基づく。この都市は過去にアヴァリス、ピ・ラメセスと同定されたが、現在ではそれぞれ別の場所と判定されている。

（6）創一二10、ヨベ一三11、ヨセフス『古代誌』一161と並行。

（7）「穀物」と読んだ箇所は本文が一部欠損していて、別の提案では「繁栄」という読みもあり得る。後者はヨセフス『古代誌』一161（「そこで、エジプト人が繁栄していることを聞いたアブラモスは……」秦剛平訳）を参照。エジプトに穀物があるという伝聞については創四二2、使七12を参照。

ルモン川に到［達した］⑴。[12]［私］は言［った］。「入れ（?）［……］」［…………］「［……］今［まで、］私たちは、領地の中にいた」⑵。そして、私はこの川の七つの支流を渡河した。それらは、[13]やが［ては、］塩［の］大海の中に［注ぎ］込んでいる⑶。［そしてこの後で、私は言った。］「見よ、今、私たちは、領地を去り、ハムの子らの領地、エジプトの領地に入った」⑷。[14]（余白）そして、私アブラムは、私がエジプトの領地に入った夜に、夢を見た⑸。そして、私は私の夢の中で見た、見よ、一本の杉と[15]一本の[14]なつめ椰子《やし》であり、[15]それ［ら］は［一つの根］から一緒に生え出ていた⑹。すると、人の子［ら］がやって来て、その杉を伐り倒し、根こそぎにし、そのなつめ椰子だけを残そうとした。[16]すると、そのなつめ椰子は叫んで言った。「その杉を切り倒さないで！ というのは、私たち二人は一つの根から生え［出て］いるからです」⑺。そこで、その杉はなつめ椰子のおかげで残され、[17]彼らは私を伐り倒さなかった。（余白）そしてその夜、私は眠りから目覚めて、私の妻サライに言った⑻。[18]「私は[17]夢を[18]見た。私はこの夢のた［めに］不安なのだ」と。すると、彼女は私に言った。「あなたの夢を、私にお話しください。そうすれば、私は（それが）わかるでしょう」。そこで、私は彼女にこの夢を語り始めた。[19]そして、私は彼［女］に言った。「［……］この夢［……］彼らは私を殺し、そしてあなたは生かそうとするでしょう⑼。これだけが、[20]［あなた］が私に為すべき[19]好意のすべてです。[20]［私たちが入って行く］すべての町々（?）で、私について言［い］なさい、『彼は

（1）「その川」（*nhr' dn*）と訳した語は「川」の規定態が単独で使われている箇所で、「カルモン川」（*krmwn' nhr'*）でも、「カルモン」という固有名詞の後に「（その）川」（*nhr'*）が後続している。創アポでは殊にマソラでナイル川を指す語 *y'wr*（これは「川」「流れ」が原意のエジプト語からの借用語で、ナイル川を指す。アモ八8を参照）は使用されていない。さらにマソラでは「涸川＝ワディ」を意味する *nḥl* という語も使用されるが、創アポにはこの語も使われていない。したがって、文脈の中で「川」（*nhr'*）が涸川＝ワディも含めてどの河川を指すかを考慮しなければなら

ない。「カルモン」に該当するギリシア語のナイル川の支流名は存在しない。XXI欄11行に国境となっている「エジプトの川」（*nhr mṣryn*）への言及があり、また同欄15行に「ギホン川」（*gyḥwn nhrʾ*）への言及があるが、「カルモン川」をそれらの別名とすることは困難と考えられている。しかしカルモン川を東デルタの東端のナイル川の一支流と理解すると、国境線がずっと西に移動することになる。「支流」（*rʾšy*）（複数の構成形）と訳した語は、字義通りには「頭」（*rʾš*）で、川の支流を指す。創二10「四つの川」（*ʾrbʿh rʾšym*）を参照。

（2）「私たちは、領地の中に」（*bgw ʾrʿnʾ*）はカナンの地を指す。

（3）「この川の七つの支流」（*šbʿt rʾšy nhrʾ*）のうちの「この川」は、ナイル川と取れるかどうかの判断は難しい。ナイル川が七つの支流となって地中海に注ぐことについては、ヘロドトスは『歴史』の中で「五つの河口をもつナイル」（二10）、また、天然の支流を合計五つと二つの運河に言及している（二17）。但し、ナイル川の七つの支流を通り過ぎてしまうと、デルタの西端に至ってしまうことになり、文脈に合わない。以上の理由で、ここでカルモン川を「エジプトの川・ワディ」（*nḥlh mṣrym*）（民三四5、ヨシ一五4、47、代下七8などを参照）の一つと想定しておく。ここでの「大海」は地中海を指す。

（4）XII欄11行に創一〇6「ハムの子ら」への言及がある。そこでは「ハムの子ら」はエジプトに限定されていないが、ここでは「ハムの子らの領地」と「エジプトの領地」が同格的に並置されていて、創アポが書かれた時代にはハムの子らの領地がもっぱらエジプトに限定されていた可能性がある。以下、XX欄32行まで、創一二10-20のアブラム夫婦のエジプト滞在の物語への大幅な拡張が見られる。

（5）14-23行はアブラムの見た夢とその夢をめぐるアブラムとサライとの対話。創一二10-20へのハガダー的付加を伴う内容がXX欄末まで続く。

（6）「一本の杉と一本のなつめ椰子」。この二つの要素が出てくるのは詩九二13。両方とも天に向かって真っ直ぐに成長するので、篤信の象徴となっている（『創世記ラッバー』四一1を参照）。ここでは杉が文法上の男性名詞でアブラムを、なつめ椰子が文法上の女性名詞でサライを表している。なつめ椰子が発話し、擬人化されている。植物の擬人化については士九7-15や王下一四9を参照。

（7）創一二13、19、二〇2、5、12、13、16、殊に二〇12のアブラ（ハ）ムの弁明によく即している。なつめ椰子、すなわちサライの必死の嘆願は、兄妹であると同時に夫婦であることの強調ともなっている。

（8）この創アポではアブラムと同様、サライもサラに名前が変えられる前の古い綴りで一貫している（創一一29、30、31以下。一七15で名前がサラに変更されるまではサライとして言及される）。

（9）創一二12bのほぼ字義通りの訳。

私の兄です』①。そうすれば、あなたのおかげで私は生きるでしょう。そして、私の命はあなたのおかげで生きのびることを赦されるでしょう。[21]［…………彼］らは私からあなたを取り去り、私を殺そうとするでしょう」。そこで、サライはその夜、私の言葉のゆえに泣いた②。[22]［……］私たちがエ［ジプトの領］域に入［った］とき、［……………］［……］そして、ファラオ・ツォア［ン③……］［……］そのとき、サライはツォアンに向かうこと④[23]［……］［…………そして、］彼女は彼女の心の中で、いかなる男も彼女を見ることがないようにと［五］年間、［たい］そう恐れていた。そして、これらの五年間の終わりに、⑤[24]［……］私に、そしてエジプトの貴族⑥たちの中から三人の男たちが［……］彼の［…………］ファラオ・ツォアンによって、私の言葉と私の知恵のゆえに、そして、彼らは[25]［私］に莫大な贈り物を］[24]贈与し、⑦[25]［……そして、］彼らは、学識と知恵と真理を彼ら自身のために［尋ね求］めた⑧。そこで、私は彼らの面前でエノクの言葉の書物⑨を読んだ。[26]［…………］彼がその中で成長したその胎《たい》の中で［……］。そして、私が彼らのために明瞭に解き明かすまで⑩、彼らは立ち上がってやって来ることはなかった⑪。[27]［……］の[26]言葉[27]［………］［……］［……］大いに食べることによって、また大いに飲むことによって［…………］［……］その葡萄酒[28]［……］［…………］［…………］あなたに、私は［…………］［…………］エノクのすべ　て　の　言　葉

[30]［…………］［……］[31]［…………］（余白）[32-35]（欠損）

保存状態

1-5行と32-35行が欠損している。従来、判読不能だった箇所について、マチーラが新しい読みを提案している箇所が相当数ある。

（1）これは創二〇13の言い方で、創一二13では、「（あなたは）私の妹です」となっていて、アブラムがサライに嘆願する言い方となっている（「あなたは」は二人称女性単数の代名詞）。

（2）アブラムの言葉に対するこのようなサライの反応は創一二13にはない。

（3）ここ（XIX欄22行）もそうだが、再構成も含めて三回の言及がある（XIX欄24行、XX欄14行）。ファラオは居住した首都の名前を付して呼ばれている。「ツォアン」に関してはXX欄（六三頁）注（5）を参照。「ツォアン」はイスラエルの歴史とのかかわりが深い都市（民一三22、イザ一九11、13、三〇4、エゼ三〇14、詩七八12、43での言及を参照）。

（4）「そのとき、サライはツォアンに向かうこと」にどのような態度を取ったのかは、本文欠損のため不明。サライの不満、不安、抵抗などいくつかの再構成が提案されている。

（5）この数字はヨベ一三11「アブラムはその年週の第三年にエジプトに行き、エジプトに五年間住んだところで妻を奪い取られた」という記述と符合する。ここから27行まではエジプトの貴族たちの訪問と宴会の様子が描写されている。30行以下はほぼ全体が欠損していて内容を把握できない。

（6）「エジプトの貴族たち」（*rbrby mṣryn*）と訳した「貴族たち」（*rbrby*）（男性複数形の構成態）は、*rbrbyn*（音節重複形容詞）がダニ三33に使用されている。『ダニエル書』では名詞「貴族」（*rbrbn*）（語末に *nûn* が付く形）が用いられている（ダニ四33、五1、2、3、9、10、23、六18を参照）。

（7）ファラオと貴族たちからアブラムが尊敬を受けていた様子が垣間見える。

（8）贈り物を持参して智恵に与ろうとする主題は、ソロモンとシバの女王の来訪の記事と重なる。王上一〇1-13を参照。アブラムがエジプト人に知恵を授けた様子は、ヨセフス『古代誌』一166-168に展開されている。

（9）「エノクの言葉［の書物］」については、ヨベ二一10「私の先祖たちの諸々の書物、エノクの言葉、及びノアの言葉」の他に、十二遺の『シメオンの遺訓』五4-6、『レビの遺訓』一〇5、一四1、『ユダの遺訓』一八1、『ダンの遺訓』五6、『ナフタリの遺訓』四1、『ベニヤミンの遺訓』九1などに少しずつ表現が異なるが言及されている。

（10）「私が解き明かす」（*'ḥ*）従来、読めなかった箇所のマチーラによる新しい読み。動詞語根 *yḥy*「解き明かす」を提案しているが、根拠不明。

（11）「彼らは立ち上がってやって来ることはなかった」（*wl' hww' 'tyn lmqm*）。ここもマチーラによる新しい読みと解釈で、「立ち上がる」（*lmqm*）は、動詞語根 *qwm* の不定詞句。彼の解釈を採用して翻訳した。

第XX欄

内容

本欄冒頭部分では、エジプトの高官たちのファラオへの報告の中で、サライの絶世の美貌が詳細に語られる（2‐8行）。続く8‐11行では、サライがファラオ・ツォアンの許へ連れ去られ、アブラムは悲嘆に暮れる。12‐16行ではアブラムが連行されたサライの身が穢《けが》されないようにと祈る。アブラムの祈りに応えて、悪疫と苦痛がファラオと彼の全家に及ぶ（16‐21行）。しかし、アブラムの祈りと悪魔祓いでファラオは癒される（21‐31行）。そこでファラオはアブラムにサライを返し、アブラムとサライに贈り物を与えてから、彼らをエジプトから送り出す（31‐33行）。

[1]［…………］［……］［…………］[2]［……………］［……………］［……………］⑴彼女の顔の造作はなんと目映《まばゆ》く、なんと優美なことか。[3]彼女の額は[2]なんと[3]愛くるしく、［そして、］彼女の頭髪は（なんと）滑らかなことか。彼女の目はなんと典雅なことか。彼女の鼻はまことに魅力的。そして、[4]彼女の顔の[3]容貌全体が[4]優美である。彼女の胸はなんと典雅なことか。そして、彼女のすべての色白さ⑵はなんと優美なことか。彼女の腕は、まことに優美である。そして、彼女の手は、なんと[5]完璧なことか。そして、彼女の手はどこから観ても（なんと）魅惑的なことか。彼女の手のひらはなんと典雅なことか。そして、彼女の手のすべての指はまことに長く華奢《きゃしゃ》である。彼女の脚は、[6]なんと優美なことか。そして、彼女の腿《もも》はなんと完全なことか。そして、婚礼の間《ま》に入るどんな処女も花嫁も彼女より優美なことはない。そして、（彼女の）優美さは[7]実にどんな女性をも凌駕《りょうが》して優美である。そして、彼女の優美さは他の誰よりも遥かに高く傑出している。⑶そして、このすべての優美さと並んで、夥《おびただ》しい知恵が彼女と共にある。⑷彼女が持っているものは[8]ことごとく典雅である。⑸そして、王がヒュルカノスの言葉と彼の二人の

（1）2行目冒頭の欠損部分の後から8行目までが、エジプトの高官ヒュルカノスと彼の二人の同僚によるサライの美しさについてのファラオへの三人称の報告。XIX欄24行に登場したエジプトの三人の高官たちがサライの容姿や顔を見たという記述はないが、欠損部分に何らかの記事があったと推測される。

（2）「彼女のすべての色白さ」（*kwl lbnh'*）が身体のどこを対象にしているかについては、歯の白さ（創四九12を参照）、白目、胸、肌の色など議論がある。

（3）サライの美しさについては、創一二11にアブラムがサライに語りかける言葉の中に、二人称で「あなたは容貌の美しい女性である」と簡潔に言及されている。ヨセフス『ユダヤ古代誌』一163をも参照。ここでのサライの外見の美しさは、顔の造作、額、頭髪、目、鼻、顔の容貌全体、胸、色白さ、腕、手、手のひら、指、足、腿までの順に、形容詞、名詞、文章で記述が進められている。男女を含めて人の美しさを身体部位の順に列挙して譬えで具現化して叙述する文学様式（アラビア文学での「ワツフ」*wasf*,「記述」の意味）は、雅四1-5、五10-16、七2-10にあるが、ここでは、身体各部位の比喩表現は一切使用されていない。

（4）サライの身体的美しさと共に、精神的・知的卓越性も重視されている。フィロン『アブラハム』93節では、彼女の精神的・身体的美しさを抽象的な表現で言及し、それを強調している。

（5）「そして、彼女が持っているものはことごとく典雅である」（*wdlydyh' y'*）。字義通りには、「彼女の手中にあるものは（すべて）」。「彼女の手の業」という解釈も提案されている。

同僚の言葉を――彼ら三人が異口同音に語ったものを――聴いたとき、(1)彼は彼女を大いに切望し、直ちに人を遣わ
して、[9]彼女を連れ去った。そして、彼は彼女を見て、彼女のあらゆる優美さに驚嘆した。そして、彼は彼女を彼
の妻とした。そして、彼は私を殺そうとした。(2)しかし、[10]私が彼女のゆえに有利な扱いを受けるようにと、[9]サラ
イは[10]王に「彼は私の兄です」と[9]言った。(3)[10]私アブラムは彼女のおかげで生かされ、殺されることはなかった。
[11]私アブラムは――私と、私と共にいた私の兄弟の息子ロトは――サライが無理矢理に私の許から連れ去られたそ
の夜に、凄絶《せいぜつ》な[10]号泣をした。(余白)[12]その夜、私は祈り、懇願し、慈しみを乞うた。そして、悲嘆に暮れ、私の
涙が流れ落ちる中で、私は言った。(4)「あなたは祝福されよ、いと高き神、わが主、永劫《えいごう》に[13]至る方。なぜなら、あ
なたは主、すべてを統《す》べ治められる方、地のすべての王たちをあなたは統べ治めて、彼らすべてに裁きを実行され
る方。さて、[14]私はあなたに、わが主よ、エジプトの王ファラオ・ツォアン(5)に対する訴えを提出します。なぜなら、
私の妻が、私から力づくで連れ去られたのです。私のために彼に対する裁きを実行してください。そして、あなた
の強い手を[15]彼に対して、そして彼の全家に対して証示してください。そして、私から離れている私の妻を。今晩
彼が首尾よく穢《けが》すことがありませんように。(6)そのようにして、わが主よ、彼らにあなたを知らしめ、あなたが[16]地
の[15]すべての王の主であることをお示しください」。[16]そして、私は泣いて、押し黙った。(7)その夜、いと高き神は、
彼ファラオを苦しめる悪疫性《あくえきせい》の霊を、彼に、彼の家のすべての人々に[17]悪[16]霊を送った。[17]そして、それは彼と、
彼の家のすべての者を苦しめ続けた。それで、彼は彼女に近づくことができなかった。また、彼は彼女を知ること
もなかった。(1)そして、彼女は彼と[18]二年間一緒だった。(2)そして、二年の終わりに、悪疫と苦痛が彼の上に、そして

(1) 創一二15aに並行する箇所。XIX欄22行以下でファラオ・ツォアンへの言及があったが、ここでは「ファラオ」ではなく規定態で「(その)王」となっている。XIX欄24行にエジプトの高官三人への言及があったが、固有名詞は出てこなかった(欠損部分にあった可能性は否定できない)。ここ(8行目)に初めて三人のエジプトの高官のうちの一人「ヒュルカノス」が個人名で登場する(本欄21、24行にも)。この「ヒュルカノス」という名前はⅡマカ三11「トビヤ家のヒュルカノス」や、ヨハネ・ヒュルカノス一世(一マカ一三53、一六1、ヨセフス『ユダヤ古代誌』一三288-292、あるいはヒュルカノス二世(ヨセフス『ユダヤ古代誌』一三408)の名前と似ている。この人名の読み方と同定問題は簡単ではなく、フィッツマイヤー、第三版 pp. 197-199 のその時点までの詳細な議論を参照。「彼ら三人が異口同音に語ったもの」(*dy pm ḥd tlthwn mmllyn*)は、字義通りには、「彼ら三人が一つの口で語ったもの」で、直訳すれば、異音同口ないし異音同句とでもなるかもしれない。

(2) これはXIX欄19、21行で言及された夢の実現。創一二16では、アブラムは経済的な厚遇を受ける。

(3) 「彼は私の兄です」(*ʾḥy hwʾ*)。 サライがファラオの宮廷に召喚された後で、アブラムのために王に直接話法で弁明する場面は、創一二章にもヨベル一三13にも記されていない。

(4) 以下の12行途中から16行冒頭までが、直接話法での神へのアブラムの祈り。

(5) エジプトの王はここでは地名ツォアンで呼ばれているので、「ツォアンのファラオ」と訳すことも可能。創アポ1Q20 XIX 22 参照。ツォアンはエジプト第一五―一六王朝の首都アヴァリスで、後のラメセス(出一11、一二37)、さらに後代になってツォアン(民一三22、詩七八12、43、イザ一九11、13、三〇4、エゼ三〇13)と同定されている。

(6) もしこのような事態が出来してしまったら、アブラムとサライの結婚は破綻してしまう(申二四4、レビ二一7を参照)。「穢すこと」(*lṭmyʾ*)この動詞(ヘブライ語語根も*ṭmʾ*)については、創三四5を参照。また、ルベンの醜行(創三五22)問題を律法遵守の観点から敷衍したヨベ三三1-20をも参照。ルベンは最終的には父の呪いを受ける(創四九4)が、ヨセフ物語でも長男として一定の役割を果たしていることからすると、『創世記』はこのような問題に対して寛容なのか。

(7) 以下21行目までが、アブラムの祈りに応えて、ファラオと彼の家を悪疫と苦痛が襲った顛末が記されている。創一二17を比較参照。

もなかった(1)。そして、彼女は彼と[18]二年間一緒だった(2)。そして、二年の終わりに、悪疫と苦痛が彼の上に、そして彼の家のすべての者の上に過酷となり、激化した。そこで、彼は人を派遣して、[19]エジプトのすべての賢人［たち］を、またすべての魔術師たちを、さらにエジプトのすべての医術師たちを召集して、彼らがこの悪疫から彼を、また、[20]彼の家の[19]（すべての）者を癒せるかどうかを（知ろうとした）。[20]しかしながら、どの医術師たちも魔術師たちも、また、どの賢人たちも立ち上がって(3)彼を癒すことができなかった。なぜなら、その霊が彼らすべてをも苦しめていたからである。[21]そこで、彼らは逃亡した。（余白）(4)そのとき、ヒュルカノスが私の許《もと》へやって来た。そして彼は、私が出かけて行って[22]王の[21]ために祈るようにと、[22]また私の手を彼の上に置くようにと、そして彼が回復するようにと、私に乞い求めた。なぜなら、彼は［私を］夢の中で見［た］からである［……］(5)。しかし、ロトが彼に言った。「私の伯父アブラムは[23]その王の[22]ために祈ることはできません。彼の妻サライが彼（王）と共にいる（限りは）。さあ、行って王に告げなさい、彼が彼の許から彼の妻を彼女の夫の許へ送り返すように。そうすれば、彼（アブラム）は彼（王）のために祈り、彼は回復するでしょう」(6)。[24]（余白）そして、ヒュルカノスはロトの言葉を聴いたとき、彼は行って、王に告げた。「私の主、王を悩ませ、苦しめている[25]これらのすべての悪疫と苦痛は、アブラムの妻サライのせいです。どうぞ、サライを彼女の夫アブラムの許へ返されるようにしてください。[26]そうすれば、この悪疫も腫瘍《しゅよう》の霊もあなたから離れるでしょう」。そこで、王は私に呼びかけて、言った。「お前は私に何ということをしたのか。な［ぜ］、お前は[27]私に[26]言っていたのか。[27]『彼女は私の妹です』と。しかし（実際は）彼女はお前の妻だった（のに）。だから、私は彼女を私の許へ妻として連れて来たのだ。さあ、お前の妻だ。彼女を連れて、出て行け。そして、[28]お前自身がエジプトの全領域から立ち退け。しかし、今は私のために、私の家のために祈れ。そうすれば、この悪霊が私たちの許から消え失せるだろう」。そこで、私は、私が[29]彼を[28]癒せる［よう］にと彼［のた］めに祈った。[29]そして、私は私の手を彼の［頭］の上に置いた(7)。すると、彼から悪疫が取り

（1）「また、彼は彼女を知ることもなかった」（*w'p l' yd'h'*）。この「知る」は男女の肉体関係を表す（創四1、17、25、一九8、二四16、三八26、民三一17、18、35、サム上一19、士二一39、一九25、王上一4、などを参照）。

（2）「そして、彼女は彼と二年間一緒だった」（*why' 'mh trtyn šnyn*）。この「二年間」という年数は、不可解な印象を与えるが、ヨベ一三11-16の年数記述に合致している。一方、ヨセフス『ユダヤ戦記』五381では、「そして一夜明けると王女（サライ）は夫（アブラム）のもとに無事帰されたのである」として、サライの無事の帰還を強調している。

（3）「賢人たち」「魔術師たち」「医術師たち」の無能さの記述は、ダニ二2-10、四3-4、五7-8（バビロン）、創四一8、出七11-12、イザ一九11-13（エジプト）などの記述を想起させる。

（4）ここは前段の話と区分するための空白の後で、21行から29行までは、アブラムの祈りと悪霊祓いによりファラオが癒される記事。創一二章にはアブラムの祈りと悪霊祓いに対応する記述はない。

（5）創二〇章では、3-7節に神とアビメレクが夢の中で会話を交わす場面がある。ゲラルの出来事では、神が夢の中でアビメレクに告げた（創二〇7）通りに、17節ではアブラハムがアビメレクのために祈り、彼と一族が癒されたと言う言及がある。

（6）このロトの介入により、アブラムと彼の妻サライとの夫婦関係が初めて明かされて、ファラオの宮廷での悪疫の真の原因がようやく突き止められることとなった。以下、空白の後の24-26行でヒュルカノスはファラオの許へこの事実の報告に赴き、サライの解放をファラオに促す。アブラムの甥のロトが、アブラムとヒュルカノスとの会話に積極的に介入し、ファラオの家とエジプト人の苦しみの原因を説明し、ヒュルカノスへの助言を述べる場面は、他の伝承にはどこにもない。ヨセフス『ユダヤ古代誌』一164では、ファラオの災いの原因を突き止めたのは神官たちと明言されている。

（7）「私は私の手を彼の［頭］の上に置いた」（*wsmkt ydy 'l [r]'yšh*）。本文が一文字欠損しているが、「頭」（*[r]'yš*）で間違いないだろう。癒しの儀礼で頭に手を置く例は、旧約聖書にもラビ文学にもない。癒しの行為で手を置く所作は創アポXX欄22行にも出てきたが、そこでは、置く場所の言及はなかった。新約聖書では、マコ五23、六5、七32、八23-25、一六18、ルカ四40、一三13などが挙げられるが、これらすべての例でも手を置く場所が頭とは特定されていない。

除かれた。そして、悪[霊が彼から]消え失せた。そして、彼は回復して、起き上がった。そして、[30]王は私にその[日]に、夥しい贈り物を与えた。そして、王は私に誓って、彼が彼女を知ることはなかったし、彼が彼女を[穢《けが》す]ことは[なかった]という誓約をした。そして、彼は私に[31]サライを[30]返した。(1) [31]そして、王は彼女に夥しい[銀と]金を、夥しい上等な紫色の亜麻布の衣類を与えた。[…………][32]彼女の前に、そしてハガルをも。(2) そして彼は、彼女を私に返して寄こした。そして、彼はエジプトから、[……]へ出て行く私に付き添う一人の人を任命した。[……]お前の民へ、お前に[……][33](余白)そして、私アブラムは極めて夥しい家畜の群れと、さらに銀と金によって豊かになった。そして、私はエジ[プ]トから上《のぼ》った。[そして、][34]私の兄弟の息子[33][ロト]は、[34]私と一緒に[33][出立]した。[34]そして、ロトもまた、彼自身のために、夥しい家畜の群れを手に入れていた。そして、彼はエジ[プ]トの娘たちの中から彼の妻を娶《めと》っていた。(3) そして、私は[彼と一緒に、]XXI [1]私の(かつての)幕営地の各々の場所[に][34]野営しながら、(4)

保存状態

冒頭の1行目と2行目半ばまでが欠損しているが、残りは34行目まで、部分的欠損はあるものの、ほぼ全体が読めるようになっている。

第XXI欄

内容

本欄4行目までは前欄33行目からの続きで、『創世記』一三章4節までのエジプトからベテルへの帰還の物語。5-7行まではアブラムとロトとの別れで、『創世記』一三章1-12節との並行記事。8-14行では、夜の幻の中で神がアブラムにエジプトの川からユーフラテス川までの土地授与の約束をしている（創一三14-18、ヨベ一三19-21を参照）。15-22行までは、アブラムが神によって示された約束の地を行き巡り、遂にヘブロンに帰着して祭壇を築き、神に犠牲奉献を捧げた次第が記述されている。23-34行には、四人の東の王たちと五人のカナンの王たちとの戦争の記述（創一四1-12）となっている（残りの創一四12-24は、XX欄1-26行に継続する）。

1 私(5)は遂にベテルに到達した。その場所にかつて私は祭壇を築いたのだったが、それを再度築いた。(6) 2［……］その

（1）ヨベ一三15、創二〇14-16をも比較参照。

（2）「ハガルをも」（*w'p lhgr*）。『創世記』では、ハガルは創一六1で突然現れるが、創アポではハガルはこのときにファラオからサライに与えられた女奴隷であり、創一六章に該当する箇所の伏線となっている。後代の『創世記ラッバー』四五1では、ハガルはファラオの息女とされている。

（3）この情報は『ヨベル書』にもない。

（4）XX欄とXXI欄との間には欠損がなく、文がつながっている。XX欄34行は、「そして、私は［彼と一緒に、］野営しながら、」で終わっている。その野営の場所がXXI欄1行目冒頭で、「私の（かつての）幕営地の各々の場所［に］」である。各欄末に注を付けたので、分断された文が明瞭になるように、XXI欄冒頭部分をここに移して翻訳した。

（5）この欄は「私の（かつての）幕営地の各々の場所［に］」で始まっている。この部分は、XX欄末に移動して翻訳してある。XX欄末の文と前注（4）を参照。

（6）「ベテル」（*byt 'l*）（「神の家」、すなわち「聖所」の意味）は、本欄1、7、9行目に三回出てくるのみである。ベテルにアブラムが祭壇を築いた出来事は、創一二8と一三3-4を参照。ベテルはエルサレムからシケムへの街道沿いにある古代の有名な聖所で、「ベテル」という名の神が崇拝されていた（エレ四八13。創三一13、三五6-7、ヨベ三一30をも参照）。ベテルはアブラムが最初に主の御名を呼んだ場所として記憶されている（創一二8、一三4）。その古名はルズであった（創二八19、三五6、四八3、士一23を参照）。但し、創一二8と一三3-4では祭壇を築いた場所はベテルとアイとの間であったが（ヨベ一三15も参照）、ここではベテルとなっている。

上に私は焼き尽くす献げ物と穀物の献げ物をいと高き神に捧げた。(1) そして、私はそこで永遠の主の御名《みな》を唱えて、(2) そして、神の御名を称《たた》え、そして[3]その神を[2]祝福した。(3) [3]そして、私はそこで、その神の御前で、かれが私に与えたすべての家畜の群れと良き物のゆえに感謝を捧げた。というのは、かれが私に対して好意的に振る舞い、私を[4]この土地へ平和裡に[3]導き返してくれたからである。(4) [4](余白)[5]この日の後、ロトは私たちの家畜の群れの番人の振る舞いのゆえに私の傍《かたわ》らから離れて行った。(5) そして、彼は行って、ヨルダン川の渓谷に定住した。そして、彼のすべての家畜の群れが[6]彼と一緒だった。そして、私もまた、彼の所有物に多くを付け加えた。(6) そして、彼は彼の家畜の群れを放牧しながら、遂にソドムにまで到達した。そして、彼は自分のためにソドムに家を購入し、[7]そこに住んだ。(7) ところで、私はベテルの山に住んでいた。(8) そして、私の兄弟の息子ロトが私の傍らから離れて行ったことは、私の心に悲しみとなった。(9) [8](余白)(10) そして、神がその夜の幻の中で私に顕現して、言った。「[9]お前が住んでいる場所であるベテルの[8]北方にあるラマト・ハツォル(11)へお前は登れ。[9]お前の目を上げ、東方を、西方を、南方を、北方を見よ。(12) [10]そして、わたしがお前とお前の子孫に永劫に至るまで与えようとしているこの全地を[9]見よ」。

（1）二種類の献げ物への言及があり、前者が「焼き尽くす献げ物」（*ʻlwʼn*）（複数形）で後者が「穀物の献げ物」（*mnḥh*）と訳し分けた。後者は「献げ物」一般の意味でも使用される（例えば、創四3、4、5、イザ六六20）。エレ一四12や代上二一23にはこの二種類の献げ物が併記されている。本欄20行にもヘブロンにおけるこの二種類の献納の記事がある。「いと高き神」（*ʼl ʻlyʼn*）という神名はXII欄17行に初出（その外、XX欄12、16行、本欄20行にも）。『創世記』では一四18、19、20、22に初出。この並行記事がXXII欄にあり、そこではこの神名が四回使用されている（15、16、16、21行）。

（2）「そして、私はそこで永遠の主の御名を唱えて」（*wqryt tmn bšm mrh ʻlmyʼ*）。この「御名を唱える」（*qry* + *bšm*）という定型的な表現はXIX欄7行目（一部欠損）でも使用されている（創一二8、一三4、ヨベ一三16を参照）。但し、ここでは、「主」（*mrh*）は普通名詞だが、『創世記』の二箇所は、固有名詞の神名YHWHであることに注意したい。「永遠の主」(*mrh ʿlmyʾ*)、〇欄18行の *mrh ʿlmʾ* と共に「永遠の主」と同じ訳語を与えたが、ここでは「永遠」が複数形、初出の方は単数形である。第〇欄18行(三頁)注(3)を参照。

(3) この「神を祝福する」という表現はXI欄12行目にも出てきた。ヨベ一三15「そして、彼は彼を平和裡に導き返した彼の神なる主を祝福した」を参照。これと同じく、人間が神を「祝福する」表現は、ダニ四31(アラム語部分)にも見られる(主語はネブカドネツァル)。

(4)「この土地」はカナンを指す。「平和裡に」は、前注(3)のヨベ一三15にある表現を見よ。

(5) アブラムとロトとの別れの出来事は創一三5-12に詳述されているが、ここでは極めて簡略にまとめられている。ヨベ一三17は、別れの理由にも言及せず、さらに簡略化されている。

(6) この「多く」は、家畜以外の財産を指す。アブラムの甥ロトへのこのような気遣いの記述は創一三10-11にはない。

(7) ロトがソドムに定着する過程が述べられているが、創一三10、13(ヨベ一三17も参照)にあるソドムについての芳しくない情報は一切言及されていない。「彼は自分のためにソドムに家を購入し、そこに住んだ」という情報は聖書にはないが、創一九2-3の記事の準備となっている。

(8) 創一三14はアブラムが依然としてベテルにいることを前提にしている(創一三3と本欄1行を参照)。「ベテルの山」はヨシ一六1、サム上一三2に出てくる。

(9) ここには悲しみの理由は書かれていない。このようなアブラムの感情の記述は聖書にはないが、ヨベ一三18は「彼は自分に子がなかったので、甥のロトが別れていったことを心に悲しんだ」と理由を説明している。

(10) 以下8-14行は創一三14-18の大幅な拡張を伴う記述となっている。

(11)「ラマト・ハツォル」(*rmt ḥṣwr*)。創一三14では、ロトが別れて行った後でアブラムが約束の地を眺望する場所への言及はなかった(創一三3の続きで読めば、ベテルとアイとの間)。ラマト・ハツォルはサム下一三23の「バアル・ハツォル」と同定されている(ネヘ一一33「ハツォル」を参照)。ベテルの北東八キロメートルの地点にあり、標高が千メートルほどでサマリア山塊の最高地点。アブラムが住んだベテルの山より百メートルほど高い。東ヨルダン、地中海、南の丘陵地帯を一望できる。モーセもネボ山、すなわちピスガの山頂から約束の地を眺望している(申三四1-4)。

(12) 四つの方位の言い方は、創一三14は北南東西の順、ヨベ一三19では北南西東の順。ここでの順番は、日本と同じで東西南北の順である。但し、これに続く11-12行での眺望の記述はこの方位の順番には従っていない。

[10]そこで、私は翌朝ラマト・ハツォルへ登って行って、その土地を[11]その高み[10]から見た、[11]エジプト(1)の川からレバノンとセニルまでを、そして大海からハウランまでと、カデシュに至るまでのゲバルの全地を(2)、[12]さらに、ユーフラテス川に至るまでのハウランとセニルの東方にある[11]大砂漠すべてを(3)。[12]そして、かれは私に言った。「お前の子孫に、わたしはこの全地を与える(4)。そして、彼らはそれを永劫に至るまで引き継ぐ。[13]そして、わたしはお前の子孫を、人の子の何者もそれを数えることができない大地の塵《ちり》のように増やす(5)。そして、お前の子孫もまた数え切れなくなるだろう。起《た》て、歩き回れ、行け、[14]そして見よ、その長さがどれだけ大きいかを、その幅がどれだけ大きいかを(6)。なぜなら、わたしはお前とお前の子孫とにそれを与えるからだ、お前の後、永劫に至るまで」。（余白）

[15]そこで、私アブラムは出かけて行って、行き巡り、その地を見た(7)。そして、私はギホン川から行き巡り始めて、海（岸）沿いに行き進み、[16]遂にタウルス山[15]にまで[16]到達した(8)。そして、私はこの塩の大海(9)の岸沿いに行き巡り、タウルス山沿いに東方へ進んで行き、その地の開けた場所(10)を通って、[17]遂にユーフラテス川まで到達した。そして、私はユーフラテス川沿いを行き巡り、ついに東方の紅海(11)にまで到達した。そして、私は[18]紅海[17]沿いに旅を続け、[18]遂に紅海から発している葦の海の湾(12)にまで到達した。そして、私は南方へ行き巡り、遂にギホン[19]川[18]にまで到達した。[19]それから、私は踵《きびす》を返し、私の家に無事に行き着いた。そして、私は私の（家の）者たちが平穏無事で

（1）11–12行はアブラムがラマト・ハツォルの高みから眺めた土地の記述で、創一三章にはない。創一五18に「エジプトの川から大河ユーフラテスに至るまで」と南北の限界を示す記述がある。ここでも最初に「エジプトの川からレバノンとセニルまで」で、南北の限界を見る。「エジプトの川」は、用語からナイル川の支流も含まれると考えられる。

（2）「大海からハウランまでと、カデシュに至るまでのゲバル

XIX欄（五六頁）注（1）を参照。「レバノン」はイスラエルの北方の境界でレバノン山塊を指す。ヨシ一4、一三5、申一7、三25などを見よ。XVII欄（五一頁）注（4）をも参照。「セニル」は申三9に拠れば、アモリ人がヘルモン山を呼ぶ名称。エゼ二七5、代上五23、雅四8を参照。

の全地」は東西の限界を見る。「大海」は地中海を指す。XVI欄17行にも出ている。四七頁の注（5）を見よ。「ハウラン」はダマスコの南からヤルムク川の北、ヘルモン山の南東に広がる丘陵地帯でシリア砂漠まで続く。旧約初期にはバシャンと呼ばれた（民二一33、三二33、申一4）。しかし後代にはハウランとして知られるようになった（エゼ四七16、18）。ここの「カデシュ」が出エジプトの際のカデシュ（・バルネア）（民一三26、二〇1、16、三三37、三四4）を指すかどうかは問題である。死海の南東辺を想定すべきか。「ゲバルの全地」XXI欄29行（創一四6に並行）に「ゲバル山塊」への言及があり、ゲバルはセイルと同定されている（創一四6、三二4、三三14、16、申一2、44）。死海から南方のアカバ湾へ向かう東側のエドムの山岳地帯を指す。

（3）この「大砂漠すべて」（*kwl mdbr' rb'*）がどこを指すのか議論はあるが、文脈からシリア砂漠、ないしアラビア砂漠の北辺を指すか。「ユーフラテス川に至るまで」は創一五18を参照。

（4）この約束は創一三15-16、一五18にある。また、申八7、ヨシ二四13、ベン・シラ四四21を参照。

（5）「大地の塵」は創一三16に従っている。ヨベ一三20後半では「海の砂」と「大地の砂」が譬えに使用されている。

（6）創一三17。

（7）創一三17で主はアブラムに「さあ、この土地を縦横に歩き回るがよい」と促すが、その実行は記述されていない。しかし創アポでは、アブラムが神の命令に従順に従い、彼が行き巡った地域の境界領域が以下に事細かに報告されている。

（8）「タウルス山」については、XVII欄10行（四九頁）注（8）を参照。

（9）「この塩の大海」（*ym' rb' dn dy mlḥ'*）。XVI欄17行（四七頁）注（5）を参照。文脈から地中海を指す。

（10）「その地の開けた場所」（*lpwty 'r''*）。アマヌス山脈から東方へ向かい、ユーフラテス川の上流域との間の土地を指すか。

（11）「東方の紅海」（*ym' śmwq' lmdnḥ'*）。「紅海」（*ym' śmwq'*）は字義通りの訳だが、ここではユーフラテス川が注ぐペルシア湾を指す。ヨセフス『ユダヤ古代誌』一39「ユーフラテスとティグリス（両川）は、エリュトラ海（紅海）に注いでいる」。ここでの「エリュトラ海」（ギリシア語の「紅海」を音訳したもの）はペルシア湾を指す。ヘロドトス『歴史』一180、二11、158、四4を参照。インド洋までも含む場合がある。「紅海」、すなわち葡萄酒色ないし赤い大地の色の海。古代エジプト人は、地中海を「緑海」と呼んで、アカバ湾・スエズ湾を「紅海」と呼んで区別した。

（12）「葦の海の湾」（*lšn ym swp*）。字義通りには「葦の海の舌」で、スエズ湾（紅海）の形を舌に譬えている（ヘブライ語でもこの用法がイザ一一15、ヨシ一五2、5、一八19などに見られる）。

あることを見出した。そして、私は行き進み、ヘブロン近傍で、[20]ヘブロンの北東方向にある[19]エローネー・マムレに定住した。(1) [20]そして、私はそこに祭壇を築いた。(2) そして、私はその上に焼き尽くす献げ物と穀物の献げ物をいと高き神に献上した。(3) そして、私は食べて、そしてそこで飲んだ、[21]私と私の家のすべての者たちが。(4) そして、私は人を遣わして、マムレ、アルネム、エシコルを、私の友人である三人のアモリ人の兄弟たちを招いた。そして、彼らは私と一緒に共に食べて、[22]私と一緒に飲んだ。(5)（余白）(6) [23]これらの日々の前に、(7) エラムの王ケドルラオメル、バビロンの王アムラフェル、カッパドキアの王アルヨク、[24]メソポタミアにある[23]ゴイムの王ティルアルがやって来た。(8) [24]そして彼らは、ソドムの王ベラと、ゴモラの王ビルシャと、アドマの王シンアブと、[25]ツェボイムの王シ

（1）「エローネー・マムレ」（*’lwny mmrh*）。音訳したが、意味は「マムレの樫の木々」（創一三18を参照。創一八1にもアブラハムの居住地として出てくる）。創アポでは「エローネー・マムレ」が、ヘブロンの北東方向にあるとその場所を一層特定している。「マムレ」は、人名。創一四13、24に出てくるので、「（アモリ人）マムレの（所有する）樫の木（々）」の意味か。本欄21行とXXII欄7行に出てくる「マムレ」と同一人物ないしその祖先をも含めた一族郎党の一人と想定できるかもしれない。地名（創二三17、二五9、四九30、五〇13）でも出てくる。時にヘブロンと同定されている（創二三19、三五27）。

（2）創一三18を見よ。

（3）本欄六八頁の注（1）を見よ。「焼き尽くす献げ物」（*’l*）はここでは単数形。

（4）これは、神の臨在の許での祭儀的食事と考えられる（出二四11を参照）。

（5）ここには三人のアモリ人の兄弟マムレ、アルネム、エシュコルとの平和共存を確立するための宴会（共食）場面が描写されている（創二六30、三一46、王上一25などを参照）。この三人はXXII欄6-7行でアブラムと共に戦闘に向かうことになるが、同盟締結のための宴会場面は聖書にはない。創一四13でこの三人が「アブラムと同盟を結んでいた」との記述を先取りする内容になっている。また、ここの人名「アルネム」（*‘rnm*）と創一四13の「アネル」（*‘nr*）は子音交替があり、若干の相違がある。

（6）22行が途中で空白となり、23行から新しい単元に入る。

以下XXII欄26行までが創一四章に照応する内容で、これまでアブラムの一人称の語りから、三人称の語りへと文体が突然変化する（会話部分の一人称を除く）。この三人称の文体はXXII欄27-34行（創一五1-4に照応）にもそのまま継続する。人称変更の理由は不明としか言いようがない。30行末の次の空白までの23-30行は創一四1-7に照応する。

（7）「これらの日々の前に」（*qdmt ywmy' 'ln*）。前段の終わりがヘブロンにあるエローネー・マムレにアブラムが定住し、マムレ、アルネム、エシュコルの三人のアモリ人の兄弟たちとの盟約までであった。創アポのXVIII欄途中から始まったアブラム物語は、ハラン出発後、アブラムが二年間ヘブロンに滞在（XIX欄9-10行）、エジプトに入って（13行）、五年間留まった（23行）後、サライのファラオの許での生活が二年間続き（XX欄18行）、エジプトを出てベテル到着（XXI欄1行）、そしてヘブロンに到着した（19行）。これらの年数九年に対し、エラムの王たちが最初に侵攻してから既に十四年が経過している（26-27行。創一四4-5）時点から、本段落が始まるので、創アポの著者はマソラにない「これらの日々の前に」を付加して時間を後戻りさせたと考えられる。すなわち、エラムの王たちの十四年前の侵攻はアブラムがまだハランにいた時代だということを明示している。

（8）「エラムの王ケドルラオメル」（*kdrl'wmr mlk 'ylm*）は創一四1では第三位の位置づけだが、創一四4、5節では筆頭に挙げられている。創アポでは後者の4、5節の順位が反映されて、彼が第一位を占めている。「バビロンの王アムラフェル」（*'mrpl mlk bbl*）は創一四1では「シンアルの王アムラフェル」（*'mrpl mlk šn'r*）として第一位を占めている。古名「シンアル」（*šn'r*）（前十五世紀のエジプト文書や前十四世紀のアマルナ文書に出典。創一〇10、一一2、一四1、9、イザ一一11、ゼカ五11をも参照）に代わってここでは「バビロン」（*bbl*）が使用されている（タルグム『オンケロス』とタルグム『ネオフィティ』Iと一致）。次の第三位の「カッパドキアの王アルヨク」（*'rywk mlk kptwk*）は、創一四1では「エラサルの王アルヨク」（*'rywk mlk 'lsr*）で第二位を占める。*kptwk*「カッパトゥク」はギリシア語のΚαππαδοκία「カッパドキア」のアラム語形で、ここに小アジアの王が現れる（創一四1-9の「エラサル」の同定問題とは区別すべきで、ここではその問題に立ち入らない。『創世記』の注解書などを参照）。四番目の「メソポタミアにあるゴイムの王ティドアル」（*td'l mlk gwym dy by' byn nhryn*）は創一四1（「ゴイムの王ティドアル」（*tr'l mlk gwym*）でも第四位（但し創一四9では第二位）を占める（王名「ティルアル」はマチーラの読みに従った）。「メソポタミアにある」は字義通りには「二つの川の間にある」（*dy hy' byn nhryn*）で、ゴイムの位置を特定している。XVII欄9行のアラムの位置を特定する*'r'' dy byn tryn nhry'*「二つの川の間にある土地」を想起させる。

エミアバドと、ベラの王と戦争を行った。(1) これらすべてがシディムの谷で一戦を交えることで一致して相互に同盟した。(2) しかしながら、[26]エラムの[25]王[26]と彼と一緒にいる王たちが、ソドムの王と彼の仲間たちすべてを圧倒した。そこで、彼らは彼らに貢納を課した。(3) 十二年間、彼らは[27]エラムの王に彼らの貢納を納め[26]続けた。(4) [27]しかし、十三年目に彼らは彼に反旗を翻した。そこで、十四年目に、エラムの王は[28]彼の仲間たち[27]すべての先頭に立った。[28]そして、彼らは砂漠の道を上《のぼ》って、ユーフラテス川沿いに撲滅と略奪を行い続けた。(5) 彼らは[29]カルナイムの[28]アシュテラにいたレファイム人を、[29]アンマンにいたザムズミム人を、シャベ・ハケリヨト[にいた]エミム人を、ゲバル山塊にいたフリ人を撲滅して、遂に[30]砂漠にある[29]エル・[30]パラン[29]に到達した。(6) [30]それから、彼らは向きを変えて、エン・ディ[ナと]ハツェツォン・タマルにいた[……]を撲滅した。(6)(余白)(7) [31]そこで、ソドムの王は、[ゴモラの]王、アドマの王、ツェボイムの王、ベラの王と共に、彼らを迎え撃つために出て行った。彼らは[32][シデ

(1) 以上は前述の四人の侵略者と戦った五人のカナンの王たちのリスト(創一四2と並行)で、「ソドムの王ベラ」(*brʿ mlk swdm*)、「ゴモラムの王ビルシャ」(*bršʿ mlk ʿwmrm*)、「アドマの王シンアブ」(*šnʾb mlk ʾdmʾ*)、「ツェボイムの王シェミアバド」(*šmyʾbd mlk ṣbwyn*)、「ベラの王」(*mlk blʿ*)が創一四2と同じ順序で挙げられている。このうち、マソラとの大きな相違が目立つのは、「ゴモラム」(*ʿwmrm*)と「ゴモラ」(*ʿmrh*)、「シェミアバド」(*šmyʾbd*)と「シェムエベル」(*šmʾbr*)で、最後の「ベラの王」は双方とも王名を欠くが、マソラはベラをツォアルと地名として同定をしている。

(2) 創一四3に照応する。「相互に同盟した」と訳した動詞と同じ語法がダニ二9でも使用されている。マソラの「シディム」(*hśdym*)としたが、本欄では *sdyʾ* で綴りが異なっている。また、マソラは「シディムの谷」を「塩の海」、すなわち、「死海」と同定しているが、本欄ではその同定句が欠けている。死海南端部がその場所と想定されている。

(3) この戦争の勝敗とその結果としての貢納義務についてマソラは何も語らないが、創一四4「彼らは十三年目に背いた」は、この貢納義務の放棄を前提にしていると言えよう。

(4) これは創一四4前半の解釈を伴う翻訳である。新共同訳の「支配されていた」は貢納を前提にして「仕えた」「服

従した」「隷属した」という意味になる。次の「しかし、十三年目に彼らは彼に反旗を翻した」は創一四4後半に照応するが、エラムの王ケドルラオメルを指す「彼に」が付加されている。

（5）創一四5の敷衍で、通過地点が明記されている。王名「ケドラオメル」ではなく、ここでは「エラムの王」に変更。「砂漠の道」はシリア砂漠の隊商ルートの可能性が考えられる（本欄11-12行にかけての「大砂漠」*mdbrʾ rbʾ* とここでの「砂漠」*mdbrʾ* は同じ言葉）。「ユーフラテス川沿いに」と訳したが、前置詞 *mn* は起点を示すので、ユーフラテス川西部の領域への侵犯を指すか。

（6）ここに出てくる人名と地名は創一四5-7のそれらと同じか若干の相違を示すが、挙げられた人名と地名の順序は一致している。その順を辿ると、侵略がヨルダン川東岸を北から南へ向かっていることが判明する。「王の道」（民二〇17）に沿う。「カルナイムのアシュテラにいたレファイム人」については創一五20、申三11、ヨシ一二4、一三12、アモ六13などを参照。「アンマンにいたザムズミム人」は創一四5「ハムにいたズジム人」に該当する。申二20-21をも参照。「シャベ・ケリヨトにいたエミム人」は創一四5の「シャベ・キルヤタイムにいたエミム人」に該当する。あるいは「キルヤタイムの平原」とも訳せる。モアブの地に位置する。エミム人の居住区については申二10-11を参照。メシャ碑文（前九世紀半ば）9-10行にメシャが「キルヤタイムを築造した」との記述がある（エレ四八1、23、エゼ二五9をも参照）。但し、本欄の「ハケリヨト」の綴り *hqrywt* はエレ四八24の「ケリヨト」（*qryt*）（但し語頭の *h* なし。メシャ碑文13行の *qryt* も参照）と同じ。また、アモ二2の「ケリヨトの城郭」（*rmnwt hqrywt*）をも参照。「ゲバル山塊にいたフリ人」（*ḥwryʾ dy bṭwry gbr*）は創一四6「セイル山地にいたフリ人」（*ḥhry bhrm śʿyr*）に該当する（創三六20-21、29-30、申二12、22をも参照）。「ゲバル」と「セイル」の同定は、タルグム『ネオフィティ』Ⅰやタルグム『ヨナタン偽書』に見られる。本欄七〇頁の注（2）を参照。「砂漠にあるエル・パラン」は創一四6の「荒野に近いエル・パラン」に並行。エル・パランはここが唯一の出典。アカバ湾頭のエイラト（申二8、王上九26）と推定されている。というのは直後に彼らはここから「向きを変えて」（創一四7「彼らは転進して」）いるので、ここが侵略の最南端と考えられるからである。「エン・［ディナと］ハツェツォン・タマルにいた［人々］」の欠損部分は推読。「エン・［ディナ］」は創一四7「エン・ミシュパト」のタルグム『オンケロス』を基にした推読で「審判の泉」を意味する。ハツェツォン・タマルは、代下二〇2ではエン・ゲディと同定されているが、死海の南西方面に求めるべきか。本欄30行はこの後に空白があり、次の段落へと移行する。

（7）以下の31-34行は創一四8-12を反映している。

イムの」谷で、ケドルラオ[メルと、]彼と一緒にいた[王たち]に対して[31]戦端を開いた。[32]しかし、ソドムの王は打ち負かされ、逃げた。一方、ゴモラの王は[33]倒れた。また、すべての[……の]多くが[…………][……]エラムの王はソドムと[34][ゴ]モラの[33]すべての家畜の群れと、[34][……のすべての]所[有]物を[……さらに、]彼らがそこで見つけた[すべてを][33]略奪した。[34]そして、XXII [1]アブラムの[34]兄弟の息子ロトが捕虜にされた。(1)

保存状態

1-34行目まで、ほぼ全体が保存されている。第XX欄から当該の第XXI欄も欠損なくつながっているし、次の第XXII欄へも欠損なくつながっている。

第XXII欄

内容

保存されている『創世記アポクリュフォン』の最後の欄で、XXI欄23行から始まった『創世記』一四章の物語の継続で、本欄1行途中から12行途中までが創一四13-16のロトの救出劇に該当する。12行途中から17行までが創一四17-20のメレキツェデクの祝福とソドムの王との面会。18-26行はアブラムが財物の保持を拒否してソドムの王へ返還する部分に該当する（創一四21—24）。27-34行は創一五1-4の神の約束との並行記事だが、残念ながら途中で終わっている。

[1]彼(2)はソドムに、彼らと共に一緒に、そして、彼のすべての家畜の群れと住んでいた。(3)しかし、[2]アブラムがかつてロトに与えた家畜の群れの[1]牧人の一人が[2]捕虜を逃れてアブラムの許へ(4)[1]やって来て、——ところで、そのと

き、アブラムは[3]ヘブロンに住んでいた――彼は彼に（以下のことを）報告した、すなわち彼の兄弟の息子ロトと彼のすべての家畜の群れが捕虜にされたこと、しかし彼は殺されていないこと、[4]その王たちが大峡谷の道を通って(5)彼らの領地へ向かい、捕虜を取り、略奪を行い、撲滅し、殺戮し、[5]ダマスコ市域まで進軍していったことを（彼に告げた）(6)。そのとき、アブラムは彼の兄弟の息子ロトのことで泣いた(7)。しかし、アブラムは勇を鼓して、立ち上がり、[6]彼の僕《しもべ》たちの中から戦争に適した男たち三百十八人を選抜した(8)。そして、アルネム、[7]エシュコル、マム

（1）創一四12に並行。

（2）本欄冒頭には、前欄末に移した「アブラムの」（*dy ʾbrm*）がある。次の注（3）も参照。

（3）「彼はソドムに、彼らと共に一緒に、そして、彼のすべての家畜の群れと住んでいた」。ここまでは、前欄末で捕虜にされたロトの説明句。「彼らと」は、ロトの家族と一族郎党を指す。この後は12行途中までが、アブラムによるロト救出の物語（創一四13-16）となる。

（4）「アブラムの許へ」（*ʾl ʾbrm*）。創一四13では、「ヘブライ人アブラムの許へ」（*lʾbrm hʿbry*）となっていて、アブラムの説明として「ヘブライ人」が付加されており、その節の後半には、アブラムの居住地と、その地でのアモリ人の三兄弟との同盟関係にも言及している。すなわち創一四章では13節で、アブラムが初出となるので、彼の詳しい紹介が必要となっているが、創アポでは既にアブラムの居住地（XXI欄19-20行）も、アモリ人の三兄弟との同盟関係（XXI欄21-22行）も語られているので、必要のない事柄である。見方を変えれば、マソラでの創一四章が前後関係から孤立した単元であることの証左ともなっている。

（5）「その王たち」（*mlkyʾ*）は、XXI欄23行目以下に既出の王たち。「大峡谷の道」（*ʾrḥ ḥlʾ rbʾ*）はヨルダン峡谷を指す（7行目以下で、アブラムたちはダンに至っている）。

（6）3-5行の詳細な報告は、創一四13にはない（「彼は報告した」だけで、新共同訳にある「そのことを」は原文にはない。口語訳を参照）。

（7）アブラム自身が泣く場面はXX欄10、16行にもあった。その他、ビテノシ（II欄8行、一部再構成）、サライ（XIX欄21行）の泣く場面があり、創アポはマソラと異なり、登場人物の感情を時に表現する。XXI欄7行、及び六九頁の注（9）を参照。

（8）数字も含めて、創一四14とほぼ並行している。

レが彼と一緒に同道した(1)。そして、彼は彼らの後を追跡して、ダンにまで突き進んだ。そして、彼は彼らがダンの渓谷に陣営を張っているのを[7]発見した(2)。[8]そして、彼はその夜、彼らをその四方向から急襲した。そして、彼は[9]その夜、彼らを[8]殺し続けた。[9]そして、彼は彼らを打破し、追跡した。そして、彼らすべてが彼の前から逃げて、[10]遂に彼らはダマスコの北にあるヘルボンに至った(3)。そして、彼は彼らから、彼らが捕虜にした全員を、[11]略奪したものすべてを、彼ら自身の資産のすべてを取り戻した。また、彼はその兄弟の息子ロトを、彼のすべての家畜の群れを救出した。そして、[12]彼は彼らが捕虜にした捕虜[11]全員を[12]連れ戻した(4)。ところで、ソドムの王は、アブラムが捕虜全員を、[13]またすべての略奪品を取り戻したことを[12]聞いた(5)。[13]そこで彼は、彼との会見のために上《のぼ》ってきた。そして、彼はサレム、すなわちエルサレムへやって来た(6)。ところで、アブラムは[14]シャヴェの[13]谷に、[14]すなわち王の谷、ベト・ケレムの渓谷に幕営していた(7)。さて、サレムの王メルキツェデクは、[15]食料と飲料(8)をアブラムと彼と共にいるすべての人々の許へ[14]持ち来《きた》った。[15]ところで、彼はいと高き神の祭司であった。そして、彼は[16]アブラムを[15]祝福して[16]言った。「アブラムはいと高き神、天と地の主によって祝せられよ。[17]また、お前の敵どもをお前の手に渡した[16]いと高き神は祝せられよ(9)」。[17]そこで、彼は彼にエラムの王とその同盟者たちのすべて

（1）この記述は創一四14にはないが、創一四24の記述（本欄23–24行と並行）は、アモリ人の三兄弟の同道が前提されている。彼らとの同盟関係（XXI欄21行）に基づくアブラムの戦闘行為への加担と言えよう。

（2）ダンまでの追跡は創一四14bβでは「彼はダンまで追跡した」と極めて簡潔だが、ここではダンの陣営の場所にまで言及している。

（3）創一五章の詳述だが、そこでは「ヘルボン」（*ḥlbwn*）で

はなく、「ホバ」（*ḥwbh*）となっている。「ヘルボン」がエゼ二七18のヘルボンと同定されるとすれば、ダマスコの北西方向のアンティ・レバノン山脈の山麓となる。

（4）創一四16の詳述。ヨセフス『ユダヤ古代誌』一177-179もこの部分を再述しているが、ここでの捕虜や財産の取り戻しの記述よりも、三百十八人という少人数の手勢での勝利に力点が移されている。「戦闘員の烈しい戦意こそが、あらゆる不利な状況を克服する」（一178）という精神論は、ヨセフス自身のユダヤ戦争の経験の反映だろうか。

（5）創一四17は、16節までのアブラムの英雄的行為と彼の勝利の情報がソドムの王に伝わっていることを前提にしているが、明言されていない。この文はその隙間を補塡して、物語の流れに入れる。

（6）創アポではサレムとエルサレムの同定を明示する（詩七六3参照）。しかし、サレムについては（創三三18の七十人訳、ウルガータ訳、ペシッタ、岩波・旧約聖書翻訳委員会訳、ヨベ三〇1も参照）、ナブルスの北東にあるサレムと同定する見解もある。以下に出てくる地名に関してもさまざまな議論があるが、少なくとも創アポでは、舞台はエルサレムであることを確認しておきたい。

（7）「ところで、アブラムはシャヴェの谷に、すなわち、王の谷、ベト・ケレムの渓谷に幕営していた」（*wʾbrm šrʾ bʿmq šwʾ whwʾ ʿmq mlkʾ bqʿt byt krmʾ*）。創アポは、シャヴェの谷を最初に「王の谷」と同定している。あるいは、「シャヴェ」（*šwʾ*）がウガリト語などで「支配者」を意味するので、「シャヴェの谷」を「王の谷」と言い換えたのかもしれない。「王の谷」がサム下一八18の「王の谷」ならば、シャヴェの谷はエルサレム近郊ということになる（ヨセフス『ユダヤ古代誌』七243を参照）。これにもう一つの同定として「ベト・ケレムの渓谷」、すなわち「葡萄園の館の渓谷」が付加されている。「ベト・ケレム」に該当するヘブライ語形がネヘ三14に出てくる（ベト・ケレム居住者が「糞の門」の補強をした記事で、エルサレムの南方に「ベト・ケレム」を想定できる）。エレ六1の「ベト・ケレム」は、テコアとの並行句を形成しているので、エルサレムからはやや遠い。近年の考古学の成果から、ベト・ケレムはエルサレム南方のラマト・ラヘルと同定されている。

（8）創一四18を参照（ヨベ一三25には脱落部分があり、そこにメルキツェデクへの言及があったと推定されている）。創一四18では、「パンと葡萄酒」（*lḥm wyyn*）であるが、ここでは、「食料と飲料」（*mʾkl wmšth*）となっていて、一般的な表現となっている。「パンと葡萄酒」で祭儀的意味が含意されていたかどうかは議論があるが、「彼と共にいるすべての人々」の付加（ヨセフス『ユダヤ古代誌』一181「アブラムの軍隊を親切にもてなし」を参照）と併せ考えると、ここでは凱旋したアブラムと兵士たちを労う意味が強調されているように考えられる。

（9）創一四19-20aを参照。

の家畜の群れの十分の一を与えた。(1) 18(余白)(2) そのとき、ソドムの王が近づき、アブラムに言った。「わが主、アブ
ラムよ、(3) 19あなたがエラムの王から救出し、(今は) あなたと共にいる捕虜となっていた人々は (元来は) 私に属
する人々ですから、私に返しなさい。20しかし、彼らのすべての19家畜の群れは20あなたの手元に残されます」。(余
白) そのとき、アブラムはソドムの王に言った。21「私は今日、いと高き神、天と地の主に私の手を20揚げ (て誓い)
ます。(4) 私は一本の糸すら、一本の靴紐でも、22あなたの所有物である何物も一切21受け取りません。(5) 22あなたが、
「23アブラムの22富はすべて、私の家畜の群れから (由来している)」と言い続けないように。(6) 23ただし、私と共に
いる私の若者たちがすでに食べた分と、24私と共に行った23三人の男たちの分け前は別です。24彼らは、彼らの分
け前の一部をあなたに与える権限を持っています(7)」。そこで、アブラムはすべての家畜の群れと、すべての25捕虜
を24返した。25そして、彼はソドムの王に (それらを) 与えた。その土地から (ずっと) 彼と一緒にいるすべての
捕虜を彼は解放し、26彼らすべてを釈放した。(8) (余白) 27これらの出来事の後で、神がアブラムに幻の中で顕現し、
彼に言った。(9) 「見よ、28お前がハランを出立した日から27十年が28経過した、すなわちお前はここで二年を費やし、

(1) 創一四20bを参照。ここでは、単に「すべての物の」(*mkl*) ではなく、「エラムの王とその同盟者たちのすべての家畜

の群れの」(*mn kwl nksy' dy mlk ʻylm wḥbrwhy*)と具体的に十分の一の原資が明記されている。

(2)12行から14行にかけて、ソドムの王がアブラムに会うためにサレムにまでやって来たことが書かれた後、メルキツェデクの祝福の記事(14-17行)で中断されていた。18行冒頭の余白の後、26行まで再びソドムの王の記事に戻る(創一四21-24に並行)。

(3)ソドムの王からアブラムへの「わが主」という呼びかけで、両者の逆転された関係が明示されている。ソドムの王はアブラムの甥ロトが住んでいた地方の王であり、アブラムは甥の後見人のような立場にあった。「わが主」という呼びかけは、妻ビテノシから夫レメクへ(II欄9、13行)、息子メトシェラから父エノクへ(II欄24行)使用されていた。以下ソドムの王の発言は創一四21と比較すると、詳細かつ丁寧な内容となっている。

(4)「手を揚げる」とは誓約を行う姿勢で、創一四22と同様に取れば、片手を揚げていることになる。申三二40、イザ六二8(「右手」)などを参照。ダニ一二7では対応する表現が使用されているが、左右の手を揚げている。

(5)創一四23前半の語法も含めた忠実なアラム語訳。

(6)創一四23後半に相当。マソラは「私こそがアブラムを裕福にした」と人称代名詞と一人称の動詞で「私」を強調しているが、創アポでは動詞を使わず、前置詞「……から」(*mn*)だけでアブラムの富の由来と起源を語っている。また、マソラは「あなたが言われた内容に」と二人称の動詞で表現しているが、ここでは複合動詞表現で「あなたが(ずっと、後々まで)言い続けないように」という継続性を強調している。

(7)創一四24を参照。「三人の男たち」は、XXI欄21行、XXII欄6行のアモリ人の三兄弟、アルネム、エシュコル、マムレを指す。最後の文章は奇妙な訳になっているが、少し敷衍すれば、「彼らは、彼らの分け前に与る資格のある者たちで、それらをあなたに与えるべきか否かを決定する権限を持っている」とでもなろうか。

(8)本欄18-19行のソドムの王ベラの捕虜の返還要求通りに、また20-21行のアブラムの誓約通りに、アブラムが返還に応じた次第が具体的に記録されている。創一四24はアブラムの意思表明で終わっていて、創一四21のソドムの王の返還要求が実現されたことは十分想像できるが、その返還の記述は創一四章には欠けている。ここはその隙間を見事に埋めている。この後に余白があって段落の終了と次の段落への移行が明示される。

(9)ここからこの欄の終わりまでは創一五1-4の再述となる。創一五1では「神の言葉が臨む」のに対し、ここでは「神が(ご自身を)顕現する」という幻視と同属語の再帰動詞で視覚の側面が強調されている(聖書ヘブライ語にはこの動詞の再帰形は使用されていない)。

七年をエジプトで、[29]お前がエジプトから戻ってから[28]一年を（ここで過ごした）①。[29]さて、お前はお前が所有しているもののすべてを点検して、すべてを数えなさい。そして、[30]ハランからのお前の出立の日に、お前と共に出立したすべてのものが[29]どのようにして夥しく倍加したかを見よ②。[30]さて、恐れるな。わたしはお前と共にいる。そして、わたしはお前の[31]支えとも頼みとも[30]なろう。[31]また、わたしはお前を守る盾であり、お前より強いものに対するお前のための丸盾である。お前の富とお前の家畜の群れは[32]著しく増大するであろう③」。（余白）そこで、アブラムは言った。「神なるわが主よ、富も家畜の群れも私に潤沢です。しかし、[33]［こ］れらすべてを、[32]私は何のために持っているのでしょうか。[33]私が死ぬとき、私は息子たちを遺さず、不毛のまま過ぎ行くでしょう。私の家の僕らの一人が、私の遺産を引き継ぐでしょう。[34]ダマスコの息子エリエゼル、彼が［……］私の遺産を引き継ぐでしょう④」。しかし、かれは彼に言った。「この者がお前の遺産を引き継ぐのではなく、やがて（お前の腰から生まれて）来る者が（……）⑤」。

保存状態

本欄は発見された『創世記アポクリュフォン』の中でも、最もよく保存されたものである。物語は完結しておらず、まだ続きがあったと想定される。

《解説》

巻物の発見とその後の経緯

『創世記アポクリュフォン』（1QapGen=1Q20）は、一九四六年の暮れから一九四七年の夏にかけてのある時期に

の七つの内の四つの巻物、すなわち、『イザヤ書写本A』（1QIsa^{a}）、『ハバクク書ペシェル』（1QpHab）、『共同体の規則』（1QS）、及び当該の『創世記アポクリュフォン』（1QapGen=1Q20）は、一九四七年の夏に、エルサレム旧市街にあるシリア教会聖マルコ修道院の首都大主教アタナシウス・イェシュア・サミュエルに売却された。残りの三つの写本、すなわち、『感謝の詩篇』（1QH^{a}）、『イザヤ書』の一部を転写した『イザヤ書写本B』（1QIsa^{b}=1Q8）、『戦いの巻物』（1QM=1Q33）は、一九四七年十一月二十九日にヘブライ大学のエレアザル・リパ・スケーニク教授

（1）アブラムのハラン出立（創一二4）後の十年間（創一六3）の経過が時系列で記録されている。「ここで二年」はXIX欄10行にヘブロン滞在が二年と記されている（ヨベ一三10を参照）。「七年をエジプトで」は、XIX欄23行で、サライがファラオに奪い取られるまでが五年間（ヨベ一三11を参照）、XX欄18行に、サライがファラオの許に二年間いたことが記されているので、合計でエジプト滞在が七年となる（ヨベ一三16を参照）。「エジプトから戻って一年」は、XX欄33行でエジプトから戻り、ロトとの別れと創一四章の戦争などの出来事があって一年が経過した後に、ここでの神の顕現があったことになる（ヨベ一四1）。したがってここでの年数の数え方はヨベ一三8—一四3に一致している。すなわち、ここでいう十年は、『ヨベル書』の創造紀元から数えて、一九五四年（ヨベ一三8）から一九六四年（ヨベ一四1）にあたる。

（2）神はここで神の恩恵のおかげで、ハランを出立してからアブラムの資産がいかに増大したかを検証させている。前注の部分とこの箇所は創一五1の前半と後半との間に挿入されるような形になっている。

（3）創一五1bでの神の言葉が大幅に拡張されている。

（4）「神なるわが主よ、富も家畜の群れも私に潤沢です」以下は、神が富と家畜の群れのさらなる増大を約束したのに対して、字義通りの言葉を用いて、神の厚意がアブラムにとって何の意義があるかとやや反抗的態度で問うている（創一五2aαを参照）。以下は創一五2aβ-3との並行記事。

（5）創一五4の途中までが記されて、創アポは終わってしまい、未完の作品となっている。

い の巻物』（1QM=1Q33）は、一九四七年十一月二十九日にヘブライ大学のエレアザル・リパ・スケーニク教授（Eleazar Lipa Sukenik）が、危険を冒してアラブ人地区を訪れ、購入に成功した。一方、アタナシウス師は一九四八年初頭に、購入した四つの巻物の価値評価を得るために、エルサレムにあるアメリカ・オリエント学研究所（The American School of Oriental Research, 略称ＡＳＯＲ）に査定を依頼した。ＡＳＯＲのアメリカ人研究者ジョン・Ｃ・トレヴァー（John C. Trever）が対応して、写真撮影の許可を得、また将来の公刊権限も賦与された。三つの巻物（『イザヤ書写本Ａ』『ハバクク書ペシェル』『共同体の規則』）は直ちに写真撮影が行われたが、『創世記アポクリュフォン』だけは、保存状態が極めて悪く、皮紙と皮紙が膠着してしまっていて、開巻が困難だったため、撮影は断念された。ほどなくしてアタナシウス師は、一九四八年四月以降に、先に購入した四つの巻物を密かにアメリカ合衆国へ送り、高値での売却を計画した。これを、イスラエル国家を代行した匿名の買い付け人が購入し、一九五四年に、イスラエル領エルサレムに持ち込まれた。かくして、最初に発見された七つの巻物すべてが、イスラエルの所有に帰属することとなり、エルサレムにある『書物の聖堂』に収蔵されることとなった。

名称について

右のように、数奇な運命を辿った四つの巻物の内、「渡米前に」写真撮影が行われた三つの巻物は、一九五〇―五一年にバロウズ（Millar Burrows）によって出版されたが、『創世記アポクリュフォン』だけは出版が叶わず、一九五四年以降にやっと本格的な研究が始まることになった。したがって開巻されて内容がわかるまでは、『創世記アポクリュフォン』は「第四の巻物」と呼ばれていた。その間、トレヴァーは剝がれ落ちた断片の予備的考察から、これがアラム語で書かれており、レメクが一人称で発言し、彼の妻ビテノシに言及していることを解読し（第Ⅱ欄）、「アイン・フェシカ・ラメク巻物」と命名した。(1)

内容

一九五六年に『創世記アポクリュフォン』の第Ⅱ、XIX-XXII欄が予備出版されたが、その他の欄の解読は進捗せず、この版には含まれていない(2)。その後、この「創世記アポクリュフォン」という名称が定着したが、その内容は、アダムの系図（創五章）の途中からアブラムに至る『創世記』の数章（一五4まで）に関するアラム語版で、『創世記』を基礎にはしているが、原初史の登場人物たちに関して、これまで知られていなかった、敷衍された物語や伝説が織り込まれているものである。第〇-Ⅰ欄は洪水に先立つ時代の人間の堕落を記述しており、創六1-4が反映されている。残存する第Ⅱ欄には創五28-29のノアの誕生に関する短い記事の大幅に敷衍された再話がある。第Ⅲ-Ⅴ欄では、レメク、メトシェラ、エノクによるレメクの息子の誕生に関する長い会話がある。これはヨベ四章やエチ・エノク一〇六章にある『創世記』の再話によく似ている。第Ⅵ-Ⅻ欄は創六9-九17の再話であり、ノアと彼の家族、ノアへの神の伝令、洪水、箱舟、洪水後のノアの犠牲奉献、ノアが更新された大地を旅した後での神との契約、ノアの葡萄園と家族の祝宴が物語られている。第XIII-XV欄は、洪水後の幻視の中での日々の出来事が語られている。第XVI-XVII欄は洪水後のノアの息子たちと孫たちへの土地の分与が語られている。この部分はヨベ四―九章の記述に

（1）John C. Trever, "Identification of the Aramaic Fourth Scroll from –Ain Feshkha," *BASOR* 115, 1949, pp. 8-10.

（2）N. Avigad, and Y. Yadin, *A Genesis Apocryphon : A Scroll from the Wilderness of Judaea : Description and Contents of the Scroll, Facsimiles, Transcription and Translation of Columns II, XIX-XXII*, Jerusalem : Magnes Press of the Hebrew University and Heikhal Ha-Sefer, 1956. 日本聖書学研究所編『死海文書』（山本書店、一九六三年）所収、伴康哉「創世記アポクリュフォン」概説・翻訳（二三一―二四六頁）はこれを底本としている。

近似している。第XVIII欄では創一一27-32に照応するアブラム物語に移行していると推測される。第XIX欄の冒頭部分は、創一二8-20の敷衍された物語となっている。『ヨベル書』に似た筆致で創一二章ないし一三章の字義通りの翻訳が散見される。第XXI欄23行―XXII欄26行は創一四章に照応し、ヘブライ語の字義通りの翻訳が目立つ。しかし、部分的には詳細に展開される場面もある。ここでは文体が変更され、アブラムはもはや一人称では登場せず、三人称で記述されるようになる。第XX欄27行目から34行目の最終行は創一五1-4に対応し、神とアブラムとの会話となり、アブラムが再び一人称で登場する。

位置づけ――他の文書との関係

この巻物の内容、構造、文体の以上のような特徴から、上記アヴィガドとヤディンは、「『創世記』の物語の外典的な版の一つ」と見て、「創世記アポクリュフォン」と名づけ、この名称が今日でも継続して使用されている。しかし、もう少し正確な記述を試みようといくつかの提案がなされている。それらは、アラム語で書かれたパレスティナ系タルグムの祖形ないし前身の一つ、あるいは一種のミドラシュ、さらにミドラシュ的著作というような性格づけである。ところが、タルグムという用語を用いるにしてもミドラシュという用語を用いるにしても、これらのどちらかを巻物全体には適用できず、ある部分はタルグム的であり(例、第XXII欄1-17〔創一四13-20〕)、ある部分はミドラシュ的であり(例、第XIX欄9-27〔創一二9-14〕)、どちらの用語も部分的にしか適合しないのである。すなわち、『創世記アポクリュフォン』は、後に展開するタルグムやミドラシュの両方の要素を内包した両者に先行する文書であり、『創世記』の物語の自由な書き直し、ないし再話と言うことができよう。また、『エノク書』や『ヨベル書』の文学ジャンルと深くかかわっているが、これら両書にも、タルグム的、ミドラシュ的要素が見出される。したがって『創世記アポクリュフォン』は、キリスト教成立以前のユダヤ教におけるタルグム的、ミドラシュ的要素を併せ持った物語記述の特徴を示す代表例と言えよう。

それでは『エノク書』や『ヨベル書』と『創世記アポクリュフォン』との関係はどのように考えるべきであろうか。アヴィガドとヤディンは、『創世記アポクリュフォン』が『エノク書』や『ヨベル書』の資料となったと考える。それに対し、フィッツマイヤーはむしろ逆に、『創世記アポクリュフォン』が『エノク書』や『ヨベル書』に依存していると考える方が、蓋然性が高いと主張する。(1) この問題は、個々の関連する箇所の注の中で個別的に触れるが、筆者はフィッツマイヤー同様、『創世記アポクリュフォン』は『エノク書』や『ヨベル書』を基にそれらをさらに展開したものと考えている。

成立年代

『創世記アポクリュフォン』は、第一洞穴で一本の巻物が発見されただけで、他の洞穴では発見されていない。これは『ヨベル書』が第一、二、三、四、十一洞穴から合計十五の写本が発見されている事実や、アラム語『エノク書』の十一の巻物断片が第四洞穴から発見されている事実と好対照を成している。このたった一本の巻物しか存在しない事実から、『創世記アポクリュフォン』がクムラン洞穴の共同体によって生み出された作品であるとの主張がなされる一方、いやむしろ外から持ち込まれて貯蔵されただけだとの正反対の主張がなされている。たった一本の巻物しか残存しなかった事実は、基本的に偶然性に因る問題なので、それだけではどちらの主張が正しいかは判断できないが、前者の立場が『創世記アポクリュフォン』をエッセネ派の著作とする考えと結合している点は批

(1) Joseph A. Fitzmyer, *The Genesis Apocryphon of Qumran Cave 1 (1Q20): A Commentary*, Third Edition, Pontificio Istituto Biblico, Rome, 2004, p. 20.

判されるべきであろう、と筆者は考えている。また、前者の立場からは自筆本という主張もなされる場合もあるが、むしろクムランで筆写された写本と考えてよいであろう。[1]『創世記アポクリュフォン』の写本の年代は、考古学的にはキルベト・クムランが破壊された紀元六八年以前であり、書体学の観点からは、ヘロデ時代の書体的特徴を示し、紀元前五〇年から紀元後七〇年の間に位置づけられる。この年代は炭素一四年代測定法でも、加速器質量分析の結果とも大体符合している。それでは、『創世記アポクリュフォン』の成立年代はいつであろうか。クッチャーやフィッツマイヤーにより、言語学的に紀元前一世紀から紀元後一世紀との主張がなされており、[2]大方の研究者もこの年代に位置づけている。

『創世記アポクリュフォン』はアラム語で書かれている。そのアラム語はクムラン第一、二、三、四、五、六、十一洞穴で発見されているアラム語文書と同様、パレスティナ方言のアラム語と同定されている。これらのアラム語は、紀元前二世紀半ばに由来すると考えられている『ダニエル書』のアラム語と、少し後代のパレスティナのタルグムやラビ文献のアラム語との中間時代の、移行期のアラム語の特徴を示すものと考えられている。フィッツマイヤーの中期アラム語（紀元前二〇〇年—紀元後二〇〇年）に該当する。[3]

底本

翻訳の底本は当初、Florentino García Martínez and Eibert J. C. Tigchelaar, *The Dead Sea Scrolls : Study Edition, Volume 1 (1Q1-4Q273)*, Leiden : Brill, 1997 を使用し、そのテクストに基づいて一旦は翻訳を終えたが、その後、上掲 Fitzmyer, *The Genesis Apocryphon of Qumran Cave 1* 第三版が出版され、欠損箇所が大幅に改められた。そのためこの版に切り替えることが必要だと判断し、フィッツマイヤーの版を採用して翻訳をやり直した（拙訳「死海文書　アラム語『外典創世記』翻訳と註解」、日本聖書学研究所『聖書学論集』四二、六一―一二〇頁）。その後、

Emanuel Tov (ed.), *Brigham Young University The Dead Sea Scrolls Electronic Library*, Revised Edition 2006, Leiden: Brill。『創世記アポクリュフォン』の（翻訳担当は M. Wise）が利用可能になり、これをも参照した。しかし、最終的には、Daniel A. Machiela, *The Dead Sea Genesis Apocryphon: A New Text and Translation with Introduction and Special Treatment of Columns 13-17*, Leiden: Brill, 2009 が本文の校訂に関して最新の科学的成果を取り入れていることに鑑み、急遽これを採用することになった。このマチーラの版は、従来、欠損とされていた箇所が大幅に減少している点では、フィッツマイヤー第三版とは大きく異なっている。彼の読みがどれほど正確で、その推読がどれほど蓋然性があるものなのかの技術的な判断は下せないが、信頼せざるを得ないとしか言いようがない。但し、彼の翻訳や語注でのアラム語理解には、首をかしげざるを得ない場合に出遭った。当然、それらの理解や解釈は採用されていない。このような判断をする上で、随時、参照したのが、T. Muraoka, *A Grammar of Qumran Aramaic*, Leuven: Peters, 2011 と、T. Muraoka (ed.), *Studies in Qumran Aramaic* (Abr-Naharain, Supplement 3), Louvain: Peters, 1992 所収の諸論文だった。これらは『創世記アポクリュフォン』の翻訳に限らず、本書所収の拙訳すべてに当てはまる。記して、深甚の謝意を表明する次第である。

（1）Daniel K. Falk, *The Parabiblical Texts: Strategies for Extending the Scriptures among the Dead Sea Scrolls*, London: T & T Clark, 2007, p. 29.

（2）E. Y. Kutscher, "The Language of the 'Genesis Apocryphon': A Preliminary Study," in Chaim Rabin and Yigael Yadin (eds.), *Aspects of the Dead Sea Scrolls* (Scripta Hierosolymitana 4, Second edition) Jerusalem: Magnes, 1965, pp.1-35, 殊に §14, pp.15-22 を参照。Fitzmyer に関しては前掲書 pp. 26-28 を参照。

（3）Joseph A. Fitzmyer, "The Phases of the Aramaic Language," in his *A Wandering Aramean: Collected Aramaic Essays*, Missoula, Montana: Scholars Press, 1979, pp. 57-84.

エノシュの祈り（4Q369）

上村　静　訳

内容
人類の始祖による終末論的な祈り。断片一第ii欄に世界の統治者（メシア？）の出現が、断片二に諸国との終末論的戦いが記されている。

4Qエノシュの祈り（4Q369）

断片一第i欄

1［…………］そしてすべての［……］に 2［…………］諸々の秘義に、あなた[1]の平和［の御使《みつか》い……］3［……

（1）本欄1－7行までで呼びかけられる「あなた」は、おそらく神を指す。

……］彼らが自らの罪責を認める［まで］(1)[4]［…………］彼らのすべての祝［祭日］をそれらの時期に(2)[5]［…………］あなたの不思議［…………］なぜなら、いにしえよりあなたは彼らのために刻んだ(3)[6]［…………］かれの裁き［…………］定められた裁きの時期まで(4)[7]［…………］永久の定め(5)すべてにおいて［…………］

[8]［…………］（余白）

[9]［……そしてケナンは第四世代であり、そしてマハラルエルが］彼の［息子］である。そしてマハラルエルは第五世代であり、[10]［そしてイエレドが彼の息子である。そしてイエレドは第六世代であり、そしてエノクが］彼の息子である。エノクは［第］七世代である。(6)［…………］

断片一第ii欄

[1]あなたの名［の……］(7)をあなたは彼の嗣業《しぎょう》(8)として分けた、あなたの名をそこに住まわせるために。［…………］[2]それは(9)あなたの地である世界の麗《うるわ》しさ(10)であり、その上に［…………］(11)[3]あなたの目をその上に(12)［……］、そしてあなたの栄光がそこに現れる。(13)［…………］[4]彼の胤《たね》(14)に彼らの代々《よよ》にわたって永遠の所有を、そしてすべ［ての…………］[5]そしてあなたは、あなたの諸々のよい裁きで彼を清めた(15)［…………］[6]永遠の光で［…………］、そしてあなたは彼をあなたの長子(16)とした［…………］[7]彼のように{あなたの}地である全世界の君主、統治者に［…………］[8]天の［冠］(17)と叢雲《むらくも》の栄光をあなた［は彼の上に］置いた［…………］[9]［……］とあなたの平和の御使い(18)を彼の会衆(19)の中に［…………］[10]彼に義《ただ》しい諸々の掟を［……］父が子に［……］ように［…………］[11]［…………］彼の愛［…………］あなたの魂は［……］に張りついている［…………］[12]［…………］なぜな

（1）ホセ五15参照。
（2）「祝祭日」は、前行の「罪責」との関連で偶像崇拝の祝祭日に言及しているか、あるいは次行のトーラーへの暗示との関連で神の定めた祝祭日に言及していると思われる。後者については、『ヨベル書』にもトーラー授与以前に特定の祝祭日が定められていたという考えが見られる（ヨベ二18、六17、一六29参照）。
（3）「いにしえより……刻んだ」は、天の板に記されているということを意味する。ヨベ三10他多数、エチ・エノク八一2、九三2、一〇三2、一〇六19、レビ遺五4参照。
（4）「定められた裁きの時期」は、終末時の事態を指し、おそらく第ii欄の解釈とかかわる。
（5）「永久の定め」は、天の板を指すだろう。「定め」と訳した語テウドット（複数形）は、聖書では「証し」の意で用いられることが多いが、死海文書では定められた日時や事柄を表す。
（6）創五章参照。
（7）現存するテキストでは、「あなたの名を分けた」となるが、「あなたの名」の前に何らかの名詞があったと考えられる。なお、本欄で呼びかけられる「あなた」も神を指すだろう。
（8）「彼の嗣業」。ここの「彼」が誰を指すのか明らかではない。族長の誰かだろう（DJD XIII はベニヤミンとアブラハムを候補者として挙げる）。
（9）「それ」は単数女性名詞であり、都市を指すことは明らか。おそらく「エルサレム」。
（10）「あなたの地である世界」という表現については、ヨブ三七12、箴八31を見よ。「（全地にとっての）麗しさ」という類似の表現は、エゼ二〇6、15に現れる。但し、そこでは「イスラエルの地」が全地にとっての「麗しさ」である。
（11）*DSSSE* は「その上を［あなたは］見つ［め……］」と復元する。
（12）王上八29と代下六20の神殿のためのソロモンの祈りを参照。
（13）「神の栄光」は特に神殿と関係づけられることが多いが（王上八11、エゼ一〇18、四三4、四四4）、エルサレムにかかわることもある（ゼカ二9、イザ六〇2）。
（14）子孫の意。この「彼」が誰かは不明。可能性としてはイスラエルの地の約束と関係するアブラハムか、エルサレムを最初に手に入れたダビデが考えられる。
（15）あるいは「試した」「選んだ」。
（16）直訳は「初子の息子」。「（神の息）子」は王やメシアの称号の一つ。サム下七14、詩二7参照。
（17）「冠」という読みは文脈からの推測による（テキストは最初の文字が部分的に読めるのみ）。
（18）「平和の御使い（たち）」、イザ三三7、ダン遺六5、ラヘ・ヨセ 4Q474 8, 偽ヨベ 4Q228 一 i 8。
（19）「彼の会衆」はおそらく7-8行目の終末論的存在とかかわる共同体を指す。この会衆に約束されている「御使い」も終末論的存在だろう。

ら［あなたは］彼らの中にあな［た］の栄光を［置いた(1)……………］

断片二

（上端？）

1［……………］そしてとりなし(2)の御使いの牢獄(3)［……………］2［……………］そしてすべての国［々］と戦うこと［……………］3［……………］あなたに、彼らに対する報い［……………］4［……………］そして彼らに対するあなたの諸々の［裁］き［……………］5［……………す］べての［あな］たの諸々の業《わざ》［……………］

断片三

1［……………］2［……………］なぜならすべてはあなたに由来し、そして［……………］3［……………誉《ほま》］れはあなたに由来し、［そして］すべての統治はあなたの手に由来する［……………］4［……………］あなたの諸々の統治すべてはそれらの時期に［……………］5［……………］なぜなら［……………］

《解説》

『4Qエノシュの祈り』（4Q369）はヘブライ語で書かれた九断片が残るが、断片四―九は数単語が読めるのみであり、ここでは訳出していない。本訳は、H. Attridge and J. Strugnell, DJD XIII（1994）を底本とした。写本の年代は、前一世紀後半―後一世紀である。断片一は左右二欄から成る。

ここに訳出した断片はいずれも、神に「あなた」と呼びかけており、祈りであることがわかる。断片一第i欄は、1-7行の祈りと、9-10行の人類の始祖の名のリストから成る（8行目の余白が段落の切れ目を明示している）。

それゆえ本文書全体は、系図に従った始祖たちのリストないし彼らについての物語から成り、その間に特定の始祖の祈りないし預言が織り込まれていたものと推測される。9-10行のリストには、マハラルエルが第五世代、エノクが第七世代として言及されているが、欠損部分にケナンより前の世代への言及の入る余地はない。それゆえ、1-7行の祈りは、ケナンの父エノシュ（創五10）によるものと推測される。このため本文書は校訂者（DJD XIII）によって「エノシュの祈り」というタイトルが付けられた。『ヨベル書』四章によると、エノシュは地上で最初に主の名を呼び始めた者とされている（創四26では「エノシュの時代に主の名が呼び始められた」となっている）。本文書は、この短い聖句を敷衍して、祈りそのものを付け加えたものであろう。祈りの内容は明らかではないが、断片一第i欄3行に「彼らの罪責」への言及があり、エノシュの時代に偶像崇拝が始まったという別の伝説と関係している可能性がある。したがって、「最初に神に呼びかけた」この祈りは、エノシュの世代の偶像崇拝との関連に置かれているのであろう。断片一第i欄のリストの最後にエノクが言及されているので、断片一第ii欄の祈りはエノクによるものと推測される。ここでは神の名の住まう場所（おそらくエルサレム）と、神の長子であり、全世界の君主、統治者となる者が言及される。この者が誰であるか定かではないが、終末論的・メシア的存在が考えられている可能性が高い。断片二も終末論的預言であろう。御使い、戦い、裁きへの言及がそれを示す。断片三も祈りであることは確かであるが、他の断片との関係は不明である。

（1）「置いた」という復元は不確か。
（2）「とりなし」という語は、共規 1QS II 9, 呪詛（メルキ）4Q280 二4にも現れる。
（3）あるいは「防護」。

洪水に基づく説諭……………（4Q370）

上村　静　訳

内容
洪水物語の短い語り直しと、それに基づく説諭。

4Q洪水に基づく説諭（4Q370）

第ⅰ欄
（上端）
1［そして］かれは山々を産［物］で冠《かむ》らせ、[1]［そして］それらの表面に食べ物を注いだ。[2] そしてよい実[3]をもってかれ
はすべての魂を満たした。[4]「わが意思《こころ》を行う者[5]はすべて、〔食べて満ちよ〕[6]」とヤ［ハ］ウェは言った。2「そしてわ
が［聖なる］名[7]を祝福せよ。[8] しかし見よ、彼らはついに[9]わが目に悪を行った[10]」とヤハウェは言った。そして彼らは

その行［為］(1)でもって神(2)に反抗した。(3) 3そこでヤハウェは、彼らの道の［す］べてに応じて、(4)また彼らの［悪しき］心
の図る企て(5)に応じて彼らを裁いた。(6)そしてかれは［その］力をもって彼らに対して雷鳴を轟かせた。(7)［すると］4地
の基《もとい》のすべてが［揺］れ動き、(8)［また］水が諸々の深淵から裂けた。天の窓すべてが開かれ、(9)諸［々］の深淵すべてが
大いな〔る〕水(10)［から］溢れ出した。5そして天の窓は雨滴を［降り注］いだ。［そして］かれは彼らを洪水で滅ぼし
［…………］かれは彼らを断ち滅ぼした。なぜならそれは越えた［…………］6それゆえ、陸地［にあ］るものは
すべて［拭い去られ］、人も［動物も、すべての］鳥と翼あるものすべては死［ん］だ。(11)そして［巨人］(12)たちも逃れられ
なかった。(13) 7そして［…………］(14)そして神は［……を］作り、(15)［雲の中に］かれの虹を与えた、(16)契約を思い起こすた
め［に…………］8［…………もはや］洪水の水が［起こって破滅させる］こと［はなく］(17)、水の騒擾《そうじょう》(18)が［開］かれ
る［こともない］。9［…………］〔彼らは作った〕そして叢雲《むらくも》［…………］水に［…………］10［…………］

第ii欄

（上端）

1咎《とが》から、彼ら(19)は求める［…………］2ヤハウェは義とする［…………］3そしてかれは彼らをその咎から浄め
る(20)［…………］4［善と悪のあ］いだについての彼らの知識における彼らの悪(21)［…………］(22) 5彼らは芽生えるが、(23)

（1）詩・外11QPs^{a}（11Q5）XXVI 13参照。
（2）エゼ三六8、ヨエ四18、アモ九13、詩七二16、一四七8-9、イザ二七6参照。
（3）創一29-30参照。
（4）詩一四五16参照。
（5）詩四〇9、一〇三21、一四五16、エズ一〇11参照。
（6）〔 〕内は行間への挿入。
（7）「［至高者］の名」という復元も提案されている（Jassen）。

バル 4Q434 二10、戦い 11Q14 一 ii 4参照。

(8) 「食べる、満ちる、祝福する」という動詞の組み合わせは、申八10参照。

(9) 「ついに」と訳したアズは通常は「そのとき」と訳す語。ここは神のセリフという文脈から過去の回顧ではなく、現在完了のこととして訳した。

(10) 創六5、申八11-14、ネヘ九25-26参照。

---

(1) 「彼らの行[為]」(*m['ly]lyhm*)、イザ三8、詩一〇六29、出講 4Q374 二 ii 3参照。

(2) 「神」(エル)。下記第7行も。それ以外は「ヤハウェ」。

(3) 「そして彼らは反抗した」(*wyʾmrw*)。この綴りは通常は「そして彼らは言った」と訳すが、ここでは文脈上、「反抗する」(*mrh*)のヒフィル態未完了形(通常の形は *wymrw*)ととる。余分なアレフ(ʾ)は、「ア」の音を表すためと考えられる。同様の用例は、共規 1QS VI 26, ダマ CD IX 10参照。

(4) 創六12参照。

(5) 創六5、代上二八9、二九18、ダマ CD II 16(= 4Q270 一 i 1)、共規 1QS V 4, 5, ベラ 4Q286 七 a ii b-d 7-8、教訓 4Q417 一 ii 12、外典詩 4Q381 七六―七七2、幸い 4Q525 七4参照。

(6) 「行為」「道」「裁いた」の組み合わせは、エゼ三六19参照。

(7) サム上二10、七10、詩一八14、二九3、ヨブ三七4-5、イザ二九6、感謝詩 1QH^a XI 35 参照。

(8) 詩六八9、イザ二四18、モセ昇(遺)一〇4参照。

(9) 「水が……開かれ」、創七11参照。

(10) 出一五10、詩九三4参照。

(11) 創七14、22-23参照。

(12) 「勇士たち」とも訳せる。創六1-4、エチ・エノク七2、バルク三26、ダマ CD II 19-21、ヨベ五1、ソロ知恵一四6-7、IIIマカ二4、ヨセフス『古代誌』一73参照。

(13) エレ四六6、アモ二14参照。

(14) 「そして[……]箱[船]の中の彼(ノア)の[息]子たち」という読みが提案されている(Feldman)。

(15) 「[契約を]作り」と復元可能。創九13参照。

(16) 創九13-15参照。

(17) 創九11、15参照。

(18) 感謝詩 1QH^a X 18, 29, XI 15 参照。

(19) 「彼ら」はおそらく人間一般。類似したテキストを示す知恵言 4Q185 には「人の子ら」への言及がある(一―二 i 9)。

(20) エレ三三8、エゼ三六33、詩五一4、共規 1QS III 7-8, 感謝詩 1QH^a IX 34 参照。

(21) 創二9、17、三5、22、王上三9参照。

(22) この欠損部分は知恵言 4Q185 一―二 i 9-10から、「[なぜなら、見よ、青草のように]」と復元可能(DJD XIX 96)。

(23) イザ四四4、ヨブ八19、知恵言 4Q185 一―二 i 9-10参照。

［地］上の彼らの日々は影のようである。(1)［……………］(2) 6とこしえまで、かれこそは慈しむ［……………］(3) 7ヤハウェの大能《たいのう》［……］、思い起こせ、［……］不思［議……………］(4) 8かれ（へ）の怖《おそ》れの前に［……］(5)、［あなたたちの］魂は［……］(6) 喜ぶ。［……］9あなたたちの次の者たち(7)［……］。反抗してはならない、［ヤハウェの諸々の］言葉に［……………］

《解説》

本文書は二つの欄を持つヘブライ語で書かれた一つの断片だけが残る。本訳の底本は C. Newsom, DJD XIX（1995）だが、以下の論文も参照した。Alex P. Jassen, "A New Suggestion for the Reconstruction of 4Q370 1i2 and the Blessing of the Most High (*Elyon*) in Second Temple Judaism", *DSD* 17（2010）88-113, Ariel Feldman, "The Reworking of the Biblical Flood Story in 4Q370", *Henoch* 29（1/2007）29-47.

第i欄は『創世記』の洪水物語を短く語り直したものに見える。但し、神のセリフを入れてドラマティックにしたり、聖書外の伝承を用いたりするなどの敷衍もある。これは聖書の素材を用いつつ、聴衆ないし読者に向けて教えを垂れようという著者の意図の現れであろう。

第ii欄は、聖書物語を語るのではなく、著者が聴衆ないし読者により直接的に語りかけている。各行とも冒頭の二―四語しか判読できないが、『知恵の言葉』（4Q185）一―二に類似したテキストを示している。但し、両文書は同じテキストからの写しではなく、本文書の方がかなり短い。訳に際しては『知恵の言葉』に基づく復元の可能性を注に示した。

第i欄は神の恵みにもかかわらず、人間たちが「反抗」した結果、滅びを招いた過去の事例として洪水物語が語られ、第ii欄では人間の卑小さと神の偉大さとを対比して「反抗」しないよう読者を諭している。それゆえ「洪水に基づく説諭」というタイトルが付けられた。

古文書学的には本写本は前一世紀半ば頃に遡るが、執筆年代はそれ以前ということしかわからない。本文書にはクムラン共同体に特有の用語や思想は見られないので、クムラン共同体の外から持ち込まれたものと考えられる。

---

(1) 詩一〇二12、ヨブ八9、一四1-2、コヘ六12、代上二九15、知恵言 4Q185 一―二 i 13参照。

(2) この欠損部分は知恵言 4Q185 一―二 i 13-14から、「[それゆえ今、どうか私に聞け、わが民よ、そして私を洞察せよ、愚か者どもよ。…………]」と復元可能（DJD XIX 96）。

(3) 第5行終わりの欠損部から第6行は、詩一〇三13-18から「[なぜなら、とこしえから]とこしえまで、かれこそは慈しむ、[かれの契約とかれの恵みを守る者たち、またかれの指図を思い起こして行う者たちすべてを]」と復元可能（DJD XIX 96）。

(4) 第6行終わりの欠損部から第7行は、知恵言 4Q185 一―二 i 14-15から、「[そして賢くあれ、]ヤハウェの大能[から]、思い起こせ、[かれがエジプトで行った]不思[議を、ハムの地におけるかれの奇蹟を。…………]」と復元可能（DJD XIX 96）。

(5) 第7行終わりの欠損部分から第8行前半は、知恵言 4Q185 一―二 i 15から、「[そしてあなたたちの心は]かれ（へ）の怖れの前に[おののき]」と復元可能（DJD XIX 96）。

(6) この欠損部分は、知恵言 4Q185 一―二 ii 1から「[かれのよい恵みに応じて]」と復元可能（DJD XIX 96）。

(7) 知恵言 4Q185 一―二 ii 2には「あなたたちの後のあなたたちの子ら」という表現がある。

物語と詩的作品……（4Q371-373, 373a; 2Q22）

上村　静　訳

内容

『4Q物語と詩的作品a–b、d』（4Q371–372, 373a）は、イスラエル北王国とユダ南王国が捕囚にいたる出来事を物語り、北王国の捕囚民を象徴するヨセフの祈りがそれに続く。『4Q物語と詩的作品c』（4Q373）と『2Qダビデ・アポクリュフォン（?）』（2Q22）は、モーセとバシャンの王オグ（あるいはダビデとゴリアト）の戦いが物語られる。

4Q物語と詩的作品a（4Q371）

断片一a–b（＝4Q372 一5–14[1]）

1［そして、かれは彼らをすべての国々に散らし、[2]すべての諸国民[3]の間に］彼らを追い散らした[4]［……………］2［…

……………］彼らは［イスラ］エル［……］来なかった。[5]彼らは彼［らを……地から……場所から］根絶した。[6]3［……

………諸国民は］4夢幻の谷に（1）［立つ釘を（2）］彼らに残さず、［そして］シオンを［………し］、そして［………］し、5［そしてエルサ］レ［ムを瓦礫《がれき》の山とし］、わが神の［山（3）を茂みに覆われた］高台［とした。（4）］6［…………］神の諸々の掟に、［そして］7［ユダも彼（5）と共に一緒に（いた）。そして彼は岐《わか》れ道（6）の上に立］ち、［…………］し、8［彼の二人の兄弟（7）と共に一緒にいた。そして］このことすべての［ゆえに］、ヨセフ（8）［は彼の知らない国（9）々に投げ出される。（10）］9［……］異国の国民の中（11）に［……そして彼らは全世界に散らばる。（12）］10彼らの山々のすべては［彼らから棄てておかれる。（13）……］そして愚か者ど［もが（14）彼らに対して恥辱《ちじょく》を企］み、（15）11［高い山の上に自分たちのために高台（16）を作り、］

（1）本写本は『4Q物語と詩的作品b』（4Q372）と部分的に重複しているので、欠損部分の多くは後者から補われる。

（2）「そして……散らし」（wyps）は次の「彼らを追い散らした」（ybzrm）の対句として復元されたもの。4Q372一4-5参照。

（3）「諸国民」（ゴーイーム）は聖書によく現れる表現として復元（エゼ一二15、二〇23、二二15、三六19、詩一〇六27など参照）。「諸々の民」（アミーム）も可能（エゼ一一17、二〇34、35、41参照）。

（4）「かれは彼らを追い散らした」の原語 ybzrm（語根 bzr）はアラマイズム（詩六八31、ダニ一一24、神殿 11QT^a LIX 2,フロ 4Q174 四5参照）。なおこの動詞は未完了形（ヴァヴなし）であるが、時制が転換されている（つまり過去時制）。本文書（4Q371–372）では、語りの話法においてしばしば未完了形が過去時制で用いられている（ヴァヴを伴う場合も伴わない場合もある。並行箇所である 4Q371 一2の yšmydw と 4Q372 一6の wyšmd を比較せよ）。

（5）「来なかった」の否定辞は、通常の lʾ ではなく lw となっている。

（6）「（彼らは）根絶した」（yšmydw）は契約違反への罰として聖書によく用いられる動詞。申六15、ヨシ二三15、アモ九8、王上一三34など参照。なお、並行箇所の物語と詩b 4Q372一6では「そしてかれは根絶した」（wyšmd）。

（1）「夢幻の谷」はイザ二二1、5に現れる表現でエルサレムを指す。本文書でも以下の「シオン」「エルサレム」への言及から明らか。

（2）「釘」はおそらくエルサレムの残りの者を指す。イザ二二25参照。

（3）「わが神の山」は他に現れない表現。但し、ここは歴史物語になっているので「わが」は必ずしも語り手を指しているのではなく、この言い回しで「ヤハウェの山」の言い換えとなっているのかもしれない（DJD XXVIII）。

（4）「そしてエルサレムを……高台とした」は、詩七九1とミカ三12（＝エレ二六18）の混合引用。4－5行は前五八七年の出来事を物語っている。

（5）「彼」は、おそらくレビかベニヤミン。

（6）「岐れ道」（直訳「道々の母」）という表現は、聖書ではエゼ二一26にのみ現れる。

（7）「二人の兄弟は」、おそらくレビとベニヤミン（4Q372 一14参照）。ユダとレビとベニヤミンは旧南王国の諸部族を表し、ここでは彼らの回復が言及されているのであろう。なお、次に現れるヨセフが旧北王国を象徴している（次注参照）。

（8）ここで「ヨセフ」は、創三七―四五章に描かれているそれではなく、北王国の諸部族を表している。この用法については、詩七七16、七八67、八〇2、八一6、アモ五6、15、六6、エゼ三七15-23、ゼカ一〇6-10、ナフ遺五―六章参照。

（9）「知らない」という動詞はエレ一六13による（エレ一五14、一七4、二二26-28も参照）。

（10）「投げ出される」と訳した *mwṭl* は、*ṭwl* のフファル態現在分詞形と取る。*nṭl* のフファル態現在分詞形と取って「横たわる」とすることも可能。

（11）「異国の国民」（*gwy nkhr*）という表現は聖書には現れないが、死海文書からは知られている。ダマ CD XIV 15, 神殿 11QT^{a} LVII 11, LXIV 7 参照。

（12）「散らばる」と訳した *mpṣpṣym* は、語根 *pwṣ* のピルパル態現在分詞複数形に取る。聖書にはピルパル態はないがニファル態は現れる（エゼ一一17、二〇34、41、二八25、祭日祈 4Q509 三4＝1Q34bis 一＋二2参照）。下記『４Q物語と詩的作品ｄ』（4Q373a）一―三3および一二五頁の注（2）参照。あるいは、語根を *pṣṣ* と取り、次の「山々」の述語と取ることも可能。その場合9－10行は「異国の国民の中に、全世界に（彼らは散らされた）。彼らの山々のすべては打ち砕かれ、彼らから棄てておかれる」となる。

（13）土地の荒廃は、罰と捕囚の記述においてよくある構成要素の一つ（エゼ六14、一五8、三六33-36、エレ一二11、光体 4Q504 一―二v 4－5など参照）。特に「山々」については、エゼ三三28、三五12-15、マラ一3参照。「彼らから棄てておかれる」という表現は、レビ二六43に類似。

（14）「愚か者ども」については、申三二6、特に申三二21参照。そこには次行の「イスラエルを妬ませる」を思わせる「彼らを妬ませる」という表現が、「愚かな国民」という語と共に現れる。「愚か者ども」が特にサマリア人を指す用例が、ベン・シラ五〇26（マサダ B写本）とレビ遺七2にある。

（15）底本にした DJD XXVIII および *DSSE* と *DSSR* は、「[彼らの地に住]み」と復元している。しかし、「住み」の語ははっきり読めない（*[yw]šbym* と復元している）。並行箇所の物語と詩ｄ 4Q373a 一―三3では、「彼［ら］に対して恥辱を［企み］」（*[hwšbym]qlwn ʿl[y]h[m]*）と復元されている。

イ［スラ］エルを［妬］ませる。そして彼［ら］は［……の言葉でもって］語っ［た］。12［…………ヤコ］ブ［の子ら……］、彼［ら］は彼らの［口］の言葉［でもって］（彼らを）恐れさ［せ、(1) 13シオンの幕屋《まくや》(2)をののしった。(3) そして彼らは］偽りの言葉［……語り］、そしてすべての虚偽のことば

（下端）

断片二（＝4Q372 1 23‐24）

1［…………］2わが創造［者の意思《みこころ》を行い］、そして［感謝の供犠《くぎ》を献げるために］

（下端）

断片六

1［…………］2［…………］水と火［…………］3［…………］あなたはあな［た］の手を送り［…………］4［…………］燃える炎［…………］5［…………あなたがす］るで［あろう…………］6［…………］7［………………］

断片七

1［…………］あなたにあるだろう［…………］2［…………］あなたにはない［…………］3［…………］暴虐《ぼうぎゃく》をもって［…………］4［…………］の時にわが心［…………］5［…………］6［…………］

断片八

1［……………］彼は［諸］命令を斥《しりぞ》けるだろう［……………］2［……………の］子［ら］に対してイスラエル［……………］

ここでは、底本ではなく、4Q373a に従った。

(16) 聖書にも異教の聖所への非難はあるが、ここでは微妙に言葉遣いが異なる。聖書では複数形の「高台」が非難されるが（エゼ六3-6、一六16、王下一七9、詩七八58、ホセ一〇8、エレ一七3、ヨベ一11）、ここでは単数形。聖書では「高い丘」が言及されるが（エレ二20、一七2、王下一七10など）、ここでは「高い山」（但し、「高い山」という表現自体はある。エレ三6、イザ五七7）。こうした違いは、ここでは具体的な出来事、サマリア人がゲリジム山上に神殿を建てた出来事を指していることに由来する可能性がある。

---

(1)「彼らは……恐れさせ」、物語と詩 b 4Q372 の並行箇所では、「そして彼らは……恐れさせ」（一13）。「恐れさせ」と訳した語の意味は不確か。*yśʿyrw* とも *yšʿyrw* とも読める。前者の場合、「震えさせる」「どなりちらす」の意がある。さらに、申三二17にこの語のカル態が現れ、現代の学者は「知る、関知する」と訳すが、古代語訳には「恐れる」（『ペシッタ』）や「身の毛のよだつ思いをする」（『申命記シフレ』）が見られ、ヒフィル態では「恐れさせる」の意となる。後者の場合、「恐るべきこと」という名詞から派生した動詞ということになり、「恐ろしく振る舞う」の意となるが、聖書ではこの動詞は知られていない。

(2)「シオンの幕屋」という表現は、おそらく哀二4の「シオンの娘の幕屋」に由来。これはエルサレムを指すと取ることも可能だが（イザ三三20参照）、「幕屋」は「神殿」にも相当する（詩一五1、二七5、六一5、『タルグム哀歌』二4）。詩七八67の「ヨセフの幕屋」という表現も参照。

(3)「ののしった」（*lgdp*）という復元は不確か。

4Q物語と詩的作品b（4Q372）

断片一（5-14行＝4Q371一1-13、23-24行＝4Q371二1-2）(1)

[1]［…………］[2]［……］する者を［……］異国人たち［…………］[3]そして（偶像に仕える）祭司たち(2)を、そして彼らは［彫像に］仕える者たち(3)を重んじた(4)［…………］[4]至高者、(5)そしてかれは彼らを諸国民の手に渡した(6)［……
……そしてかれは］[5]彼らをすべての国々に［散らし(7)］、すべての［諸国民(8)］の間に［彼らを追い散らした。(9)……

……彼らは］[6]イスラエル［……来なかった］。そしてかれは彼らを［……］地から［……場所から］根絶した。(10)［…

………］[7]諸国民は夢幻の谷(11)に立つ釘(12)を［彼らに残さず］、そして［シオンを……し、そして……し、そして］
[8]エルサレム［を］瓦礫の山と［し］、わが神の山(13)を茂［みに覆われた］高台と［した。(14)…………］[9]神の［掟に］、そしてユダも彼(15)と共に一緒に（いた）。そして彼は岐《わか》れ道(16)の上に立ち、［…………］し、[10]彼の二人の兄弟(17)と共に一緒にいた。そしてこのことすべてのゆえに、ヨセフ(18)は彼の［知ら］ない国々(19)に投げ出される。(20)［……］[11]異国の国民(21)の中に［……］、そして彼らは全世界に散らばる。(22)彼らの山々のすべては彼らから棄ておかれる。(23)［……そして愚か者ども(24)が彼らに対して恥辱を企み(25)］、[12]高い山の上に自分たちのために高台(26)を作り、イスラエルを妬ませる。そして彼らは［……の］言［葉］でもって語った。［……］[13]［ヤコブの子ら……］、そして彼らは彼らの口の言葉でもって（彼らを）恐れさせ、(27)シオンの幕屋(28)をののしった。(29)そして彼らは［偽りの言葉……］語り、［そしてすべての］
[14]虚偽のことばを語り、レビとユダとベニヤミン(30)を彼らの言葉で怒らせた。そしてこのことすべてのゆえに、ヨセ

（1）本写本は『4Q物語と詩的作品a』（4Q371）と部分的に重複しているので、欠損部分の多くは後者から補われる。

（2）「（偶像に仕える）祭司たち」（*kmrym*）は、異教の神々の祭司のこと。ホセ一〇5、王下二三5、ゼファ一4参照。

（3）「[彫像に]仕える者たち」（詩九七7）、または「[バアルに]仕える者たち」（王下一〇21）、「[異国のものに]仕える者たち」（エレ・アポC 4Q387a三6∥エレ・アポC 4Q385a五a-b9）。

（4）「（彼らは）重んじた」は、ヴァヴ＋完了形（*wkbdw*）で過去の意。時制については一〇四頁の注（4）参照。

（5）「至高者」は本文書ではここのみ。神への反逆の文脈で詩七八56、一〇七11に現れる。

（6）「手に渡す」は捕囚についてのよくある表現。レビ二六25、王下二一14、エゼ七21、三九23、詩一〇六41（以上はこことほぼ同じ表現）、ネヘ九27、ヨベ一13、アシェ遺七2、Ⅳエズ六58など参照。

（7）一〇四頁注（2）参照。

（8）一〇四頁注（3）参照。

（9）一〇四頁注（4）参照。

（10）並行箇所の物語と詩a 4Q371一3では「彼らは根絶した」（*yšmydw*）。一〇四注（6）参照。

（11）一〇四頁下段注（1）参照。

（12）一〇四頁下段注（2）参照。

（13）一〇四頁下段注（3）参照。

（14）一〇五頁注（4）参照。

（15）一〇五頁注（5）参照。

（16）一〇五頁注（6）参照。

（17）一〇五頁注（7）参照。

（18）一〇五頁注（8）参照。

（19）一〇五頁注（9）参照。

（20）一〇五頁注（10）参照。

（21）一〇五頁注（11）参照。「異国」（ネハル）の語は、ここでは *nʾkhr* とアレフがエの音を表すために用いられている。並行箇所の4Q371一9では *nkhr.*

（22）一〇五頁注（12）、一一五頁注（2）参照。

（23）一〇五頁注（13）参照。

（24）一〇五頁注（14）参照。

（25）一〇五頁注（15）参照。

（26）一〇七頁注（16）参照。

（27）「そして彼らは……恐れさせ」、並行箇所の物語と詩a 4Q371一12には「そして」はない。一〇四頁注（6）および一〇七頁注（1）参照。

（28）一〇七頁注（3）参照。

（29）「ののしった」（*lgdp*）の読みは不確か。

（30）イスラエルの十二部族を十と二に分ける通常の分け方に加え、レビとユダとベニヤミンを一つにまとめる第二神殿時代のテキストもある。ヨセ遺一九2は九と三に分ける。エチ・エノク八九72-73の「三匹の羊」も同様であろう。戦い 1QM I 2 では、「レビの子ら、ユダの子ら、ベニヤミンの子ら」が最後の闘いを始めるとされる。

フは15異国の子らの手に(1)[渡され]、彼の終わりの時機まで(2)彼らは彼の力を食《は》み(3)、彼の骨すべてを打ち砕く。(4)そこで彼は叫び、[そして]16彼らの手から彼を救うよう勇士たる神に(5)[彼の声を]呼びかけて、(6)彼は言った、「わが父、(7)わが神よ、諸国民の手の中に私を見棄てないでください。(8)17私に対し、あなた、(9)公正を行ってください、(10)抑圧された者たち、(11)貧者たちが失われる(12)ことのないために。(13)あなたはいかなる助けのためにもいかなる国民も民も必要としません。(14)18[あなたの手の]指は、(15)世界にあるいかなるものよりも偉大で強いのです。なぜなら、あなたは真実を選り分け、(16)あなたの手にはいかなる暴虐《ぼうぎゃく》もないからです。(17)19またあなたの憐れみは多く、(18)あなたの慈愛はあなたを求めるすべての者たちにとって大きいのです。[彼らは]私から、私と共にいるすべてのわが兄弟たちから、わが地

(1)「異国の子（ら）」は聖書によくある表現（創一七12、27、イザ六〇10、六一5、六二8など）。フロ 4Q174 一 i＋二＋二一4、ダマ CD XI 2, 外典哀 4Q501 一1、布告 4Q513 一―二 ii 2参照。

(2)「終わり」は否定的な意味で用いられることが多いが（ヨブ六11、アモ八2、エゼ七2-3、6）、「終わりの時機」という表現は『ダニエル書』では解放の時を意味している（ダニ八17、一一35、40、一二4、9）。ここもヨセフの解放される未来の時を意味している。

(3) ホセ七9、民二四8参照。

(4) 哀三4、イザ三八13、感謝詩 1QH^a XIII 9、民二四8参照。

(5)「勇士たる神」はよくある神への呼称。出一五3（サマリア五書）、詩二四8、イザ一〇21、ゼファ三17、戦い 1QM XII 9, ノア 1Q19bis 二5、呪文儀 8Q5 一1参照。

(6)「[彼の声を]呼びかける」は、詩三5、二七7に基づく復元。

(7) 神に「わが父」と呼びかけるのは注目に値する。第二神殿時代の資料にはあまりない。ナラ・作品と祈り 4Q460 九 i 6では、祈りが「わが父、わが主よ」という呼びかけで締めくくられている。ベン・シラ二三1、4（ギリシア語）、五一10（ヘブライ語）にも「主よ、父よ」という呼びかけがある。祈りの中で神に父と呼びかける他の事例は、すべてギリシア語の祈りに見られる（Ⅲマカ六3、8、『エゼキエル書アポクリュフォン』断片二、ソロ知恵一四3）。本

文書（および 4Q460）は、パレスティナのユダヤ教において神にこのように呼びかけることが、かつて考えられていたよりも一般的であった可能性を示唆する。

(8)「私を見棄てないでください」は祈りによく見られる懇願。詩二七9、三八22、七一9、一一九8、ベン・シラ二三1、五一10、ヨベ一19、感謝詩 1QHª XXII 37、外典詩B 4Q381 七九6、告白 4Q393 三3、ナラ・作品と祈り 4Q460 九 i 5 参照。

(9)命令形の動詞の後に人称代名詞が付加されている。動詞の後に冗長な人称代名詞が付加されるのは、後期聖書ヘブライ語に見られる用法（雅五5-6、『コーヘレト書』には頻出）。

(10)「……に公正を行う」と訳した言い回しは、通常は罰としての神の裁きを表現する（詩一一九84、エゼ三九21、ダマ CD I 2, ナホ・ペ 4Q169 一―二4）。肯定的な意味での用例は、詩九九4。

(11)「抑圧された者たち」（*ʿnwym*）は、「貧しい者たち」（*ʿnyym*）と読むことも可能。

(12)「失われる」は、*ybdw* という綴りで語根のアレフが欠けているが、これは死海文書では少なくない（詩・外f 4Q88 X 12、イザ・ペ 4Q161 二―六8、ナホ・ペ 4Q169 三―四 ii 9、詩・ペ 4Q171 II 1, III 3, 4, 8, IV 18, 物語と詩b 4Q372 三6）。但し、そこでも通常はヴァヴが入れられるが、ここではそれもなく、おそらくアラマイズムである（エノク 4Q202 一 iv 10、ペル宮 4Q550 二2、巨人 6Q14 一5 参照）。

(13)「……ことのないために」は *pn* でなく、後期聖書ヘブライ語に典型的な *lmʿnʾl* が用いられている。

(14)「必要とする」（*srykh*）という形容詞も後の用法。『ベン・シラの知恵』でよく用いられている。特にベン・シラ四二21は本節に似て、神の自己充足性を語る。神が人間の助けを要しないという考えは、祈りの中によく見られるモチーフの一つ。代上二九14-15、代下二〇6、IIマカ一四35、IIIマカ二9、ユディト九11、アリステ211、『エガートン・パピルス』5。ここでは一般的に神には助けが不要というだけでなく、特にサマリア人を必要としないという意味も込められているだろう。

(15)「神の指」については、出八15、三一18、申九10、詩八4、ルカ一一20参照。

(16)神が「真実を選り分ける」という表現は珍しいが、ここでも具体的な状況が反映している可能性がある。すなわち、イスラエルとサマリアの二つから神は真実なるものを選ぶ、と。

(17)「手（ヤド）にある／ない暴虐」という言い回しは、聖書では「掌」（カフ）と共にヨブ一六17、代上一二18、ヨナ三8、イザ五九6に現れる。

(18)詩一一九156。

を［取り上げました］。[20]その上には、敵対する民が住んでいます⑴。そして［…………］そしてそれは⑵ [21]あなたの
愛するヤコブ⑶の子らすべてに対しその口を開き、怒りをもって⑷［…………］[22]あなたが全世界から彼らを滅ぼす
時機⑸、そして彼らは与える［…………］[23]そして私は公正と正［義］を行う⑹ために起《た》ち上がります［…………］
[24]わが創造者の意思《みこころ》を［行い⑺］、そして［感謝の］供犠⑻を捧げるために⑼［…………］[25]わが神を⑽。そして私は［あな
たの］慈愛を告げ［…………］[26]私は、わが神なるヤハウェ、あなたを讃え、あなたを祝［福］します［…………］
[27]最初の事々、そして背く者たちにあなたの諸々の掟を、あなたを見棄てた者たちすべてに［あなたの］トーラー
を教えるために⑾［…………］[28]そして悪［……］あなたの証言が私を非難しないために⑿、そして［あなたの］義の
言葉を告げるために［…………］[29]なぜなら、神は偉大で聖《きよ》く、勇ましく精悍《せいかん》、畏《おそ》れ多く不思議だからです⒀。［…
……天］[30]と地⒁、深淵の深みにおいても。尊厳と［威光⒂…………］[31]私は知り、理解しました⒃［…………］
[32]［…………］

断片二

[1]［…………］[2]［…………］天におけるヤハウェ［…………］[3]［…………］諸々の深淵とすべての奈落⒄にお

(1) ここでヨセフは「わが地」に住んでいる民を「敵対する民」と呼ぶ。
(2) 「敵対する民」のこと。
(3) 「あなたの愛する」または「あなたを愛する」。この表現はアブラハムに関して用いられることが多い（イザ四一8、代下二〇7、三人の祈り12、ヨベ一七18、一九9）。ダマCD III 3-4ではイサクとヤコブについて言及されている。
(4) この一文は物語部分の表現を再利用している（13-14行参照）。
(5) あるいは「時機」は前行にかかり、「あなたは彼らを全世

界から滅ぼし、そして彼らは与える」とも解せる。

(6)「公正（ミシュパット）と正義（ツェダカー）を行う」は、しばしば王の役割として言及される（サム下八15、代下九8、エレ二二15、二三5参照）。

(7)「創造者の意思を行う」という表現は後のラビ文献から知られている（『創世記ラッバー』五9、『出エジプト記ラッバー』一〇3、『民数記ラッバー』一二8、二三13、『雅歌ラッバー』三24など）。本文書はこの用法の最古の例となる。「神の意思を行う」という表現については、ベン・シラ一五15、一六3（B）、共規1QS IX 13参照。

(8)祭司でなくヨセフが捧げるのであれば、「[感謝の]供犠」（詩一〇七22、一一六17参照）、「[義の]供犠」（詩四6、申三三19参照）、あるいは「[凱歌の]供犠」（詩二七6参照）と復元できる。

(9)物語と詩a 4Q371 断片二は、おそらくこの箇所と重なる四文字を残す。

(10)あるいは、「あなたはわが神です」とも解せる（DJD XXVIII）。

(11)詩五一15、九四12、申三三10、エレ一七13参照。ヨセフと「教える」ことを結びつける伝承がある。詩一〇五22の「思いのままにする」は七十人訳では「教える」と訳され、また『アラム語レビ文書』（チャールズ90＝ケンブリッジ写本e欄22‐23行＝4Q213 一i 12）には「わが兄弟ヨセフは、読み書きと知恵の教訓を教えた」とある。

(12)「そして悪」以下、前後のつながりが不確か。「私を非難しないために」（*lhkhyhy*）は「彼を非難しないために」（*lhkhyhw*）と読むことも可能。その場合、「悪」は「悪人」と読む。

(13)「偉大な、勇ましい、畏れ多き（神）」（申一〇17、ネヘ九32）。「偉大な、畏れ多き（神）」（申七21、ダニ九4、ネヘ一5、四8、戦い1QM X 1）。「偉大な、勇ましい（神）」（エレ三二18）。「精悍な（神）」（詩八2、10、七六5、九三4、イザ三三21）。「偉大な不思議の（神）」（外典詩B 4Q381 七六―七七14）。ラビの伝承では、賢者たちは十八祈禱冒頭の「偉大な、勇ましく、畏れ多き神」という三つのフレーズにさらに形容詞を付加することを禁じている（バビロニア・タルムード『ベラホート』33b）。

(14)「[天]と地」は暫定的。「地」には前置詞がないが、「深み」には前置詞（において）がある。

(15)「尊厳と威光」、詩二一6、九六6、一〇四1、一一一3、ベラ4Q286 一ii 4、安息歌一一18（4Q405 一九6＝11Q17 VI 10）、一三9（11Q17 IX 8）、4Q405 二四2。

(16)「知る」と「理解する」の組み合わせは、イザ一3、ヨブ三八18参照。

(17)「奈落」（アバドン）は「破滅」とも訳せる。詩八八12、ヨブ二六6、二八22、三一12、箴一五11、黙九11、戦い1QM XV 18, 感謝詩1QH^{a} XI 33, ベラ4Q286 七a ii b‐d 7、光体4Q504 一―二vii 9参照。

いて［…………］[4]［…………］戦いのために彼の手を教える者①、報復する者②［…………］[5]［…………］建てることを悟る洞察を彼に［与］える［者…………］[6]［…………］彼の喜ぶことを永久にする③［こと④…………］[7]［…………］時機、なぜなら、かれはあなたに力強さを与え強め［た…………］[8]［…………］そしてかれは彼らを裁［き］をもってかれの民の手に渡した［…………］[9]［…………］バシャンの［山⑤…………の］町々すべてを⑥［…………］[10]［…………］彼は［……］を身に纏《まと》った［…………］[11]［…………］かれの民を［……］に拠り頼ませる者⑦［…………］[12]［…………イス］ラエル、なぜなら彼は彼の前で打ち砕かれた［…………］[13]［…………］傷（を与える）石⑧で彼の頭［…………］[14]［…………］ない［…………］

断片三

[1]［…………］天［…………］[2]［…………］あなたの⑨［…………］知恵と分別⑩［…………］と共に［…………］[3]［…………］そして［あなたの諸々の］掟を悟る心［…………］義《ただ》しい⑪［…………］[4]［…………］彼らから取り除く［こと……］。（余白）私はヤハ［ウェ］を讃える⑫［……］。わが称賛がかれにとって［心地］よいように⑬。［……］[5]［そして］分別を教える心、裁きを［告げ］る口［……］。なぜなら、わが言葉は最上の蜂蜜より［甘］く⑭、葡萄酒よりも心地よいからだ。［わが舌⑮……］[6]真実で、わが口のすべてのことばは義［しい⑯］。それらの⑰証《あか》しが滅びることはなく、それらの一部が失われることもない。なぜなら、それらすべては［……］[7]ヤハウェがわが口を開いたのであり⑱、わが舌の［言］葉はかれからのものだからである。そしてかれの言葉はわが内にあって、かれの憐れみ［…………］告げる。[8]そしてかれはかれの諸々の掟を他の国民に与えることはなく⑲、またそれらをいかなる異国人にも冠《かむ》らせない⑳。なぜなら［…………］[9]永遠に永久にかれと共にいるよう㉑、かれがヤコブと結んだ彼らの［子］ら㉒［の…………］[10]［イ］スラエルを殲滅《せんめつ》（させ）、諸国民の手によってそれを根絶すること［……］㉓。［かれの］嗣業《しぎょう》㉔

に触れるすべての者たちは［…………］11［…………］彼らの血をかれは彼らの手から求める。(25)かれがミディア

(1) 詩一八35／サム下二二35、詩一四四1参照。
(2) ナホ一2、詩九九8参照。
(3)「永久に」はここでは通常の*lʿd*ではなく、*lʿwd*.
(4) この文の末尾に*krm*の語が読めるが、その意味と以下の文とのつながりは不明。
(5)「バシャンの山」は、聖書では詩六八16-17にのみ現れる。
(6) 聖書にはしばしばバシャンのオグの町々への言及がある。ヨシ一三30-31、申三4、10、民二一33参照。
(7)「拋り頼ませる者」は、神ないし敵。
(8) 直訳は「傷の石」（*ʾbn hmzwr*）。おそらく投石器の石。物語と詩c 4Q373 一7にある「傷（を与える）投石器」（*qlʿ ymzwr*）参照。
(9)「あなたの」という読みは不確か。次行の「［あなたの諸々の］掟」という復元はこの読みに基づく。
(10) イザ一一2、申四6、箴二三23参照。
(11) DJD XXVIIIは、「あなたの諸々の義しい掟と定めを理解する心」という復元を提案（申四8参照）。
(12) 詩一四六2、一〇四33参照。DJD XXVIIIは、この『詩篇』の箇所に基づいて、「私は私がある限り、ヤハウェを讃える」という復元を提案する。
(13) 詩一〇四34。
(14)「甘い言葉」という比喩については、詩一九11、一一九103、箴一六24参照。
(15)「わが舌（＝言語）」（*lš[wny]*）という復元は不確か。
(16) 箴八8参照。
(17)「それら」は直前の「すべてのことば」（複数形）を指す。
(18) 神が語り手の口を開くという考えについては、民二二38、エゼ三27、三三22、詩五一17、感謝詩1QH^{a} XVII 10-11参照。
(19) 申四5-8、詩一四七19-20参照。
(20)「冠らせ（る）」は「（冠を）かぶらせる」ことで、ここではトーラーが冠に相当。後のラビ文献には「トーラーの冠」という言い方がある。
(21)「かれと共にいるよう」、あるいは「かれの民となるよう」。
(22)「彼らの子ら」、あるいは「アブラハム」。
(23) 9行末尾から10行にかけてDJD XXVIIIは、「［かれはイ］スラエルを殲滅させ、諸国民の手によってそれを根絶すること［はしない］」という復元を提案する。エレ五10、18、三〇11、四六28、エゼ一一13、二〇17、ネヘ九31参照。
(24)「かれの嗣業」とは、おそらくイスラエルのこと。
(25)「血を求める（追求する）」という言い回しについては、創九5、四二22、詩九13、エゼ三三6参照。

ンにしたことを見よ。①[…………][12]一人、サルの子ジムリ②である。そしてミディアンの五人の王たちは殺された③
[…………][13][…………]

断片四

[1][…………][2][…………][3][…………]知恵、そして私はした[4][…………]なぜなら、ヤハウェは[愛]した[5][…………](余白)[6][…………]落ちた。④家畜はすべての[……]において[7][…………]葡萄園、そして[…………]

断片五

[1][……]の勇士たる王たち[…………][2][…………]彼の息子たちすべて⑤[…………][3][…………]

断片六

[1][…………]その町[…………][2][…………]誓うこと⑥[…………][3][…………]の全軍に[…………]
[4][…………]彼らの未熟な者たちに⑦[…………][5][…………]われらの血から[……]の中に[…………]

断片七

[1][…………][2][…………]の時機まで[…………][3][…………]彼らの迫害者たちから[…………]
[4][…………]彼が[……]しないだろう[…………][5][…………]そして彼は[……]しないだろう[…………

…］[6]［…………］そして彼は彼を［……］にし、［……］するだろう［…………］[7]［…………］咎《とが》［…………］

断片八

[1]［…………］を告げること［…………］[2]［…………］聞［くこと］から聾《ろう》な者たち(8)［…………］[3]［…………
…］救われるであろう者たち［…………］[4]［…………］彼らの心で悟［ら］ず［…………］[5]［…………］彼
らについて彼らは聞かないだろう［…………］[6]［…………なぜ］なら、彼らは悟ることも知［る］こと(9)もないだ
ろうから［…………］[7]［…………銀］と金を躓《つまず》［き］に(10)［…………］[8]［…………］それらに仕える者たちす
べて［…………］

(1) 詩八三10、イザ九3参照。
(2) 民二五14参照。
(3) 民三一8参照。
(4) 「落ちた」の主語を次の「家畜」と取ることも可能。その場合、「家畜はすべての……の中に落ちた」となる。
(5) もしこの断片の文脈がイスラエルの民の約束の地への入植以前の戦いと関係するならば、ここの「彼の息子たち」はオグかシホンの子らを指すだろう（DJD XXVIII）。民二一35、申二33参照。
(6) あるいは、「口を満ち足らせること」。
(7) 「未熟な者」、箴一4、22、32、七7、八5、九4、16、一四15、18、一九25、二三3、二七12、詩一九8、一一六6、一一九130、エゼ四五20参照。
(8) 「［見ることから盲な者たち、］聞［くこと］から聾な者たち」と復元することも可能（DJD XXVIII）。イザ六9–10になにほどか似ている。
(9) 「悟る」と「知る」の組み合わせはよく知られている。詩八二5、エレ・アポ 4Q390 二 i 7など参照。本文書断片一31の「私は知り、理解した」も参照。
(10) 「銀と金」はおそらく偶像。申七25参照。偶像と躓きの組み合わせは、エゼ七19、一四3、7、四四12、共規 1QS II 17、感謝詩 1QH^{a} XII 16–17など参照。

断片九

[1][…………]最初の事々(1)。(余白)[…………][2][…………ヨ]ベル。それらの数は[……]であった[……
……][3][…………]すべての諸国民が殲滅《せんめつ》されるであろう(2)[と]ころの[…………][4][…………]すべてのも
ぐらから、ね[ずみ(3)…………][5][…………]これらの[…………]
(下端)

断片一〇

[1][…………]私に[…………][2][…………]ヨベル[…………]

断片一一

[1][……]彼らの[……][2][……]彼らにすべてを

断片一二

[1][……][2][…………]徽章《きしょう》とターバン(4)[…………][3][…………]そして彼はしなかった[…………]
[4][……]

断片一三

[1][……]すべて[…………][2][…………]裁[き]の霊(5)でもって私と共に[真]実(6)[…………][3][……
……]

断片一四

1［……………］あなたの真実［……………］2［……………］天と［天］の天(7)［……………］3［……………］ないところの［…………］

断片一五

1［…………］2［…………］諸国民と［…………］3［…………］すべてにおいて［私は］歓呼しよう(8)［…………］

(1)「最初の事々」、本文書断片一27参照。

(2)「殲滅されるであろう」と訳した *ykhlw* は、「殲滅させるであろう」、「……することができるであろう」、あるいは「食べるであろう」（破形）とも解せる。また、主語を「彼らは」とし、「すべての諸国民」を次の文の主語とすることも可能。

(3)「もぐら」は聖書ではレビ一一29の不浄な動物のリストにのみ現れる。「ねずみ」は、レビ一一29、イザ六六17参照。もしここで不浄な動物を食べることが問題になっているならば、前行の動詞は「食べる」であったろう（前注参照）。断片八が偶像崇拝者に関係していたように、この断片は食物規定を無視する者たちに関係しているのかもしれない（DJD XXVIII）。

(4)「徽章」（*sys*）大祭司の飾り物として出二八36、三九30、レビ八9に現れる。「ターバン」も同じ文脈で、出二八4、37、39、二九6、三九28、31、レビ八9で言及される。両語はベン・シラ四五12に現れる。

(5)「裁きの霊」、イザ四4、二八6参照。

(6)「私と共に真実」、あるいは「わが民の真実」。

(7)「天と天の天」、申一〇14、王上八27、代下二5。詩一四八4、ネヘ九6、ベン・シラ一六18も参照。

(8)あるいは「……すべてにおける歓呼」。

断片一六

1［…………天］まで［…………］2［…………］勇気の霊(1)をもって［…………］3［…………］あなたは上
［へ］と高めた(2)［…………］4［…………］

断片一七

1［…………］大能《たいのう》ある(3)［……］そして［…………］2［…………］そしてレ［ビ］の子らすべてに［…………］
3［…………］彼［ら］は高めるだろう(4)［…………］

断片一八

1［…………］なぜなら英知をもって(5)［…………］2［…………］（余白）そして彼は［……］しない［…………］
3［…………］裁きと義［…………］4［…………］嘘つきたち、そして［……］ない［…………］5［……
……］を［…………］6［…………］

断片一九（＝4Q373 一 3-6）(6)

1［…………］［…………彼の高さは……アンマ半、(7)］2［そして彼の幅は二アンマ……］レバノン杉のような槍(8)
［…………塔のような盾、(9)脚の軽い者］(10)3［…………七リス(11)離れている］者［たち。彼は立たなかった］4［……
……そして私は繰り返さなかった(12)］。なぜなら［われらの神ヤハウェが彼を］打ち［砕いたから。(13)剣にかけて(14)］

断片二〇

1 ［……イ］スラエル［……］

断片二二

1 ［……］神［……］

（1）イザ一一2「思慮と勇気の霊」、断片一三2「裁きの霊」参照。

（2）この読みが正しければ、神への詩。

（3）詩八九14、代上二九30参照。

（4）あるいは「高められるだろう」。

（5）詩七八72参照。

（6）本断片は、物語と詩c 4Q373 一3-6と重なる。欠損部分はそこから補塡。

（7）「……アンマ半」という高さは、聖書ではゴリアトについての記述にのみ現れる（サム上一七4「六アンマ半」）。

（8）「レバノン杉のような槍（*rmḥ*）」。この後にヘットの文字が見え、*ḥnyt*（「やす／ほこ突き」サム上一七7）と復元できるかもしれない。『戦いの巻物』（1QM）によると、前者は重装備の兵士の持つ武器であるのに対し（V 6-7, VI 15, IX 12）、後者はより軽いもの（VI 5）。「レバノン杉」との比較は高さと強さを強調している（イザ二13、アモ二9、詩九二13、エゼ一七23、ヨブ四〇17、ベン・シラ五〇12、ダマ CD II 19）。

（9）「槍」と「盾」の組み合わせは、士五8、代下二六14、ネヘ四10。

（10）「足の速い者」の意。サム下一23、二18、アモ二15、代上一二9。

（11）「リス」は長さの単位。一リス＝一スタディオン＝約百九十二メートル。

（12）「繰り返さなかった」とは、「一撃で仕留めた」の意。サム上二六8、サム下二〇10参照。

（13）「打ち砕く」（*šbr*）については、イザ一四25、エレ一七18、哀一15、ダニ一一26、神殿 11QT^{a} LVIII 12, 外典哀 4Q501 3, 祭日祈 4Q509 一二i―一三3参照。

（14）「剣にかけて」（*lefy ḥĕrĕb*）、創三四26、民二一24、サム上一五8、神殿 11QT^{a} LVIII 12 参照。

断片二二

1[…………]真実、そして[…………]2[…………]見ること[…………]

断片二三

1[…………]2[…………]一つの[…………]3[…………]彼は与えた[…………]4[…………]

断片二四

1[…………]2[…………ハ]レルヤ[…………]3[…………]永遠に[…………]

断片二五

1[…………]すべての[…………]

4Q物語と詩的作品c（4Q373）

断片一（a＋b）（＝2Q22 i 1-4 および 4Q372 一九1-4）(1)

1[……]彼らの[……]そして彼は[…………]2彼の僕《しもべ》たちすべてはオグと共に(2)[…………]3彼の高さは[……]アンマ半(3)、そして[彼の幅は]二[アンマ…………]レバノン杉のような槍(4)[…………]4塔のような盾(5)、脚の軽い者(6)[…………]5七リス(7)離れている者たち。彼は立たなかった[…………]6そして私は繰り返さなかった。[8] なぜならわれらの神ヤハウェが彼を打ち砕いたから。[9] ［剣］にかけて[10]［……………］7そして私は［弓で］傷（を与える）投石器[11]を作った。［そして……ない………………］8なぜなら［……城壁のある町々[12]を攻め取り[13]、恐怖に陥れる[14]戦い………………］9［…………そして今…………………］

（1）本写本は部分的に物語と詩（ダビデ・アポクリュフォン？）2Q22 i 1-4および物語と詩b 4Q372 一九1-4と重複する。欠損部分の復元はそれらに基づく。
（2）あるいは「オグを」。
（3）一二一頁注（7）参照。
（4）一二一頁注（8）参照。
（5）一二一頁注（9）参照。
（6）一二一頁注（10）参照。
（7）一二一頁注（11）参照。
（8）一二一頁注（12）参照。
（9）一二一頁注（13）参照。
（10）一二一頁注（14）参照。
（11）「傷（を与える）投石器」（*qlʿy mzwr*）。物語と詩（ダビデ・アポクリュフォン？）2Q22 i 2では*qlʿy hmzwr*（定冠詞付き）。物語と詩b 4Q372 二13「傷（を与える）石」（*ʾbn hmzwr*）参照。戦いにおける投石器と弓の使用については、代下二六14、戦い 1QM VI 1-4、Iマカ九11、ユディト六12、ユダ遺七5参照。投石はダビデとゴリアトの物語（サム上一七章）でよく知られるが、ダビデに関してはさらにサム上二五29、代上一二2も参照。
（12）「城壁のある町（々）」（*ʿry mbṣrym*）、サム上六18、王下一八8、エレ五17、感謝詩 1QHa XI 8参照。
（13）「（町を）攻め取る」（*tfś*）、ヨシ八8、王下一六9、一八13、イザ三六1、エレ四〇10参照。
（14）「恐怖に陥れる」（*lhryd [= lhhryd]*）、士八12、サム下一七2、エゼ三〇9、ゼカ二4参照。

4Q物語と詩的作品d（4Q373a）

断片一―三（＝4Q372 一9-14、4Q371 一a-b7-13）(1)

1［…………］し、［…………彼の二人の兄弟と］共にいた。［そして］このこと［すべてのゆえに、ヨセフは彼の知らない］国々に［投げ出される。］2［…………異国の国民の中に……］、そして彼らは［全世界］に3散らされる。(2)［彼らの山々のすべては彼らから棄ておかれる。そして愚か者どもが］彼［ら］に対して恥辱を［企み、(3)］4［高い山の上に自分たちのために高台を作り、イスラエルを妬ませる］。そして彼らは［……の］言［葉］でもって語った。5［ヤコブの子ら……、そして彼らは彼らの口の言葉でもって（彼らを）恐れさせ、シオンの］幕《まく》［屋《や》をののしった。］6［そして彼らは偽りの言葉……語り、すべての虚偽のことばを語り、…………怒らせた。］

2Qダビデ・アポクリュフォン（？）（2Q22）(4)

第i欄（＝4Q373 一6-8、4Q372 一九4）

1［そして私は繰り返さなかった。(5) なぜなら］われ［ら］の神［ヤ］ハウェ［が彼を打ち砕いた(6)から。剣にか］けて2［…………そして私は］弓で傷（を与える）［投］石器(7)［を作った。］そして［……］ない3［…………なぜなら……］城壁のある町々(8)を攻め取り(9)、恐怖に陥れる戦い(10)4［…………そして］今

第ii欄

1[……]なぜなら[私]は知ったから[…………]2なぜなら、かれの憐れみはイスラエ[ル]の上に(11)[…………]
3かれはかれの道{かれの言葉(12)}すべてにおいて[……]そして[……]ない[…………]4かれは彼らを裁きに渡
すだろう。そしてすべての[…………]

（1）本文書は、物語と詩b 4Q372 一9-14および物語と詩a 4Q371 一a-b7-13とほぼ同じテキストであり、欠損部分はこれらから復元されている。

（2）「散らされる」の原語は*mpwṣpṣym*で、並行箇所（物語と詩b 4Q372 一11）の*mpṣpṣym*にヴァヴが加わり、ポルパル態（受動態）となっている。一〇五頁注（12）参照。

（3）一〇五頁注（15）参照。

（4）本文書は最初の校訂者によって「ダビデ・アポクリュフォン（?）」と名づけられたが、第i欄が物語と詩c 4Q373 一6-8とほぼ同一のテキストであるのでここに訳出する。

（5）一二一頁注（12）参照。

（6）一二一頁注（13）参照。

（7）一二三頁注（11）参照。

（8）一二三頁注（12）参照。

（9）一二三頁注（13）参照。

（10）一二三頁注（14）参照。

（11）「イスラエルへの憐れみ」については、ソロ詩一一1、9参照。

（12）「かれの道」と書かれた上に「かれの言葉」と書き直されている。

《解説》

『４Ｑ物語と詩的作品ａ』（4Q371）は十の断片、『４Ｑ物語と詩的作品ｂ』（4Q372）は二十六断片、『４Ｑ物語と詩的作品ｃ』（4Q373）は二つの断片が残る。本訳の底本はE. Schuller and M. Bernstein, DJD XXVIII（2001）。『４Ｑ物語と詩的作品ｄ』（4Q373a）は三つの断片から成る。底本はE. J. C. Tigchelaar, "On the Unidentified Fragments of DJD XXXIII and PAM 43. 680: A New Manuscript of *4QNarrative and Poetic Composition*, and Fragments of *4Q13, 4Q269, 4Q525* and *4QSb* (?)," *RevQ* 21（2004）477–85（*DSSR* に再録）。2Q22は二欄が残る。底本はM. Baillet, DJD III（1962）。いずれもヘブライ語で書かれている。最古の写本（4Q371）は、前一〇〇―七五年のものである。

本文書は、まず第四洞穴から出土した三つの文書（4Q371–373）が『ヨセフ・アポクリュフォン』と名づけられた。しかしながら、ヨセフの名は4Q372断片一にしか現れず、その他の諸断片には多岐にわたるテーマがちりばめられている。そこで、物語と詩（祈りと賛美）が織り交ぜられている文学形態から、４Ｑ文書の校訂者によって「物語と詩的作品」という、より一般的な名称が与えられた。2Q22は、その校訂者によって「ダビデ・アポクリュフォン（?）」と名づけられていたが、4Q373とほぼ同一のテキストを含んでいるため、『物語と詩的作品』のもう一つの写本と考えられる。これら四つの写本は同一文書からの写しと考えられるが、『４Ｑ物語と詩的作品ｃ』（4Q373）と2Q22は、『物語と詩的作品ａ－ｂ』（4Q371–72）よりも短いヴァージョンだった可能性がある。『４Ｑ物語と詩的作品ｄ』（4Q373a）は、『物語と詩的作品ａ－ｂ』（4Q371–372）と同一テキストであることが確認された。

命名に混乱があったように、本文書に一貫したテーマを見出すのは困難である。捕囚という設定がある一方、「バシャンの山」（4Q372 二9）や「オグ」（4Q373 一2）への言及はモーセ時代を思わせる。文学ジャンルも一定しない。物語と詩の混在の他に、知恵の要素（4Q372 三、四他）や訓戒（「見よ」〔4Q372 三11〕）もあり、また「もぐら」と「ねずみ」（4Q372八）への言及はハラハー的関心を、「ヨベル」（4Q372九―一〇）は救済史的関心を、「徽章とターバン」（4Q372一二）は祭司への関心を反映しているように見える。これら多様なテーマの中から二点だけ取り上げる。

まず、ヨセフの祈り（4Q372一16以下）において、イスラエル北王国の捕囚民を代表するヨセフは彼らの土地が取られ、敵対する民が住んでいることを嘆く（19-20行）。彼らは「愚か者ども」（4Q371一10）で、「高い山の上に自分たちのために高台を作」った（4Q372一12）と言われる。ここには、著者の反サマリア感情が反映している可能性がある（Schuller, DJD XXVIII 171-172）。サマリア教団は自分たちをヨセフの末裔と考えていたようであり（『メマル・マルカ』『ヨセフ・マルカ』、ヨセフス『ユダヤ古代誌』一一341）、そうした主張を本文書のヨセフの祈りは拒絶していると考えられる。

『4Q物語と詩的作品c』（4Q373/2Q22 I）は、大男と語り手である「私」の戦いを描いているが、この「私」がダビデかモーセかで意見が割れている。ここで用いられている言葉遣いは、聖書のダビデとゴリアトのエピソードを思わせるが（サム上一七章）、他方で「オグ」（4Q373一2）への言及はモーセを思わせる。ダビデとゴリアトの物語は聖書後時代のユダヤ教においてもしばしば引証されているが、モーセとオグの戦いは聖書に記されていない。これらのことを考え合わせると、ダビデとゴリアトの物語が、ここではモーセとオグの戦いの物語として援用されている可能性がある（Schuller, DJD XXVIII 200）。

ラヘルとヨセフに関するテキスト……………………………（4Q474）

上村 静 訳

内容

ラヘルとその愛される息子ヨセフに関するテキスト。

1［……………］息子［……………］
2［彼の］すべての［兄弟たち］よりも、彼の［父］に愛されている息子(1)を彼女(2)は［喜んだ……………］
3彼(3)は愛《いと》しい息子を誇［った……………］
4［彼女に別の］息子を［与えるよう］ヤハウェに請《こ》う［こと……………］
5［ヤ］ハウェはラヘルをとても愛した、(4)［……彼女を憐れむ］こと(5)［……………］
6［……………］

---

(1)「息子」はおそらくヨセフ。創三七3、四八22参照。ヨセフを愛される者とすることについては、ヨセ遺一2、4、一〇5、一二1、『ヤコブの遺訓（ギリシア語）』一13参照。

(2)「彼女」はヨセフの母ラヘル。

(3)「彼」はおそらくヨセフの父ヤコブ。

(4)創三〇22、ベニ遺一4-5参照。

(5)ヨベ二八24参照。

すべての［……から］彼女を⑴［…………］7［…………あなたの心が請うことを⑵］かれがあなたに与えるまで⑶［…………］8［…………］平和の御《み》使《つか》いたち⑷［……を］するために［…………］9［…………と共］に［来］る［す］べての者たち［…………］10［…………］そして彼らの耳すべては聾《ろう》になる⑸［…………］11［…………］だった彼らの⑹［…………］12［…………］そして新しい⑺［…………］13［…………］彼らの高さ⑻すべて［…………］14［…………］彼らの［請］うこと、⑼そしてすべての［……］から［…………］15［…………］

《解説》

本文書はヘブライ語で書かれた15行からなる一断片のみが残る。底本は T. Elgvin, DJD XXXVI（2000）。写本の年代は、前一世紀後半である。ラヘルとその愛される息子への言及がある。この息子はおそらくヨセフである。テキストは、ヤコブ、ラヘル、ヨセフに関する物語（1‐6行）、ヨセフへの神の祝福の約束（7行）、彼の子孫たるイスラエルの将来における不従順（8‐14行）を扱っているようである。元来は、おそらくヨセフがイスラエルの将来の不従順と救済を予見するという形態を取った聖書物語の敷衍であったと思われる。

本文書はかつて『ヨセフ・アポクリュフォンA』と呼ばれていたが、ヨセフに関係するその他の諸文書（『ヨセフ・アポクリュフォンB（アラム語）』（4Q539）、『4Q物語と詩的作品a‐d』（4Q371–373a）、『レビの遺訓（アラム語）』（4Q213–214）との文学的依存関係は証明されず、それぞれはヨセフに関する異なる伝承を反映しているものと考えられる（DJD XXXVI 456–457）。

(1) 苦しみ、おそらく不妊からの救済。

(2) 「あなたの心が請うこと」、詩三七4参照。

(3) 「あなた」は男性形単数。おそらく神のヨセフへの祝福の約束が言及されている。『ヨセフの遺訓』参照。そこでは、ヨセフへの神の祝福が繰り返し言及される。

(4) おそらくヨセフの子孫たちの守護天使。「平和の御使い(たち)」、イザ三三7、ダン遺六5、エノシュ 4Q369 一 ii 9、偽ヨベ 4Q228 一 i 8、感謝詩 4Q428 二六3参照。

(5) この行はおそらく民についての否定的な言説を含んでいる。イザ六10、ゼカ七11参照。

(6) 「彼らの」は、「彼らを」あるいは「それは終わった」と取ることも可能。

(7) 「新しい」(ハダシーム)は、「月々」(ホダシーム)または「聾」(ヘルシーム)と読むことも可能。新しくされた心を指すのかもしれない(DJD XXXVI)。それについては、エレ三一33、エゼ一一19、三六26参照。

(8) 「高さ」あるいは「存在」。

(9) 「[請]うこと」という復元は不確か。

ヤコブの遺訓(?)(4Q537)

上村　静　訳

内容
ヤコブがベテルで見た幻(創二八10−19の敷衍)。

断片一+二+三
[[01]そして、夜、私は幻を見た。[02]見よ、(神の)御使《みつか》いが七枚の板をその手に持って天から降り、私に言った。「いと高き神(1)があなたを祝福するだろう、あなたと]
(上端余白(2))

(1)あるいは「神々の中の神」かもしれない。
(2)本写本には上端に余白があるので、次頁第1行の「あなたの胤」が本欄冒頭の単語であるが、それは明らかに前頁からの続きである。そのため、01および02行として前欄末尾を復元し、本欄につなげてある。復元されたテキストはDJD XXXI に拠るが、それはヨベ三二21に基づいている。

1あなたの胤《たね》［の子らを］。そしてすべての義人たちは生き残り、まっすぐな者たちは[1]［……だろう。…………そ
してもはやいかなる］2不義［も為されることはなく］、またもはやいかなる虚偽も見出されることはないだろう
［…………］3さあ、今、（これらの）板を取り、［そこに書いてあること］すべてを読め］。［そこで私は板を取り、
読んだ。するとそこには、わが欠乏のすべて］、4わが苦難[2]のすべて、［全百四十七］年[3]のわが生涯［の間に私］に起
こるであろう[4]すべてのこと［が記されていた。さらに彼は私に言った。［取れ］、この板をわが手から］。［………
…］5［（そこで）私は］その板を彼［の］手から取り、［その板すべてを読んだ］。そして私はそこに書かれているこ
とを見た[5]。すなわち、［この場所[6]が聖所として建てられることはなく、］6［また］あなたたち[7]がそれから出て[8]、［八］
日目に[9]［あなたたちの献げ物がいと高き神の］前で空しくな［ることはないだろう、と（書かれているのを見た）。
［…………］7［…………］

断片五

1［…………］地［に］、そしてあなたたちはその実[10]とそのよいものすべてを食べ[11]、そして急《せ》かすだろう［……
…］2［…………］道を踏み外し、誤り、過ちの道を行くこと、顔[12]［…………］3［…………］そしてあなたた
ちの悪、あなたたちが彼の前にいるようになるまで［…………］4［…………］

断片六

1［……すべての］あなたたちの罪と、すべてのあなたたちの罪過と、すべての［あなたたちの］背［き[13]……
……］

断片七

1［……………］2［…………あなたたちの］背きゆえに［それ］はあなたたちに及ぶ［だろう(14)……………］

断片八

1［……………］それはあなたたちに及ぶだろう(15)［……………］

（1）*DSSR* は「すべての義人たちとまっすぐな者たちは生き残る」と訳す。ケハ遺4Q542一i12-13に「義、まっすぐさ、完全さ」とあるのを参照。

（2）「苦難」（*ʿqh*）はレビ・アポ4Q540一1参照。「欠乏」という復元も同箇所に基づく。

（3）創四七28によると、ヤコブの生涯は百四十七年。ヨベ四五13参照。

（4）「……に起こる」（*ʾth ʿl*）は、ダニ・アポ4Q246一i4参照。

（5）「天の板を読み、そこに書かれていることを見た」という表現については、エチ・エノク一〇六19―一〇七1（エノクc 4Q204五ii26-27）参照。

（6）おそらくベテルのこと。創二八10-19参照。

（7）「あなたたち」とは、おそらくヤコブの身内の者たち。

（8）「それ」は前行の名詞を指す。おそらく「この場所」、つまりベテル。

（9）七日間の仮庵祭の翌日の八日目に、「（締めくくりの）祝会」を祝う。レビ二三36、民二九35、代下七9、ヨベ三二27-29参照。

（10）「その」（女性形単数接尾辞）は「地」を指す。

（11）ネヘ九36、イザ一19参照。

（12）「顔」あるいは「輝き」。

（13）「あなたたちの背き」、断片七参照。

（14）断片八参照。

（15）この動詞の主語は女性形単数。「災い」などか。

断片九

1［……………］彼の［……………］あなたたちの［……………］2［……………そしてあ］なたたちは反抗し、彼(1)の前に頑なになるだろう。そして［……………］3［……………］

断片一〇

1［……………］正義の者たち(2)、よい者たち(3)、そして［……………］2［……………］彼らは安んじて永遠に名で呼ばれる［だろう］。そして［彼らは……］だろう［……………］

断片一一

1［……………］の背き［……………］2［……………］そしてどのように［なるか(4)……………］

断片一二

1［……………］(5)そしてどのようにその建物(6)が［……されるか(7)……そしてどのように］彼らの［祭司］たちが服を身に着け、［彼らの手(8)が］浄められるか、2［そしてどのように］犠牲を祭壇に捧げるか(9)、そしてどの［ように毎日彼らが全地において］彼らの犠牲の一部を食するか(10)、3［そしてどのように彼らが］都とその城壁の下から出る［水を飲むか（?）］、そしてどこに(11)［大水が湧き出るか……………］4［……………］（余白）［……………］5［……………］わが前に四分の二の土地と［……………］6［……………］

断片一三

1［……………正義の］木(12)［……………］2［……………］四［千（?）……………］

断片一四

1［……………］徴税人たち(13)、そして彼は同じく出た(14)［……………］2［……………べ］テル(15)［……………彼は］ベエ

（1）「彼」または「彼女」。
（2）断片一＋二＋三第1行参照。
（3）あるいは「よい正義の者たち」。
（4）主語は三人称単数または複数。断片一二参照。
（5）*DSSR* はこの欠損部分を「私は見た」と補う。見た内容が以下に続く。
（6）神殿のこと。
（7）*DSSR* は「建てられるか」と補う。なお、以下、動詞はすべて未来形の繋辞に分詞が続く形を取っている。
（8）あるいは「彼らの手と彼らの足」。『アラム語レビ文書』ボドレイアン写本c欄3-8行、d欄2-4行、チャールズ53-54参照。祭司が主の食卓に与ることについて、ヨベ三一16、レビ遺（アラ）二12、八16、ユダ遺二一5、祝福1QSb IV 25など参照。さらに、申一二12、三三9、三三8-11も見よ。
（9）犠牲祭儀に関する規定については、『アラム語レビ文書』ボドレイアン写本c欄6-d欄、チャールズ32b-47参照。
（10）犠牲の消費については、『アラム語レビ文書』チャールズ56参照。
（11）疑問文「そしてどこに？」（*wʾn*）はDJD XXXIと *DSSSE* の訳。*DSSR* は「そこで、見よ、」と平叙文に取る。
（12）エチ・エノク一〇16（＝エノクc 4Q204 V 4）参照。
（13）あるいは「覆われた」（*DSSR*）。
（14）この行は、読みも意味も文脈も不明。
（15）ベテルはヤコブが夢を見た場所（創二八19、三五章、ヨベ三一―三二章）。

ル・ザイト[1]に来た、［……の］水の近くに　3［…………］正義［か］ら戦いの谷に。そして彼はリンモン[2]に出た
4［…………］

断片一五
1［…………］すべての民は入った［…………］

断片一六
1［…………］諸々の民（余白）［…………］

断片一七
1［…………］全地［…………］

断片一八
1［…………］破滅（？）[3]を［見る］ために［彼らは[4]］入るだろう、そして［…………］

断片一九
1［…………］権威［か］ら［…………］
2［…………］それから［…………］

断片二三[5]

1[……]罰[……]2[……]罰せられる（6）[……]まで[……]3[……]

断片二四

1[……]タア[ナト・シロ]（7）の泉 2[……]ラマト・ハツォル（8）の谷に、そして彼は行った 3[……]
彼は私にこの場所すべてを見せた。なぜなら 4[……]彼らの[行]い、そして私は住んだ（9） 5[……]
（余白）[……]

断片二五

1[……地]の上にある[……]

（1）ラマラとベテルの北西にある町ビル・ザイトを指すだろう。ヨセフス『ユダヤ古代誌』一二422の「ベルゼト」と同定できる（Iマカ九4では「ベレト」）。代上七31によると、ビル・ザイトはベリアの子で、ベリアはヤフレトの祖先である。ヨシ一六3によると、ヤフレトの一族はラマラ周辺を領地にしていた。

（2）リンモンは、エルサレムの北二十二キロ、ラマラ地方のベニヤミン族の村。士二〇45、二一13参照。

（3）あるいは地名の「ホレブ」。

（4）あるいは「あなたたち」とも復元可能。

（5）断片二三―二五は、4Q537に属するかどうか不確か。

（6）あるいは「あなたが罰する」（*DSSR*）。

（7）タアナト・シロは、エフライムの領域の北の境界（ヨシ一六6参照）。

（8）ラマト・ハツォルは、創アポ 1Q20 XXI 8, 10 にも言及される（Iマカ九15の「アゾトの丘」もおそらく「ハツォルの丘」）。サム下一三23のバアル・ハツォルと同定できる（ネへ一一33参照）。エルサレムの北二十五キロ、ベテルの北東約八キロ、ビル・ザイトの東八キロの町。

（9）あるいは「野営した」（DJD XXXI 注）または「始めた」（*DSSR*）。

《解説》

二十五の断片が本文書に割り当てられているが、断片二三は保存状態が悪く、また断片二四―二五はその他の断片と同じ写字生によるものかどうか不確かで、かつ異なる羊皮紙に書かれている。原語はアラム語である。写本の年代は、前五〇―二五年と推測されている。本訳は、E. Puech, DJD XXXI（2001）を底本とし、*DSSR* と *DSSSE* を参照した。

本文書は、『創世記』二八章10-19節のヤコブがベテルで夢を見たという記事の敷衍であり、『ヨベル書』の著者が利用したと思われる遺訓ないし幻と同定できると考えられる（ヨベ三二21-22、三一4-22を見よ）。本文書が「遺訓」（＝遺言）であることを示す明確な記述は残されていないが、一人称の語り手（「私」）が二人称複数形の聴衆（「あなたたち」）に語るという形式はこの文学ジャンルの一つの特徴を示す。『ヨベル書』に基づいて復元された断片一＋二＋三では、どのように語り手（ヤコブ）が啓示を受けたのかということと、ベテルは神殿を建てるべき聖所ではないこととが記されている。断片五―九は、おそらく将来のイスラエルの民の罪について預言するものとなっている。断片一一―一二は、レビとその子孫に関する記述であろう。断片一四には、ベテル、ベエル（ビル）・ザイト、リンモン（および断片二四のラマト・ハツォルも？）という地名が現れるが、ここには歴史的背景として、ユダ・マカバイが戦死した前一六〇年の戦いがあるのかもしれない（Ⅰマカ九1-22、および一三九頁注(1)、注(8)参照）。

ユダの遺訓 ……(4Q538, 3Q7, 4Q484)

上村 静 訳

4Qアラム語ユダの遺訓（4Q538）

内容

ヨセフと彼の兄弟たちの再会の出来事（創四四―四五章）の再話。

断片一―二

1 [……そ]れから彼[1]は[彼の]兄[弟たち]に対[して]一計を案じた。[2] [……] 2 私[に]対して[……]、そしてもし彼らの心に私に対する[悪しき霊][3]があるならば。（余白）私が連れて行かれ、[彼の前に]通されたとき[4]、

（1）「彼」はヨセフ。

（2）「一計を案じた」。同様の表現が並行箇所のヨベ四二25にも現れる。そこでは創四四1-2が敷衍されている。

（3）「悪しき霊」、第4行参照。

（4）創四三15、24-25参照。

[3]彼らは一緒に［彼らの贈り物］の（入った）彼らの［袋］とそれらの［頭］①にある［銀］②を私の側に［持って来］た。そしてヨセフの前に[4]彼らは［皆ひざまずき、そして彼に］ひれ伏した。③そのとき、彼は［彼らの心に］悪しき霊④のないことを知り、もはや[5]彼ゆえに⑤［彼らの心の悪を疑うこと］⑥ができず、またもはや［感情を抑えることが］できなかった。⑦［そして］彼は盛大な［食事］を彼の兄弟たちのもとへと運ばせた。⑧ [6]［そのとき、ヨセフは彼らに自らを明かし、］⑨わが首［に崩］れ［落ち］⑩、［大いに］泣［きながら］私を抱いた。［というのは、私は］怖《おそ》れて［いた］、[7]［わが父⑪が死んで、再］びヨセフを［見ることができないことを］⑫。そして［彼の］兄［弟たちは］皆⑬［……………］そして［……］ない。[8]［…………］あなたたちは［ゴシェンの地に］住む［だろう⑭………］

断片三

[1]［…………］[2]最良のもの⑮［…………］[3]かれはよい神である⑯［…………］[4]［……の］死の後に⑰彼らはわれらを［捕らえた⑱………］

断片四

[1]［…………］あなたたちが邪悪［と］定める［…………］[2]［…………］から話すこと［…………］

《解説》

本文書は四つの断片が残る。原語はアラム語である。写本の年代は、前一世紀半ば頃である。本訳は E. Puech, DJD XXXI（2001）を底本とし、*DSSR* を参照した。

J・スタルキーは、本文書断片一―二第6行を『創世記』四五章14節の再話と見なし、そこの一人称をベニヤミンと考えて本文書を『ベニヤミンの遺訓』と同定したが、J・T・ミリクは、断片一―二を創四四1―四五10および『ヨベル書』四二25―四三18に対応するものとし、本文書における一人称の語り手をユダと同定した。断片一―二第3-4行で語り手は、自分を残りの十人の兄弟と区別しており、かつ彼はヨセフにひれ伏していないが、これはユダがヨセフを助けた記事（創三七26-27）と関係している可能性があり、また、創四四18-34ではユダに特別な役割が与えられている。本文書の校訂者であるピュエシュはさらに、ユダがヨセフを助けたこと（創三七26-27）、エジプトにベニヤミンを連れて行くようユダがヤコブを説得したこと（創四三8以下）、ヨセフの前でユダが嘆願した

(1)「それら（袋）の頭（複数形）」、すなわち袋の開口部。
(2) 創四二25、27-28、35、四三12、15、18、21-22参照。
(3) 創四四14、四三28、ヨベ四三8参照。
(4) シメ遺三5、四9、創アポ 1Q20 XX 16-17, 28, 29 参照。ユダ遺二〇1、二五3も参照。
(5)「彼ゆえに」（直訳「彼から」）の意味ははっきりしない。
(6)「疑う」、あるいは「見出す」とも復元できる。
(7) 創四五1、ヨベ四三14参照。
(8) 創四三16、25、31-34、ヨベ四二22-24参照。
(9) 創四五1、ヨベ四三14参照。
(10) 創四五14-15、四六29、ヨベ四三15、四五2参照。
(11)「わが父」、あるいは「われらの父」とも復元できる。
(12) この復元は、創四四28、四五28を反映させている。また、ユダがベニヤミンを父ヤコブの元に連れ帰ることの保証人になったとしてヨセフの前に立ちはだかったとする創四四18-34をも反映させている。これが正しければ、本文書の語り手である「私」は、ベニヤミンではなく、ユダとなる。
(13) この部分を前に続けて「［再］びヨセフと［彼の］兄［弟たち］皆を［見ることができないことを］」（*DSSR*）と訳すことも可能。
(14) 創四五10、四六34、四七4-6、ヨベ四四9、四五6参照。7-8行は創四五章と関係しているだろう。
(15) 創四五18、20参照。
(16) あるいは「神はよい」。
(17) ヨセフの死後か。
(18) 出一8以下、ヨベ四六8、12-16、ヨセ遺二〇1参照。但し、*DSSR* は同じテキストを「［……の］死の場所で彼らはわれらを［強くした……………］」と訳す。

こと（創四四14以下）、ヨセフとの再会に際してヤコブが遣わしたのがユダであること（創四六28以下）といった『創世記』の記事が本文書に反映していることを指摘し、本文書を『ユダの遺訓』と同定する（DJD XXXI 191–192）。

『ユダの遺訓』は、従来ギリシア語で残されている『十二族長の遺訓』の中の一つとして知られているが、このギリシア語版『ユダの遺訓』には本文書に該当する部分は存在せず、わずかに二一11-12にエジプト下りが言及されるのみである。ミリクやピュエシュは、ギリシア語版はアラム語版を短縮していると考えるが、両者の関係は不明な部分も多く、はっきりしたことは言えない。

なお、3Q7と4Q484（いずれもヘブライ語）も『ユダの遺訓』と同定できる可能性があるが、読解可能な部分がわずかであり不確かに留まる（意味をなすだけの量がないので、本訳では訳出しない）。

レビの遺訓

（1Q21, 4Q213, 231a, 213b, 214, 214a, 214b）

守屋彰夫 訳

内容

『レビの遺訓』は、レビが一人称で語る物語である。その主要な場面は、レビの幻視の経験、その後に、レビが父のヤコブによって祭司職に任じられ、さらに祖父のイサクから祝福を受け、祭司職の規定についての教えを受けたこと、レビが百十八歳（弟のヨセフが死亡した年）の時に、彼が、彼の息子たちと、息子たちの息子たち、すなわち孫たちを集めて、知恵の力を力説する遺言から構成されている。

1Qレビの遺訓（1Q21）（並行・カイロ・ゲニザ『アラム語レビ文書』）

断片一

内容

カイロ・ゲニザ『アラム語レビ文書』の文脈では、レビが父ヤコブを訪問する途上、幻視を見た場面で、祭司職を割り当てられたレビと王国を割り当てられたユダとの比較となっていて、レビの優勢が確認できる。

1 [……………]なぜなら、彼らは第三に属する者たち①[……]となるだろう。[…………]
2 […………]お前の息[子]たち[に、]②祭司の王国③は、[……]の王国より偉大である。
3 […………いと高]き神に④[…………]

保存状態

3行からなる断片。

断片二

三文字が読み取れる。断片的過ぎて翻訳不能。

断片三（並行・カイロ・ゲニザ『アラム語レビ文書』ボドレイアン写本a欄4-6行）

内容

断片一の少し後の続きで、レビの見た幻視の最後の部分がその内容となっている。

1 しかし、刀[剣の[王国⑤の間は、衝突、戦争、殺戮、苦役、苦難、殺人、飢餓が続いた。時に、お前は食べ、そして時に、お前は飢え、そして時に、] 2 お前は骨折って働き、そして時に、お前は休[息し、そして時に、お前は眠り、そして時に、眠りが（お前から）消え失せる。[6] さて見よ、いかにして、私たちが誰よりもお前を偉大にしたかを。

また、いかにして、私たちが[3]永］遠の平［安の偉大さを[7] [2]お前に与えたかを。[8]」

保存状態

この断片はわずか3行からなり、しかも1行に数語が読み取れるだけの小さなものだが、その前後をカイロ・ゲニザ『アラム語レビ文書』（ボドレイアン写本a欄）でつなぎ合わせたものである。

（1）「第三に属する者たち」（*tlytyn*）。十二遺・レビ遺八11、17と関連させると、これは「書記・学者・律法学者」となるだろう。

（2）「お前の息子たちに」（*[lb]nyk*）。この句の欠損部分の補塡は、Greenfield et al. と Drawnel に拠る。

（3）「祭司の王国」（*mlkwt khnwt'*）。出一九6、ヨベ一六18、三三20、十二遺・ユダ遺二一2-4を参照。殊に、十二遺・ユダ遺二一4「（レビに割り当てられた）神の祭司職は（ユダに割り当てられた）地上の王国より優っている」（カッコ内は文脈から補ったもの）と内容的にも構文的にも並行している。比較の対象となっている王国が欠損しているが、「刀剣」すなわち武力、地上の勢力を指すものなどが考えられよう（レビ遺アラ 1Q21 断片三の冒頭部分 *mlkwt ḥrb'* を参照）。

（4）「いと高き神に」（*l['l ['l]ywn]*）。これも、Greenfield et al. と Drawnel に拠る推読。

（5）「刀剣の王国」（*mlkwt ḥrb'*）。ここまでは、断片一2行目の「祭司の王国」の幸福な様子が描かれていた。ここから一転して、「刀剣の王国」の悲惨な状況が描かれている。

（6）「眠りが（お前から）消え失せる」（*tnwd šnt 'yn'*）。字義通りには「目の眠りが逃げる」。似た表現が巨人 4Q530 断片二ii4、巨人 4Q531 断片二二10行にある。

（7）「偉大さ」（*rbwt*）この語は「塗油」とする解釈も可能。

（8）カイロ・ゲニザ『アラム語レビ文書』では、この後に、「そして、これらの七人（の御使いたち）が私から離れて行った」とあり、ここまでが御使いの啓示部分であったことが判明する。

断片四（並行・カイロ・ゲニザ『アラム語レビ文書』ボドレイアン写本a欄8行＝4Q213b一4）

内容

ヤコブと二人の息子のレビとユダが、ベテルから、ヤコブの両親イサクとリベカを訪問する場面。ヨベ三一4–32を参照。また、ヤコブが誓願（創二八20–22）通りに十分の一を捧げる記述は、ヨベ三二2にある。十二遺・レビ遺九1–4を参照。

1 ［私の父、ヤ］コブが十分の一を捧げていた(1)［……………］2［……………］

保存状態

2行が残されているが、第2行目は一文字だけしか読み取れない。

断片五

内容

イサクの人名は、カイロ・ゲニザの「アラム語のレビ文書」では、ヤコブと彼の二人の息子たちがイサクを訪問する場面に三回出てくる。それらの内のどれかを断定することはできない。

1 ［……………］イサク［……………］

保存状態

2行からなり、1行目は人名「イサク」だけが読み取れる。2行目は判読不能。

断片六

1行のみが残されている。接続詞と副詞からなるこの句だけでは、文脈の特定は不能。

断片七

内容

断片一の続きで、レビが父ヤコブを訪問する途上で見た幻視の一部と考えられる（Greenfield et al. を参照）。したがって、ここでの二人称単数の「お前」は、レビを指す。

第ｉ欄

1 [..................]ある女性の許へ[..................]

2 [..........]お前は[......]と一緒に支配する[..................]

3 [..........]彼は[......]しようとした[..................]

（1）「[私の父、ヤ]コブが十分の一を捧げていた」（*’by y‘]qb m‘śr]*）。語順や構文は多少違うが、二つの並行記事によって、再構成が可能になっている。

第ii欄

3行とも解読不能。

保存状態

共に3行の二欄からなる。

断片八

内容

シケムでの出来事（創三四章。現存のカイロ・ゲニザ『アラム語レビ文書』はこの出来事から始まっている）で、ディナの兄のシメオンとレビが、シケムを襲った後始末の場面（創三四25以下）と考えられている（Greenfield et al. を参照）。

1 ［……］そして平安。（余白）そして、私は［……………］

2 ［……］平安、そしてすべての人［…………］

3 ［……］私は［……］へ［………］

保存状態

4行からなる断片。

断片九

内容

文脈不詳。

[1]〔……莫〕大な〔異〕なった(?)〔…………〕

[2]〔……〕彼らは〔……〕だった〔…………〕

[3]〔……〕私に〔……〕まで〔……〕

保存状態

4行からなる断片。

断片一〇、一一

2行からなる断片。文脈不詳。

断片一二

[1]〔……〕呪いのために(1)〔……〕

(1) 別訳「ロトのために」。

保存状態

1行からなる断片。

断片一三―一五

判読不能。

断片一六

1 [……………]それは　永[遠に……………]

保存状態

1行からなる断片。

断片一七、一八

判読不能。

断片一九

1 [……………ヤ]コブ[……………]

保存状態

1行からなる断片。

断片二〇、二一

判読不能。

断片二二

1 [……] 指導者[たち……]

2 [……] 彼らは[……]だった[……]

保存状態

2行からなる断片。

断片二三―二五

判読不能。

断片二六

内容

レビの幻視の一部と想定される。断片七の続きで、断片三が後続する(Greenfield et al. に拠る)。

1 [……]の大地[……]

保存状態

1行からなる断片。

断片二七、二八

それぞれ、1行からなる断片。文脈不詳。

断片二九

1 [……]私の父、[ヤコ]ブ[……]

2 (数々の)歌① [……]

保存状態

2行からなる断片。

断片三〇

2 [……]姦淫のためではなく[……]

3 [……]私の[……]彼に、彼は[……]を求めることを求めた[……]

保存状態

3行からなる断片。

断片三一—四四

判読不能。

断片四五（並行・カイロ・ゲニザ『アラム語レビ文書』4Q214b 一 3）

内容

カイロ・ゲニザ『アラム語レビ文書』では犠牲奉献の執行方法を教示する場面。

保存状態

2行からなる断片。

2 […………塩] を振りかけられた [部分を……] その頭(2) […………]

(1) あるいは「塀」。
(2) 祭壇に血を振りかけた後、手足を洗い、まず塩を振りかけられた部分の内の「頭」を最初に燃やす指示となっている。

断片四七―四九

判読不能。

断片五〇

1 [……] 彼は祝福した[1] [……]

保存状態

1行からなる断片。

断片五一

1 [……] その戦争から [……]

保存状態

2行からなる断片。

断片五二

1 [……] 私の主（人）[……]

保存状態

2行からなる断片。

断片五三

1 [……………]そ]の時[……………]

2 [……………]の泉[……………]

保存状態

2行からなる断片。

断片五四—五六

判読不能。

断片五七

1 [……………]の日々のために[……………]

2 [……………]彼は愛していた[……………]

---

(1) 別訳「彼の息子」。

保存状態
2行からなる断片。

断片五八
1 [……………イ]スラエル[……………]

保存状態
1行からなる断片。

断片五九―六〇
判読不能。

4Qレビの遺訓a（4Q213）（並行・カイロ・ゲニザ『アラム語レビ文書』ケンブリッジ写本e欄82-95行）

断片一第i欄
内容
レビが彼の息子たちと、息子たちの息子たちに知恵を授ける場面。

[1][…………]（余白）[2][…………]その[年]に、彼は死んだ。(1) [3][…………]彼らに(2) [4][…………]私の息子たちに(3) [5][…………]私はお前たちに(4) [6][…………]お前たちの行いのすべての(5) [7][…………]正義と真理を(6) [8][…………祝]福された [7][……](7)。[8]善行を播《ま》く者は豊かな（果報）をもたらす(8)。[9][…………]（余白）さて、書物と戒律と知恵(9) [10][…………]永遠の名誉に(10)。知恵を学ぶ者は名誉（を得るだろう）(11)。[11][…………侮]蔑と

（1）「その［年］に、彼は死んだ」。『アラム語レビ文書』ケンブリッジ写本e欄82行にある、レビが百十八歳の時に、兄弟のヨセフが「死んだ」という記事と並行している。

（2）ヤコブの息子たちと、彼らの子供たち（ヤコブの孫たち）を指す。ヤコブは「彼らに」、彼の最後の望み・遺言を語る（ケンブリッジ写本e欄82行）。

（3）レビが一人称で語る文脈で、彼の子供たちを指す（ケンブリッジ写本e欄83行）。

（4）レビが一人称で彼の息子たちに語りかける（ケンブリッジ写本e欄84行）。十二遺・レビ遺一三1を参照。

（5）「お前たちの行いのすべての（原則 *dyn*）」。ケンブリッジ写本e欄85行を見よ。レビによって息子たちの行為がすべて是認されている。

（6）「（お前たちが）「正義と真理」を播く（ならば）」。祝福された豊かな果報に与れるという父レビの願望が述べられている（ケンブリッジ写本e欄85-86行）。

（7）「祝福された……」。前行につながり、「祝福された収穫」となっている（ケンブリッジ写本e欄86行）。

（8）「善行を播く者は豊かな（果報）をもたらす」。ケンブリッジ写本e欄87行にほぼ並行する。

（9）「書物と戒律と知恵」（*spr wmwsr wḥkmh*）。レビが息子たちに「お前たちの息子たち（子孫）」に教えるように指示した三項目（ケンブリッジ写本e欄88行）。レビ遺一三2を参照。「書物」は、読み書きの習得が含まれる。ヨベ四17を見よ。「戒律」（*mwsr*）は律法に基づくあらゆる指示を指す。

（10）三項目の内の最後の「知恵」が「お前たちの永遠の名誉に」なるようにとされて、最も重要視されている（ケンブリッジ写本e欄88行）。

（11）ケンブリッジ写本e欄89行に並行。

吐責に引き渡される。（1）だから、私の息子たちよ、お前たち自身のために、[12][…………]知恵の[戒]律を、名誉と威厳のために[11]注視しなさい。（2）また、王たちへ、[13][…………]お前たちは知恵を学ぶことに手抜かりのないようにしなさい。（3）[14][…………]知恵をすべて[……]（4）学ぶ人は、[15][…………彼]自身、彼が何処《いずこ》の地方や領域へ赴こうとも[16][…………]その中で、彼は外国人のようではなく、また[……]でもない。（5）[17][…………彼]らはそれゆえに、彼に名誉を授けるであろう。というのは、そのすべて（の人々）が望んでいる（6）[18][…………彼の]友人たちは多数であり、彼の平安を願う人々は大勢である。（7）[19][…………]彼の知恵の言葉を聴くために（8）[20][…………]彼女[知恵]とその見事な秘宝に親しんでいる者たち（9）[21][…………強]健な[王たち]と[夥《おびただ》しい]人々（10）[…………]

保存状態

4Q213 そのものは極めて断片的で全体の文脈を把握することはできないが、カイロ・ゲニザ『アラム語レビ文書』（ケンブリッジ写本e欄82–95行）の中の並行箇所にほとんど問題なく、断片を位置づけることができる。

断片一第ii欄

内容

第i欄の続きで、レビが息子たちに知恵について教える場面。

[1]その隠された場所、そして、彼らはその門を入ることはないだろう。（11）また、[……][2]その壁を打破する方法を彼

らは見出さないだろう。［……］そして、［…………］[3]彼らはその秘宝を見ないだろう。その秘宝は［…………］[4]そして、それはまったく値の付けられない［貴重な］ものである。(12)［…………］[5]彼は知恵を探求し、その［知］恵［…………］[6]彼はそれを彼から隠す(13)［…………］[7]そして、欠けてはいない。［…………］[8]そして、真理［…………］(14)[9]への［知］恵［…………］[10-13]（欠損）(15)[14]彼は知る［…………］[15-16]（欠損）[17]［…………］となる

(1) 知恵を軽視する者への警告。ケンブリッジ写本e欄89行では「叱責」が欠落している。

(2)「私の息子たち」へのレビの訓示。ケンブリッジ写本e欄90行と一部、ケンブリッジ写本f欄4行と並行。直後の「また、王たちへ」が、この訓示の文脈に入るのか、次の文へとつながっているのかは不明。

(3) ケンブリッジ写本e欄90行に並行。

(4) この写本では欠損しているが、ケンブリッジ写本e欄91行に従えば、「すべての日々」となる。

(5) 15-16行は、多少の欠損を伴っているが、どこへ行こうとも良い結果がもたらされることの保証が記述されている。ケンブリッジ写本e欄91行に並行。16行目に欠損している部分は、ケンブリッジ写本f欄9-10行に拠れば、「また、混血者の様でもない」（傍点部）となる。

(6)「そのすべて（の人々）が望んでいる」のは、「彼から知恵を学ぶこと」であることが、ケンブリッジ写本e欄91行から判明する。

(7) ケンブリッジ写本e欄92行に並行。

(8) ケンブリッジ写本e欄93行に並行。

(9)「彼女［知恵］とその見事な秘宝に親しんでいる者たち」の内、「彼女［知恵］と」は、ケンブリッジ写本e欄94行には欠落している。

(10)［ ］内は、ケンブリッジ写本e欄95行による補い。

(11) ケンブリッジ写本f欄96行の文脈では、仮に強大な王たちが攻め上ってきて、その地のあらゆる財貨を強奪しようとも、知恵の「隠された場所」を見出すこともなく、知恵を守る「門を入ることはない」とされている。

(12) ここまでが、ケンブリッジ写本f欄96行に並行している。

(13) あるいは「彼女」。

(14) 5-8行目は、ケンブリッジ写本f欄97行に並行しているが、両方とも欠損が多く、これ以上の読み込みはできない。

(15) 10-19行は、レビが息子たちに知恵を授ける場面の延長と考えられるが、断片的過ぎて、カイロ・ゲニザ『アラム語レビ文書』での照応箇所の特定ができない。

だろう［……………］[18-19]（欠損）

保存状態

全19行の内、1-9行までは翻訳可能だが、10行目以下はほとんど翻訳不能。カイロ・ゲニザ『アラム語レビ文書』ケンブリッジ写本f欄に並行している。

断片二

内容

レビが息子たちに知恵を授ける場面の続きと考えられている。

[1-3]（欠損）[4]［……………］探求する者はすべて①［……………］[5]書物と戒律②[6]［……………］お前たちはそれらを受け継ぐだろう。③[7]［……………］お前たちは偉大な［……］を与えるだろう。④[8]［……………名］誉（余白）[9]［………］それらの書物の中でも[10c]首長たちや裁判官たち[11]［……………］そして、従僕たち[12]［……………］祭司たちや王たちですら[13]［……………］あなたがたの王国[14]［……………名］誉、そして、終わりがない[15]［……………］お前たちからすべての［……］までそれは過ぎ去るだろう。[16]［……………］偉大な名誉で

保存状態

欄の左辺が16行にわたって残されている。4-6行は、一応の意味が読み取れる。

断片三

内容

この断片以下断片六まで、この順序でレビの息子たちへの遺訓が続いていると考えられている。カイロ・ゲニザ『アラム語レビ文書』の未来の展望を語る場面に沿っている。

1 [……]すべての諸国民
2 [……]月と星々
3 [……]から
4 [……]月へ

保存状態

これも欄の左辺が4行だけ残されている断片。

(1) ケンブリッジ写本f欄97行に並行。共に文脈が破損している。

(2) ケンブリッジ写本f欄98行に、レビが息子たちに語る言葉として、「書物と戒律(と)知恵」が出てくる。レビ遺4Q213断片一ⅰ9と一五九頁の注(9)を見よ。

(3) ケンブリッジ写本f欄98行を見よ。

(4) 7-14行は断片的だが、ケンブリッジ写本f欄98-100行に並行。

断片四

内容

レビが息子たちに語りかける遺訓の続きで、知恵から離れれば危機が訪れることを諭している場面（カイロ・ゲニザ『アラム語レビ文書』に沿っている）。

[1]［…………］お前たちの［……］お前たちは陰鬱《いんうつ》になるだろう［…………］[2]［…………］［彼は］承諾しなかったのではないか［…………］[3]［…………］その人に落ち度があるだろう。[4]［…………］私にでも、お前たちにでもないのではないか、私の息子たちよ。というのは、彼らはそのことを知っているだろうからだ。[5]［……］真理の道をお前たちは放棄するだろう、あらゆる［……］の途《みち》から逸れて[6]［…………］お前たちは先立って行き、その中を歩むだろう。［…………］[7]［…………］その暗黒がお前たちに臨《のぞ》み、［…………］[8]［…………］さて、時に、お前たちは謙虚になるだろう。[9]（欠損）

保存状態

9行だけだが、1行が最大で三十文字分ほどの横幅がある。

断片五

[1]（欠損）
[2]［…………］お前たちの［……］、そのとき、［…………］お前たちの中に
[3]［…………］お前たちの中に［…………］すべての［……］よりも

保存状態

欄の底部の3行が残されている。

断片六

1 [……………]へ祝福がなされるとき[……………]

保存状態

1行のみの断片。

4Qレビの遺訓b（4Q213a）（並行・カイロ・ゲニザ版、アトス写本）

断片一

内容

シケムの出来事の後で、レビとシメオンの行為を巡って、兄弟間で争いがあった。その後で、レビの祈りへと続いている。この断片は、兄弟間の争いの終わりの部分から、レビの祈りへと続く場面と並行している。カイロ・ゲニザ『アラム語レビ文書』も断片的で、ギリシア語訳写本で補われている。

1-4（欠損）5［…………］これ 6［…………］私は 7［…………］私は［沐浴《もくよく》した］(1)。そして、すべて［…………］8［…………］私は天に向かって［……を］上げた(2)。9［…………］私の手の指と私の腕(3)［…………］10［…………］私は言った。私の主よ、あなたは(4)［…………］11［…………あ］なたが、あなただけが、理解しています(5)。［…………］12［…………］真理の道を(6)。遠ざけてください(7)。［…………］13［…………邪］悪な［……］(8)と姦淫を、取り除いてください。［…………］14［…………知］恵と知識と強靭《きょうじん》さ(9)［…………］15［…………］あなたの前にあなたの好意を見出す［ために…………］16［…………］あなたの前に心地よく、また善良であるところの(10)［…………］17［…………そして、］いかなる敵対者も(11)、私に支配を振るわせないように［…………］18［…………］私の上［に、］私の主よ、私をお近くに召し、あなたに［……］であるように［…………］

保存状態

断片一と断片二は、九十度、六十度、三十度の二つの三角定規を、直角部分と六十度の部分を下にして背中合わせにする。上方には三十度の角が隣り合わせになり、全体がほぼ正三角形になる。その頂点から直角部分が重なり合った線で、右側が断片一となり、左側が断片二となる。両断片の真ん中に二つの断片の綴じ代があり、羊皮紙と羊皮紙をつなぎ合わせた糸の穴が見える。右から左へ書くアラム語では、断片一の行末部分が読み取れる。5行目から最下段の18行目まで、だんだんと残存部分が広がっている。右側の欠損部分は点線で示した。

断片二

内容

レビの祈りの続きで、より完全なギリシア語写本と並行している。以下の注では欠損部分の補塡はギリシア語写本に依拠している。

[6]私の主よ、あなたは祝［福された(10)［…………］[7]正］義の胤《たね》(12) [8]［あなたの］僕《しもべ》の祈り(13)、［…………］[9]すべての

---

(1)レビが兄弟間の争いの後で、身を浄めて、祈りの準備をする場面。

(2)欠損部分は、「私の目と私の顔を」をギリシア語写本から補える。祈りの姿勢が描かれている。

(3)「私の手の指と私の腕」を天に向かって挙げる行為で、これで祈りの準備が整った。欠損部分はギリシア語写本からの補い。

(4)「私の主よ、あなたは」の後に、「あらゆる人の思いを知っておられます」という補いが、ギリシア語写本から可能。

(5)「あなたが、あなただけが、理解しています」。この前にある目的語が欠損しているが、これも、「あらゆる人の願いを知っておられます」という補いが、ギリシア語写本から可能。

(6)「真理の道を」。この目的語の前に、動詞句があり、それで補うと、全体は「あらゆる真理の道を私に授けてください」というレビの嘆願となる。

(7)二人称の命令形で、レビが神に嘆願している。この動詞の目的語「私の主よ、私から不義の精神を」が次に続いている（ギリシア語写本からの補い）。

(8)欠損部分は、ギリシア語写本からの補いで、「願望」が入る。

(9)レビが神に授与を嘆願している項目で、知恵の前に「助言」も入っている

(10)ここまでが、レビの嘆願の内、積極的意味を持つ神の好意を願い出ている部分。

(11)「敵対者」(*śtn*)。すなわち、「サタン」。

(10)「祝福された」対象は、「私の父アブラハムと私の母サラ」となっている。直前の行で、「あなたの僕ヤコブの息子」という表現が出てくるから、正確には「私の祖父」「私の祖母」とすべきだろう。

(12)「正義の胤」は単数なので、具体的にはイサクを指すだろう。

［……］のための真実の審判、①［…………］10［昔］からのあなたの僕である息子のために、②11そのとき、私は［……］し続けた③［…………］12私の父ヤコブに、④そして［……］ときに、［…………］13アベル・マインから、⑤そのとき、［………］14私は横たわり、［……］に留まった。⑥［…………］15（余白）そのとき、私は幻を示された⑦［………］16その［さまざまな］幻の中の一つの幻の中で、そして、私は天を見た［…………］17私の下で、それが天に達する高さに［…………］18私に、天の（数々の）門が、そして、一人の御使《みつか》い［…………］

保存状態

断片二の保存状態で説明した左半分が断片二となる。こちらは、5行目から最下段の18行目まで、行頭部分が残存し、上から下に向かうにつれて残存部分が増えていく。左側の欠損部分は点線で示した。

断片三―四

1（欠損）2［…………］彼は私たちに誓わせた。⑧そして、［…………］その男たち3［…………］妻、そして彼女は彼女の名前と、彼女の父の名前を汚した。⑨4［…………］と一緒に［…………］恥辱、そしてすべての5［…………］彼女の名前と、彼女の父祖たちの名前を傷つけた者［……］、そして彼女のすべての兄弟たちに恥をかかせた。6［…………］彼女の父、そして、敬虔な人の名前が彼女のすべての民の中から永遠に拭い去られることがないように7［…………］永遠に続くすべての世代のために、そして、［…………］その民の中の聖なる者たち［……］8［…………］教えのための聖なる十分の一の献げ物

保存状態

欄の途中から左端（行末）までの8行が残されている（1行目は判読不能）。断片三（右側）と断片四（左側）は中断されてはいるが、5行目と6行目は欠損なくつながっている。

断片五、六

ほとんど文脈不詳で、翻訳不能。

(13)「あなたの僕（レビ）の祈り」を神が聴いてくださるようにと嘆願している場面。「あなたの僕」の後に人名「レビ」が後続している。

---

(1) レビの後に続くすべての世代・子孫が真実の審判を行えるようにとの願いが表明されている。

(2)「息子」はレビを指す。レビを神が退けないようにという文脈となっている。

(3) 多少、文脈がはっきりしないが、沈黙して祈り続けた、あるいは祈るために沈黙し続けた、ということか。

(4) レビが父の許へ赴く場面。

(5)「アベル・マインから」(*mn ʾbl myn*)。レビが幻視を示される前に、「アベル・マインから」出立していく場面。地名「アベル・マイン」の同定問題は、ギリシア語写本とカイロ・ゲニザ『アラム語レビ文書』との間に乖離があり、そもそも同定すべき問題かどうかという問題もある。同定するとすれば、北のヘルモン山、ないしサマリア近傍のシケムが有力な候補地と言えよう（Greenfield, et al., 135-138 の議論を参照）。

(6) 文脈不詳。

(7) 以下に幻視の内容が展開されるが、その内容は推測の域を出ない。

(8)「彼は私たちに誓わせた」(*ʾšbʿn*) 文脈不詳。Greenfield et al. 108 の再構成とも異なる。両者は行末の「その男たち」(*gbryʾ*) の直前に多少の欠損があり、何文字かは共通しているが、まったく異なる文となっている。また本断片では、「彼は私たちに誓わせた」(*ʾšbʿn*) と「その男たち」(*gbryʾ*) との間の再構成がなされていない。

(9) 3行目から8行目までは、本断片と Greenfield et al. 108 の再構成とほぼ一致している。Bauckham et al. 135 は、「レビの（第二の？）幻視」という見出しを付けているが、文脈不詳としか言いようがない。

4Qレビの遺訓c（4Q213b）（並行・カイロ・ゲニザ『アラム語レビ文書』1Q21 四1）

内容

レビが幻視を見たことと、祭司職に選抜されたことが断片的に記述されている。

[1]［……………］わたしはあらゆる肉なる者よりも、どんなにお前の方が良いと思ったことか(1) [2]［……………］私は、私の眠りより目覚めた。(2) そのとき、[3]［…………］これもまた、私の心の中に、そして誰一人、［……］ではなかった。(3) [4]［…………］私の父、ヤコブが十分の一を献げていたとき、[5]［…………］そして、彼は彼の息子たち（の中から）私を［……］にした[6]［…………永遠の］神［へ…………］(4)

保存状態

6行が残されている。前後左右がなく、欄のどの位置にあるかは不明。

4Qレビの遺訓d（4Q214）

断片一

この断片は、8行からなるが、左右が失われ、最大四文字が3行ほど残されているだけで、残りの行も一文字ないし二文字の痕跡だけである。翻訳不能。

断片二（並行・カイロ・ゲニザ『アラム語レビ文書』4Q214b 二―三8）

[1]（欠損）[2]〔…………か〕ら、お前の足〔…………〕[3]〔…………塩を振りかけ〕られた〔……〕頭を最〔初に……〕⑸ [4]その〔……〕そして、見られないように⑹〔…………〕[5]〔…………〕その〔首〕、そしてそれらの後に、その前軀《ぜんく》〔…………〕[6]〔…………〕それらの〔後に、〕その大腿部と〔……〕の脊椎⑺〔…………〕[7]〔…………〕内臓と一緒に洗浄〔され、〕そして、それらすべてが〔…………〕[8]〔…………彼ら〕に、それらは適切である。（余白）そして、〔…の後〕で〔…………〕[9]〔…………そして、〕すべての後で、葡萄酒〔…………〕[10]〔…………そ〕して、あなたの行為が慣例に従ったものであるように⑻

（1）レビの幻視の一場面。したがって、ここでの「わたし」は、神か。カイロ・ゲニザ『アラム語レビ文書』では、「私たち」となっていて、七人（の御使いたち）が、この後でレビから離れて行く記事が続くので、そこでの「私たち」は御使いたちであろう。

（2）当該断片にはないが、七人の御使いたちが去った後で、レビが目覚めた場面。

（3）当該断片は欠損が多いが、カイロ・ゲニザ『アラム語レビ文書』に拠れば、レビが自分の見た幻視を隠して、誰にも開示しなかった記述と想定できる。

（4）ここではレビが祭司職に選抜されたことが記述されている。

（5）カイロ・ゲニザ『アラム語レビ文書』に並行する祭儀執行の指示。

（6）脂肪で犠牲の雄牛を覆い、その血が見えないように指示している場面（カイロ・ゲニザ『アラム語レビ文書』に拠る）。

（7）犠牲奉献の際に、どの部位から燃やすかの細かい規定が書かれている。

（8）犠牲奉献が神によって宥めの香りとして受容されるように適切な手順が守られなければならない。

保存状態

両端が欠損している10行からなる断片。最下段の下に空白があり、これがその欄の最終行であることが判る。

断片三

内容

カイロ・ゲニザ『アラム語レビ文書』から、シケムの出来事（創三四章）と関係していると考えられる。

1 ［…………］見よ、威厳から、［…………］

2 ［…………］私は、あなたがたが私に言うだろう［…………］

3 ［…………］女たちより、彼らはもっと威厳がある［…………］

4 （欠損）

保存状態

欄の右端（行頭）部分が4行分残されている。それらの上下部分は喪失。

断片四

4行が残されている断片。翻訳不能。

断片五

左上から右下に斜めに切断された細い断片で、7行からなる。どの行も数文字が読み取れるほどの短さである。文脈の特定も不可能で翻訳不能。

4Qレビの遺訓e（4Q214a）（並行・カイロ・ゲニザ『アラム語レビ文書』）

断片一（並行・4Q214b 二―三5―6）

内容

祭儀奉献の詳細な規定が指示されている場面。

1 ［……………］これらは［……………］
2 ［……………］祭壇の上に(1)（余白）そして［……………］
3 （欠損）

（1）燃やすのに適した木材が列挙された後に、「祭壇の上に」ある焼き尽くす献げ物の下に、これらの木材が置かれるように指示されている。

保存状態

3行からなる小さな断片。右側に空白があり、欄の右端部分だということが判る。

断片二―三第i欄（並行・カイロ・ゲニザ『アラム語レビ文書』）

1 [……………]した時(1)
2 [……………]彼の上に
3 [……………]第七(2)番目の
4 [……………その息]女[……]そして、私は名づけた(3)[……………]
5 [……………]その年に
6 [……………第]七
7 （欠損）

保存状態

7行からなる小さな断片で、真ん中に欄と欄との空白があり、右側が第i欄の行末、左側が第ii欄の行頭となっている。

断片二―三第ii欄

内容

知恵は、武力によっては強奪できないことを述べる段落。

1 そして、その地方を[…………]
2 彼らは見出さないだろう(4)[…………]
3 彼女の良い[物…………]
4 彼から(5)[………]
5 さて、私の息子たち、書物と[戒律(6)…………]
6 私は見た[………]
7 (欠損)

保存状態

上記の第i欄の項目を参照。行頭の7行が残されている。

(1) レビの子供たちが次々に生まれたことを記述している場面で、三男のメラリが生まれた「時」に当たる。
(2) あるいは「四番目」。
(3) 生まれた息女は「ヨケベド」で(民二六59を参照)、レビが六十四歳の時のこと、6行目の「第七」は、彼女の生まれた月が「第七」月だという記述が続いている。
(4) 武力で襲来してきた者たちが知恵のありかを「見出さない」という文脈。
(5) あるいは「彼女」。
(6) レビが、息子たちが「書物と戒律と知恵」を教える場面を幻視する場面か。

4Qレビの遺訓f（4Q214b）（並行・カイロ・ゲニザ『アラム語レビ文書』）

断片一

3行からなる小断片。並行箇所がなく文脈不詳で、翻訳困難。

断片二―三（並行・4Q214 二3、4Q214a 一 1-2）

内容

神殿での犠牲奉献で使用すべき十二種類の木材が列挙された後に、犠牲奉献の手順について具体的な指示が続く。

1 （欠損）

2 ［……十］二種類の木材[1]［……］

3 ［……］それは昇る。[2] そして、これらが［彼らの］名前である［……］

4 ［……］糸杉［と……］[3]［……］

5 ［……］これらは［……］ところのこれら［……］

6 ［……］これらは［……］祭壇の上に［……］

7 ［……］祭壇の両側の上に［……］そしてもう一度［……］

8 ［……塩］を振りかけられた［その］頭[4]

保存状態

二つの断片が、L字の左右を反対にした形で残存している。全部で8行からなっている。

断片四

小さな断片で、何文字かが辛うじて読める。翻訳不能。

断片五―六第i欄

1 [……木材]を、割[り[5]……]

2 [……]このように、私はアブラハムを見た[6]

3 [……]それらの一部を祭壇の上に捧げる[ために……]

4 [……そして]檜と、アーモンドの木[……]

---

(1)「十二種類の木材」だけが犠牲奉献に使用できるものとして限定されている。

(2)「それは昇る」(*slq*)。直前が欠損していて、この動詞の主語が男性か女性かは断定できないが、香り、ないし煙が天にいる神の許へと昇っていくことへの言及。

(3)「[と……]」(*wtkkh* [...])の部分は *tkkh* となっているが、同定不能。ギリシア語訳から「いちじく」(*t'nt*)も可能か。

(4)犠牲奉献の際に、分割された動物のどの部位をどの順序で祭壇の上に置くかが指示されている場面で、頭が最初である。

(5)犠牲奉献用の木材を準備すること。

(6)アブラハムが犠牲奉献に際して用意周到であったことを指す。

5 [……………月]桂樹、ミルトス、そしてアスファラトゥス材[1][……………]
6 (欠損)

保存状態

二欄にわたる断片の右側が第ⅰ欄で、欄の左端(行末)が6行だけ残されている。

断片五—六第ⅱ欄

第ⅰ欄の左側の欄で、右端に数文字が読み取れるだけである。翻訳不能。

断片七

1 [……………]あらゆる肉なる者より[2]
2 (欠損)

保存状態

2行からなる断片で、1行のみ読み取りが可能。

断片八(並行・4Q213 一ⅱ4—6)

内容

知恵が、武力では入手できないことを諭す場面。

1 [……] 一切 [……] ない(3) [……]
2 [……] それから隠された場所(4) [……]
3 (欠損)

保存状態

3行の短い断片。前後左右が欠損。

---

(1) 「アスファラトゥス」は、マメ科の植物。カイロ・ゲニザ『アラム語レビ文書』では、十二種類の樹木名が列挙されているが、同定は困難である。ギリシア語訳は十一種類が挙げられている。

(2) 「あらゆる肉なる者より」(*mn kwl bśr*)。文脈不詳だが、この表現は、イサクがレビに向かって、「お前の審判はあらゆる肉なる者より偉大である」と述べた場面に出てくる。

(3) 「一切 [……] ない」。並行する記事から、直前に否定辞 *l'* があるので、それも考慮して訳した。現存している箇所をそのまま訳せば、「……のすべてがある」となる。知恵には、あらゆる価値を超えるものが備わっていて、「金では絶対に買えない」という文脈での表現である。

(4) 武力で富は奪えても、知恵が存在する場所、すなわち「隠された場所」を発見することは不可能だということが強調されている。

《解説》

死海文書の中のアラム語の『レビの遺訓』写本は、七本発見されている。第一洞穴から一本（1Q『レビの遺訓』1Q21）、第四洞穴から六本（『4Qレビの遺訓a-f』4Q213, 4Q213a, 4Q213b, 4Q214, 4Q214a, 4Q214b）である。これらの写本の書体は、ハスモン王朝後期ないしヘロデ王朝初期（前一世紀半ば頃）のものである。また、『レビの遺訓』の原語については、ヘブライ語説を唱える研究者がいないわけではないが、大多数の研究者はアラム語であると考えている。また、その著作年代に関しては、『十二族長の遺訓』同様、前二世紀前半に書かれたと考えられている『ヨベル書』の資料として利用されていることを根拠に、前三世紀もしくは前二世紀初頭であろうと推測される。また、『ヨベル書』よりも時代がくだる『ダマスコ文書』にも、アラム語の『レビの遺訓』が引用されている。いずれにしても、アラム語の『レビの遺訓』は、最古の偽典文学作品の一つである。

『レビの遺訓』は、以前からギリシア語の『十二族長の遺訓』の中の一つとして知られていた。特にギリシアのアトス山の修道院から見つかったギリシア語写本は、他の写本よりもかなり長い付加が含まれていることも周知であった（チャールズによるギリシア語校訂本、一九〇八年）。死海文書発見より半世紀ほど前、十九世紀の八〇年代と九〇年代の二十年間に、カイロ・ゲニザからギリシア語版『レビの遺訓』と内容的に関係する二つのアラム語写本が知られるようになった。カイロ・ゲニザの写本は、九―十世紀のものであり、それらは一九〇〇年（ケンブリッジ大学所蔵のケンブリッジ写本）と一九〇七年（オックスフォード大学所蔵のボドレイアン写本）に出版された。これらのアラム語写本は、ギリシア語のアトス写本の付加部分と一致するテキストを含んでいた。そして死海文書から見つかった写本もカイロ・ゲニザの写本と重複する部分を多く含んでいた。また、カイロ・ゲニザ版にもなく、アトス写本のみから知られていた「レビの祈り」の一部が死海写本に残されていた（『4Qレビの遺訓b』断片一―二）。そのため、これらアラム語写本も当初は『レビの遺訓』と名づけられた。しかし、その後の研究の進展により、カイロ・

ゲニザと死海文書のテキストには、「遺訓」の要素がないこと、すなわち、死を前にした人物が息子たちや時には孫たちをも死の床へ招き、遺言を語る場面の記述が欠落していること、また「レビの遺訓」と呼ぶと、ギリシア語の『十二族長の遺訓』のアラム語版であるかのように誤解されてしまうことから、最近ではこれらのテキストを『アラム語レビ文書』と呼ぶようになっている。ギリシア語の『十二族長の遺訓』は、キリスト教徒による大きな改変を経ており、古代ユダヤ教文献と呼べるかどうかで議論が割れている。しかし、本訳では、写本に付された名前と文書の名前が異なることによる混乱を避けるため、死海文書版についてはあえて『レビの遺訓』という古い呼称を用いている（略記する場合には、死海文書版は「レビ遺（アラ）」、ギリシア語普及版は「レビ遺」、ギリシア語版のアトス写本は「アトス写本」、カイロ・ゲニザ版は『アラム語レビ文書』とし、必要な場合は「ボドレイアン写本」、「ケンブリッジ写本」の名称とその欄及び行番号を付記する）。

多少、錯綜した経緯は如上の通りであり、これには一千年にわたる文書の伝承過程を通して宗派・宗教により相違が生じた側面もある。しかし、死海から発見されたアラム語の『レビの遺訓』は、中世のカイロ・ゲニザの『アラム語レビ文書』より一千年以上遡るものだが、中世の写本が、概してほぼ正確に伝承されたことをも証明した。断片的ではあるが、死海文書の『レビの遺訓』を翻訳する価値は十分に認められるであろう。

アラム語の『レビの遺訓』は、『エチオピア語エノク書』『ヨベル書』、さらにクムランの宗派文書で採用されているのと同じような太陽暦を採用している。しかし、アラム語の『レビの遺訓』が宗派的性格を持っているのではなく、むしろアラム語の『レビの遺訓』は、その後に展開するクムランの宗派をも内包する前三世紀以降のユダヤ教の流れの一翼に属するものだったと考えられている。なお、本訳の底本は *DSSR I*（2014）である。

参考文献

J. R. Devila, "Aramaic Levi," in R. Bauckham, J. R. Davila and A. Panayotov, (eds.), *Old Testament Pseudepigrapha: More Noncanonical Scriptures*, vol. 1, Grand Rapids : W. B. Eerdmans, 2013, pp. 121-142.

Henryk Drawnel, *An Aramaic Wisdom Text from Qumran : A New Interpretation of the Levi Document* (Supplements to the Journal for the Study of Judaism 86), Leiden : Brill, 2004.

Jonas C. Greenfield, Michael E. Stone, and Ester Eshel (eds.), *The Aramaic Levi Document : Edition, Translation, Commentary* (Studia in Veteris Testamenti Pseudepigrapha 19), Leiden : Brill, 2004.

ナフタリ（4Q215）

上村　静　訳

内容

族長ナフタリによるその母ビルハの誕生と命名の由来、およびビルハがラケルの仕え女となった次第とナフタリの兄ダンの誕生についての物語。

断片一―三

（上端）

1 ［わが母］ビルハの父アヒヨット(1)と共に、［そして］彼女の［叔母］はリベ［カ］に乳を与えたデボラ(2)［……………］

（1）「アヒヨット」は直訳すれば「姉妹（複数）」であるが、ここでは人名。『創世記ラバティ』では「アホタイ」、ナフ遺では「ルタイ」となっている。聖書にはビルハの両親についての記述はない。

（2）リベカの乳母デボラについては、創二四59、三五8参照。

[2]彼は捕虜になったが、ラバンが（人を）遣わし彼を奪い返し、①［自分の］仕《つか》え女《め》の一人であるハンナを彼に与えた。
［彼女は身ごもって］[3]最初にジルパを［生んだ］②。そして彼③は自分が捕らえられて行った町の名にちなんで彼女の
名をジルパとした［…………］[4]そして彼女は身ごもり、わが母ビルハを生んだ。そしてハンナは彼女の名をビ
ルハと呼んだ。なぜなら、彼女が生まれたとき［…………］[5]彼女がせっかちに乳を吸ったので、彼女は「なん
てこのわが娘はせっかちなんでしょう」と言ったからである。④そして彼女は（彼女を）再びビルハと呼んだ。［…
……］
[6]（余白）
[7]さて、わが父ヤコブがその兄エサウの前から逃れてラバンのもとへと来たとき、また[8]わが母ビルハの父［……
……］とき（のことである）。ラバンはわが母の母ハンナとその二人の娘を［彼女と共に］連れて来て、［一人を
レアに、］[9]もう一人をラケルに与えた。そしてラケルが子を産まなかったとき［…………］[10]［…………］わが
父［ヤコ］ブ［…………］彼女⑤は彼にわが母ビルハを与え、そして彼女は［わが］兄ダンを生んだ。［…………］
[11]［…………］

《解説》

本文書はヘブライ語で書かれた三つの断片が残るが、それらはうまく結合できるので通し番号が打たれている。写本の年代は、前三〇—後二〇年と推測されている。本訳は、M. Stone, DJD XXII (1996) を参照しつつ、*DSSSE*を底本とした。本文書は、かつては『ナフタリの遺訓』と名づけられていたが、ギリシア語版で知られている『十二族長の遺訓』の中の『ナフタリの遺訓』（以下、ナフ遺）と区別して、今では単に『ナフタリ』（4Qナフタリ）と呼ぶ（*DSSR*）。本文書の最初の段落（1-5行）は、ナフ遺一9-12から、また十一世紀のラビ・モーセによる『創

世記ラバティ』からも知られていた。後者には本文書7－10行の並行記事もある（ナフ遺にはない）。これら三文書における諸伝承の伝達経路は不明である。

本文書では、ジルパとビルハが姉妹とされ、また彼女らの父がリベカの乳母デボラの兄弟とされている。デボラはラバンの家の者なので、その兄弟アヒヨットはラバンの親戚となる（左記注（1）参照）。したがって、ジルパとビルハも――その息子たちも――ラバンと同族の者となる。実際、ナフ遺では、ルタイ（アヒヨット）が「アブラハムの族の出」と明示されている（ラバンはアブラハムと同族〔創二四章〕）。こうして、ヤコブの十二人の子らはすべて父系（ヤコブ）も母系（ラバンの娘レアとラケル、親戚のジルパとビルハ）も同じ父祖に遡るということになる。

（1）「奪い返す」（*prq*）という動詞については、詩一三六24、哀五8参照。ここでラバンがアヒヨットを救った動機は、奴隷となった親戚を救う義務（レビ二五47-50）と考えられていたであろう（二人の親戚関係については解説参照）。

（2）ジルパとビルハが姉妹ということになっている。

（3）アヒヨットのこと。

（4）「せっかち」と訳した *mitbahelet*（逐語訳「急ぐ」）の語根 *bhl* とビルハの語根 *blh* の類似による言葉遊び。

（5）ラケルのこと。

ヨセフの遺訓……（4Q539）

上村 静 訳

内容

ヨセフ物語（創三九章）の敷衍。

断片一

1［……………］愛の［欲望において[1]……………］2［……………］メンフィス[2]は自由［にした[3]……………］3［……………］

断片二―三

1［……………］一［年の間[4]］ヤコブは［ヨセフのために］泣［いた。（余白）］2［さあ、今、聞］け、わが子らよ[5]、［あなたたちの父ヨセフの言葉を。そして、］私に［耳を］傾けよ[6]、わが愛されし者たち。［私は真実をあなたたちに言う[7]。3わが叔父[8]イシュマエ［ル］の子らが［私をエジプト人たちに売ったとき[9]、彼］、わが父ヤ［コブ］は悼《いた》み悲しんで［いた。(1) そしてメンフィスは、(2) 4 八十ミナを(3)［支払い、この］奴隷を(4)［彼女の元に連れてくるようにと宦官《かんがん》を遣わした。(5) 彼は］数種類の［シェケル金貨］で八十［支払った。(6) そして彼らは］5 彼らの［売買の価格に合意し、もし彼女が［……と］思［う］ならば［………その］使［者］は告げる(7)［………］6［見よ、わが子らよ、］この［事を、（すなわち）私が奴隷であることを］告げて、わが兄たち［に恥をかかせることのないために］どれほど私が我［慢したかを。(8)］7［…………］愛［…………］人［…………］

断片四

1［…………］滅ぼす(9) 2［…………］来た 3［…………十］八（？）［……］4［…………］彼の［勘］定の支払いは記された［……］5［…………］彼らから最初の世代 6［…………］そして祭司ペンテファ［ル（？）(10)］

（1）あるいは「彼女は［私に］愛を示した」、または「彼女は［私を］愛した」とも解せるが、基本的な意味は同じ。ここはヨセ遺一四4と同定できるかもしれない。そこでは「罪ある欲望において」。

（2）ここのメンフィスの読みは不確か。メンフィスはエジプトの都市（ホセ九6、イザ一九13、エレ二16など参照。また、偽エゼ 4Q386 一ii6も見よ）。キリスト教の年代誌家の間では、ヨセフに言いよった女（ポティファルの妻〔創三九章〕）の名前と、メンフィスはヨセフの時代に建てられたとする伝承とが関係づけられている。ヨセ遺三6、一二1、一四1、一六1参照。本文書では、「メンフィス」の語で「メンフィスの女」（＝ヨセフを誘惑した女）を指しているようである。

（3）ヨセ遺一四3参照。

（4）「一年の間」、あるいは「彼の父」とも復元できる（ヘーの一文字が読めるのみ）。一年の嘆きはヨベ三四17に言及される。創三七34も参照。

（5）同様の段落の始まり方は、ヨセ遺一2、一〇1、一一1、一七1、一八1、一九1、11に現れる。

(6)「聞け、……耳を傾けよ」という始まり方は、ヨセ遺一2、『アラム語レビ文書』ケンブリッジ写本e欄7-10行参照。

(7)この部分の復元は、『アラム語レビ文書』ケンブリッジ写本e欄9-10行に基づく。

(8)正確にはイシュマエルはヨセフの大叔父。

(9)この部分の復元は、ヨセ遺一五4-7に基づく。創三七28参照。

---

(1)この部分の復元は、ヨセ遺一五1-3に基づく。

(2)本文書断片一第2行、前頁注(2)参照。

(3)「八十」は二ミナの合計金額を想定している。ヨセ遺一六4-5には、メンフィスが二ミナ要求されても支払うよう宦官に命令し、宦官は八十枚の金を渡したとある。

(4)ヨセフのこと。

(5)「メンフィスは……遣わした」の復元は、ヨセ遺一六1-4に基づく。

(6)この文の復元は、ヨセ遺一六5に基づく。

(7)この行はヨセ遺一六5と同じ内容を扱っている可能性がある。そこでは、宦官は八十枚の金を払ったのだが、メンフィスには百枚渡したと報告した、とある。

(8)この行の復元は、ヨセ遺一七1に基づく。

(9)「滅ぼす」(*mwbd*)。男性単数分詞形。「滅びる」「失う」とも訳せる。

(10)「ペンテファル」(*pntfr*)は、創三七36、三九1のポティファル(*pwtyfr*)の別綴り。ポティファルは、七十人訳ギリシア語聖書では「ペテフレー」(*petephrē*)(創三七36、三九1)と、またヨセ遺では「ペンテフレー」(*pentephrē*)(一二1、一三1、3-5、一五6)とギリシア語表記されている。創三七36、三九1によると、ポティファルは「ファラオの廷臣で侍従長」とされているが、ヘブライ語の原意からは「ファラオの宦官で屠殺長(料理長)」と解することも可能。七十人訳は「ファラオの宦官で屠殺長(料理長)」と訳し、ヨセ遺二1でも「ファラオの屠殺長」と、またヨベ三四11でも「ファラオの宦官で料理長」とされている。他方、創四一45、50によるとヨセフの妻アセナトは、「オン(=ヘリオポリス)の祭司ポティ・フェラアの娘」とされる。このポティ・フェラアと前出のポティファルは、偽典の『ヨセフとアセナテ』(四14)やヨセフス『ユダヤ古代誌』(二91)、フィロン『ヨセフについて』(121)では区別されているが、同一視されることもあった。ヨベ四〇10はアセナトの父を「ヘリオポリスの祭司で料理長」としている。ヨセ遺三7に「(メンフィスには)男の子がいない」と記されているのも、おそらくこの同定による。本文書の「祭司ペンテファ[ル]」という表現は、この二人を同一視する伝承に基づいているように見える。

断片五

1［……………］2［……………］彼の口［の言葉に］人の霊は捕らえられ［……………］3［……………］彼女の(1)よさは固着し、支配するだろう(2)［……………］

《解説》

本文書はアラム語の五つの断片が残る。写本の年代は、おおよそ前八〇―五〇年と考えられる。底本は、E. Puech, DJD XXXI (2001)。最初の三つの断片は、ミリクによってギリシア語で知られる『十二族長の遺訓』の『ヨセフの遺訓』一四―一七章と同定され、それゆえ『(アラム語) ヨセフの遺訓』と名づけられている。断片二―三の欠損部分もギリシア語版に基づいて大幅に復元されている。但し、ギリシア語版の『十二族長の遺訓』の現在のテキストは、ユダヤ教に由来するアラム語（ないしヘブライ語）版の単なる翻訳ではなく、そうした資料を利用したキリスト教徒による作品であり、本文書を単純にギリシア語版『ヨセフの遺訓』のアラム語オリジナルとすることはできない。したがって、欠損部分の復元も確かなものではない。残りの二断片には、ギリシア語『ヨセフの遺訓』との正確な並行箇所はないが、断片四に「ペンテファ［ル］？」（聖書ではポティファル）の名が現れるので、それがヨセフ物語の一部であることは確かであろう。

（1）あるいは「その」（女性名詞を指す）。
（2）*DSSR* は「あなた／彼女は着き、支配するだろう。幸いだ、彼女は［……………］」と訳す。

族長たちについて……………（4Q464）

上村　静　訳

4Q族長たちについて（4Q464）

内容

『創世記』の族長物語の要約的説明と、その終末論的解釈の提示。

断片一

1 ［……テラハの］子[1]アブラハム[2]によって［……］ 2 ［……］ハランにおいて[3]［……］

断片二

（上端？）

1 ［……］なぜなら、もし［……］ 2 ［……］舌[4]、彼は[5]［……］ 3 ［……］と共に[6]［……

……」

断片三第i欄

[1]「…………」[2]「…………」[3]「…………」奴隷①[4]「…………」一において②「…………」[5]「…………」あなたは混乱させた③[6]「…………」アブラハ〔ラ〕ム④に[7]「…………」永遠に、なぜなら彼⑤は[8]「…………」聖なる舌⑥を「彼は読」んだ⑦[9]「…………わたしは」諸々の民について清い唇に「変える」⑧[10]「…………」（余白）

[11]「…………」

断片三第ii欄

[1]「…………」[2]裁き「…………」そして⑨「…………」[3]かれがアブラハ「ム」に言ったように、「「あなたはよく知っておきなさい。あなたの胤《たね》は彼らのものではない地で寄留者《きりゅうしゃ》となる。」[4]そして彼らは彼らを奴隷とし、「彼らを四百年間」抑圧する」⑩。「…………」[5]そして彼は「彼の父祖たち」と共に眠りにつく⑪「…………」[6]「……………」[7]「…………につ」いての解釈⑫「…………」[8-10]「…………」

断片四

[1]「…………」[2]「…………」[3]「…………」八十歳⑬「…………」

（1）創一二27、31参照。あるいは「「七十五」歳の」とも復元できる（創一二4参照）。

(2)『創世記』では一七5まで「アブラム」の名で呼ばれているが、本文書では一貫して「アブラハム」の名が用いられている。
(3) 創二32、二5参照。
(4) あるいは「言語」。本文書三i8参照。
(5) あるいは、直前の「舌」（言語）を受けて、「それは」。
(6) あるいは「民」。

---

(1) あるいは「彼は仕えた」。
(2) 数字の「一」（エハド）が読めるだけなので、「一人」なのか日付けにかかわるのか不明。「において」と訳した前置詞べはケとも読め、その場合は「一つになって」と訳せる。
(3) おそらくバベルの塔物語（創一一章）と関係している。創一一7、9、戦い1QM X 14参照。
(4) 写字生は「アブラハム」と書いてから行間に「ラ」を書き加えた。その理由は不明。
(5) あるいは「それ」（男性単数形）。
(6)「聖なる言語」、すなわちヘブライ語のこと。バベルの塔物語の冒頭で世界が話していた「一つの言語」は、天地創造の際に用いられた「聖なる舌」であったとする伝承がある。『創世記ラッバー』一八4（Theodor-Albeck, 164–165）参照。
(7) ヨベ一二26–27によると、バベルの塔崩壊以来用いられなくなっていたヘブライ語をアブラハムは学んだという。ヨベ三28によると、この原初の世界共通語はエデンの園からアダムが追い出されるまでは、すべての被造物（鳥、陸上動物等を含む）が話していたとされる。
(8) ゼファ三9の引用。ユダ遺二五3によると終末後の世界は「一つの言語」を話すようになるという。ミドラッシュ『タンフーマ』ノア篇一九（Buber, 50）は、バベルの塔以前に話されていた「一つの言語」が、天地創造の時の「聖なる舌」（ヘブライ語）であり、この世では被造物はその悪意ゆえに分裂して七十の言語に分かれているが、来るべき世では一つとなって神に仕えるとして、ゼファ三9を引用している。すなわち、ヘブライ語は原初の「聖なる舌」であり、終末時にすべての諸民族が用いるようになることが期待されている言語でもあるのだが、その根拠としてゼファ三9が挙げられているということになる。
(9)「そして」に続いて、*br* の文字が読める。*br[ks]*「財産」（創一五14）、あるいは *br[kh]*「彼は祝福する」などと復元可能。
(10) 創一五13の引用。
(11) 創一五15、ヨベ二三1参照。
(12)「解釈」と訳した語はペシェル。
(13) あるいは「八十年間」。八十歳／年という数字については、アブラハムにイシュマエルが生まれたとき、彼は八十六歳だったこと（創一六16）、あるいは、イサクの生涯は百八十年だったこと（創三五28）などが思い合わされる。

断片五第ii欄

[1]そして[……]外[……](1)そして[…………][2]そしてかれは水を置いた(2)[…………][3]そこにある。そして[……]の水は断たれ(3)[…………][4]地を断ち滅ぼすこと、(4)なぜなら[彼らの]道(5)[…………][5]それらは開き、(6)[そして……]なかった(7)[…………]

断片六(8)

[1][…………][2][…………]彼の手、そして[……]ない[…………][3][…………]あなたの手を少年に[……(9)]。また[彼に何もしてはならな]い。(10)[…………][4][…………]彼はそれを全焼《ぜんしょう》の供犠《くぎ》にした(11)[…………]

[5][…………]

断片七

(上端)

[1][…………]彼ら(12)は十五[歳]だった(13)[…………][2][…………ベエル・]シェバ[から]ハランへと行くこと、(14)そして[…………][3][…………]かれは彼に[地]を与えると言った(15)[…………][4][…………](余白)

[5][……ヤ]コブはエ[サウ]に[…………][6][…………]百頭の羊を連れてくること[…………][7][……]年(16)、ヤコ[ブ……][8][…………]シケ[ム]の娘たち(17)[…………][9][…………]

断片八

[1][…………]ヤコブ[…………][2][…………]年々[…………]

断片九

1［……………］2［……………］ベテル(18)［……………］

断片一〇

1［……………］2［……………］彼らは彼を売った(19)［……………］3［……………］（余白）4［……………］

(1) 第1行前半は、「そして［かれは］外［から閉じた］」と復元できるかもしれない。LXX創七16、ヨベ五23参照。
(2) 神が洪水を起こしたこと。
(3) 創八2参照。
(4) 創六13参照。
(5) 創六12、ヨベ五19参照。
(6) ヨベ五29参照。
(7) 第5行後半は、「［そしてかれは滅ぼさ］なかった」と復元できるかもしれない。
(8) 本断片は「イサク献供」物語（創二二章）とかかわっていると思われる。
(9) 欠損部は「［伸ばしてはならない］」と復元できる。創二二12参照。
(10) 創二二12に基づく復元。
(11) 創二二13参照。
(12) ヤコブとエサウ。
(13) アブラハムは百歳でイサクをもうけ（創二一5）、イサクは六十歳でエサウとヤコブの双子をもうけ（創二五26）、アブラハムの生涯は百七十五年であった（創二五7）から、アブラハムが死んだとき、ヤコブとエサウは十五歳であった。
(14) 創二八10、ヨベ1Q17一2参照。
(15) 創二八13参照。
(16) あるいは「歳」。
(17) 創三四章参照。あるいは「［ラバンには］娘たち［がいた。その姉の］名［はレア］であった」とも復元できる（創二九16参照）。
(18) 創一二8、一三3、二八19、三一13、三五1、3、6、7、15、16参照。
(19) 創三七27、36、四五4-5参照。

《解説》

『族長たちについて』（4Q464）は、ヘブライ語で書かれた十一の小断片が残る。写本の年代は、前一世紀後半から後一世紀半ばと考えられる。本訳の底本は、DJD XIX（1995）だが、プリンストン版（6B, 2002）も参照した。

本文書には、アブラハムとヤコブの名が現れ、またバベルの塔物語、ノアの洪水物語、ヨセフ物語を暗示するいくつかの言葉が残されている。族長たちについての各物語は、聖書のそれを短く要約したものとなっており、それに著者による説明ないし解釈が続いている。バベルの塔物語の説明（断片三第i欄）では、その言語の混乱とその後のアブラハムによる「聖なる舌」（ヘブライ語）の学習、そして終末時における全人類の言語の統一が物語られている。また、聖書を引用した後に、「解釈」（ペシェル）というクムラン文書に好まれる言葉を用いてなんらかの解釈を提示してもいる。こうした特徴は、『創世時代』（4Q180-181）および『創世記注解』（4Q252–254）に類似している。しかし、その他の文書から知られる聖書解釈（ペシェル）とも偽典等から知られる「聖書の再話」とも異なるところも少なくないため、DJD の校訂者である Eshel と Stone は、「族長たちについての説明」（Exposition on the Patriarchs）と名づけている。

ケハトの遺訓（4Q542）

守屋彰夫 訳

断片一第i欄

内容

族長ヤコブの息子のレビ、そしてその長子のケハトが、その息子たちに、殊に長子のアムラムに、遺訓として祭司族としての伝統保持の重要性を語っている。後半では、祭司族の聖潔と理想が高らかに謳われている。

（上端余白）

0［お前たちが……］1と、神々の神の0［祝福を］1無窮永遠に。0［拝領するように］(1)。そして、かれが、かれの光をお前たちの上に照り輝かせるように。そして、かれが、かれの偉大な名前をお前たちに告げ知らせるように。2そ

（1）1行目冒頭は、「そして、神々の神［……］無窮永遠に」となっている。これから前行の続きであることが判明する。そこで、可能な推読として、［ ］内を0行として *DSSR* の編集者が補ったもの。

うすれば、お前たちはかれを知るようになるだろう。〔そうすれば、お前たちはかれを知るようになるだろう。(1)〕というのは、かれは永遠の神であり、かれはあらゆる被造物の主であり、[3]あらゆるものの[2]支配者であるからであり、[3]かれは自分が望む通りにそれらを扱うであろう。(2)そして、かれがお前たちに愉悦を、お前たちの息子たちに歓喜をもたらすように。[4]真理の[3]世々《よよ》に[4]永遠に。(3)さて、私の息子たちよ、お前たちに委託されている相続財(4)については十分な配慮をしなさい。[5]それは、お前たちの父祖たちが、お前たちに遺贈したものである。また、お前たちは、お前たちの相続財を外国人たちに譲り渡してはならないし、お前たちへの遺産を[6]混血者たちに(5)[5](割譲《かつじょう》してはならない(6))。[6](もし、そうしたならば、)お前たちは、彼らの目に卑賤[で]、愚かな存在となるだろう。そして、彼らはお前たちを貶《おとし》めるだろう。なぜならば、[7]彼らはお前たちの来住者であるにもかかわらず、彼らはお前たちの頭領(7)となるだろうから。お前たちは、[8]お前たちの父祖、[7]ヤコブの訓令を固守せよ。[8]さらに、アブラハムの識見と、レビと私の善行とに固着せよ。また、[9]あらゆる混交から離れて[8]神聖を保ち至純であれ。真理に固着し、誠実に歩み、二心《ふたごころ》ではなく、[10]純粋な心で、また誠実で善良な精神で。そうすればお前たちは、お前たちの間で私に名声を、愉悦を[11]レビに、ヤコブに歓喜を、イサクに法悦を、アブラハムに賞讃を[10]与えることになる。[11]なぜならば、[12]お前たちの父祖たちが、お前たちに遺《のこ》した相続財を、[11]お前たちは保持し、[12]継承してきたからである。すなわち、真理、善行、誠実、[13]完全、純粋、神聖、祭司職を、私がお前たちに命じたことすべてに従い、〔………

……〕ことすべてに従い

(下端余白)

保存状態

二欄からなる比較的大きな羊皮紙の右欄が第i欄であり、羊皮紙の全体は上端と下端、および右端と第

ii欄の左端に余白があり、ほぼ完全であるが、第i欄に関しては、下端の二箇所に部分的な欠損がある他に、左側の下方に数箇所ほど小さな穴があり、何文字かが失われている。

断片一第ii欄

内容

ケハトが、彼の長子アムラムと、アムラムの息子たちへ語る遺言。アムラムの名前は一度言及されるが、

（1）〔そうすれば、お前たちは彼を知るようになるだろう〕（*wtndʿwnh*）が二度書きされた後で抹消されている。この二度目の部分の羊皮紙が撚れているが、Puech は確信をもって再現している。二度書きを意図的なものだとして、強調と理解することも可能か。その場合には、単純に字義通りに二度繰り返して訳すか、一つにまとめて、「そうすれば、お前たちは彼を本当に知るようになるだろう」のような訳も可能だろう（傍点部は訳者が強調のために付した）。

（2）ここまでは、神の被造世界の支配者である属性が挙げられている。

（3）ケハトが、息子たちとその後に続くすべての世代へ神の「愉悦」と「歓喜」がもたらされるようにと祈願している。

（4）「相続財」（*yrwtt*）と訳した語はヘブライ語の *yr(w)šh* に相当する。この語は、元来は征服地を指すが、12行以下では、土地や物に限定されず、先祖伝来の文化的・民族的継承財をも含めて言われているので、「相続財」という訳語にした。

（5）「混血者たち」（*kylʾyn*）は、5行目の「外国人たち」（*nkrʾyn*）と並行している。これらの両語が並行して出てくる箇所は、カイロ・ゲニザ『アラム語レビ文書』（ケンブリッジ写本f欄9-10行）にある。

（6）前注で、「混血者たち」と「外国人たち」との並行に言及したが、5-6行の文章では、「相続財」と「遺産」、「譲り渡す」と「割譲する」もそれぞれ異なる語を使用しながら、並行関係になっており、あたかもヘブライ詩の並行法のようになっている。

（7）「頭領」（*rʾšyn*）字義通りには「頭たち」で、支配者の意味となっている。

残りは「お前」という二人称単数で名指される。一方、アムラムの息子たちは、一貫して二人称複数形
で言及される。

（上端余白）

[1]私はお前たちを真理の中で鍛えた。このとき以降、そして引き続くすべての［世代に］至るまで［……］[2]すべて
の真理の言葉はお前た［ち］に実現するだろう［…………］[3]永遠の祝福はお前たちの上に留まり、そしてそれら
は［お前たちに……となるだろう……］[4]それは永遠の世代にわたって続くであろう。そして、お前たちはもはや
［……］ではないだろう。［……そして、お前たちは怖《おそ》れを抱かなくなるだろう。］[5]お前たちの苦難から、そしてお
前たちは立ち上がり［……］に審判をくだすであろう。［……］[6]そして往時《おうじ》のすべての罪人の罪を見ること［……］
[7]そして大地に、そして深淵に、そしてすべての空洞に、［……抑圧するため］[8]真理の世代に、しかしすべての邪
悪な子らは［大地から未来永劫に消え去るだろう。］[9]さて、お前に、私の子アムラムよ、［私に継承されてきた
相続財であり、それはやがてお前が、そしてお前の息子［たち］が、そして彼らの息子たちが、受領するもの（に
関して）私は命じ［る。］[10]私は［お前たちに］命じる。［私たちの父祖が書いた（1）すべての書き物を、］[11]そして彼らが
私の父レビに与え、そして私の父レビが私に［与え、それを私ケハトが、私の子のお前とお前の息子らに与え、］[12]
証拠としての私のすべての書き物を、それは［お前たちの父祖の相続財として］お前たちがそれらの十分な配慮を
すべきである。［そして、……となるだろう。］[13]お前たちがそれらをお前たちと共に携えるとき、それらはお前た
ちに大きな功績となるだろう。（余白）

（下端余白）

保存状態

二欄からなる比較的大きな羊皮紙の左欄が第ii欄であり、羊皮紙の全体は上端と下端、および右端に第i欄との間の余白がある。しかし、左端は中程から欠損している。また、数箇所に小さな穴があり、第i欄よりは保存状態が劣る。

断片二

5 [……]呼ぶ[ために]と[…………]
6 [……]彼の息子たち[…………]
7 [……]人に、そして、[…………]
8-9 (欠損)
10 [……]彼らの[上に、そして、]の上に[…………]
11 [……]闇と[闇]へ
12 [……]そして、彼らへ一条の光[…………]
13 そして、私は[……]の王子[…………]

保存状態

下端余白と下端の右端の余白が残されている断片で、そこから、左上方へ斜めに円を描く形の断片形と

---

(1) あるいは「受領した」。

なっている。

断片三

下端余白と右側に欄と欄との空間が見える。空間の右側が第i欄。第ii欄は3行分の右側（行頭）が部分的に読み取れる。断片的過ぎて、文脈不詳。

断片三第i欄

1 ［……］その根［…………］

断片三第ii欄

11 ［……］その石は重かった［…………］
12 ［そして、］彼らは［……］の後で、彼らは多くの姦淫により［追］放されるだろう［…………］
13 ［……］甚だしく［……］というのは、彼にはいかなる［……］も無かった［…………］

《解説》

ケハトはレビの二番目の息子であり、アムラム、イツハル、ヘブロン、ウジエルの父である（出六16、18、民三17、19）。

「ケハトの遺訓」と名づけられた三つの断片群がクムラン洞穴から発見されている。大きな断片一は、第i欄（羊皮紙の右側）と第ii欄（羊皮紙の左側）の二欄からなり、両方の欄とも文脈がほぼ完全に辿れる。小さな二つの断片二と断片三は、両方とも下端余白の上に数行が残されているだけである。文脈を特定することは難しいが、これらはそれぞれ異なる欄に属すると推定されるので、『ケハトの遺訓』は全体として四欄が残存していることになる。

遺訓の文学構造は、多くの場合、遺訓そのものの前後に、遺訓を語る状況、例えば死に逝く父が死の床に息子たちを集めること、そこに集められた息子たちの名前が挙げられ、遺言の完了後に、父が息を引き取るというような状況が物語形式で叙述されるのだが、『ケハトの遺訓』に関しては『レビの遺訓』と同じように、その物語部分がなく、父であるケハトが、息子たち（無名のまま）に、二人称複数形の「お前たち」で語る第ⅰ欄と、第ⅱ欄の途中までは、二人称複数形がそのまま継続するが、9行目以降は長子のアムラムの名前が言及され、アムラム一人への遺訓となっている。

『ケハトの遺訓』の内容は、祭司族としての「相続財」を、殊にこの相続財の起源を最初の族長のアブラハムまでに遡らせているのだが、それらを子々孫々まで保持し続けることを諄々《じゅんじゅん》と諭すものである。

『ケハトの遺訓』は、クムラン共同体成立以前か、成立の最初期に、祭司族の中で書かれた作品で、現存写本は前二世紀後半のものと考えられている。思想的には、真理の世代の永続と邪悪な子らの滅びが語られ、二元論的な思考が垣間見える。カイロ・ゲニザ『アラム語レビ文書』とクムランからの『レビの遺訓』、及び『アムラムの幻』と共に、『ケハトの遺訓』は、クムラン共同体での祭司族の伝統と教訓の保持を主張する一連の作品群の一つとなっている。

なお、本訳の底本は*DSSR I*（2014）である。

アムラムの幻……（4Q543–549）

守屋彰夫 訳

4Qアムラムの幻a

断片一a–c（＝第I欄）（並行・4Q545断片一a第i欄、4Q546断片一）

内容

レビの孫のアムラムが享年百三十六歳で死ぬ直前に、彼の息女《むすめ》ミリアムを、彼の弟のウジエルと結婚させ、祝宴を楽しんだ後で、遺言を語るために、一族を招集しようとする場面が三人称で描かれている。

（上端余白）

[1]『レビの息子［のケハト］の息子のアムラムの幻視の言葉』（1）の文書（2）の写し（3）。そこには[2]彼が彼の息子たちに語り聴かせた[1]すべてのこと[2]と、彼が百[3]三十六歳で（4）[2]死んだ日に彼が彼らに命じたすべてのこと[1]が含まれている。それが、彼の享年で、[4]イスラエルがエジプトに滞在してから[3]百[4]五十二年目に当たる。その時が彼に訪れたとき、

[5]彼は人を遣《つか》わし、彼の弟のウジエル(1)を呼び出し、[6]彼の息女《むすめ》で三十歳のミリアム(2)を彼に妻として[5]与えた。[6]そして、彼は[7]七日間の[6]祝宴(3)を催した。[7]そして、彼はその祝宴で食べ、飲み、［楽しんだ］。それから、[8]その宴会の日々が過ぎたとき、彼は人を遣わし、[9]彼の息子で二十歳になろうとしていた[8]アロンを呼び出し(4)、[9]彼に言った。「私の息子よ、私のために[10]使者たちを、お前たちの一族の者たちを［……の］家から呼び出せ」。

保存状態

Puech, DJD XXXI, p. 292 の再構成に従い、4Q543（4QVisions of Amrama ar）と並行する 4Q545 断片一a第i欄とを合わせ、ごくわずかな部分を 4Q546 断片一で補って全体を再構成してある。三つの断片箇所を個別に翻訳で提示することはあまりに煩瑣になるので断念した（但し、Puech は上記の三つの断片を順に、線のない部分、下線、上部破線で示している）。それぞれの断片が適切に位置づけられているので、翻訳からはかなりしっかりした本文が残されているように思われるかもしれないが、三つの断片をつなぎ合わせて初めて、このような本文が再構成されたことをお断りしておく。

断片二a－b（＝第Ⅱ欄）（並行・4Q545 断片一第i欄）

内容

アムラムから長男のアロンへの祭司職の委譲が遺言として与えられている場面か。

（上端余白）

[1]［…………］お前の言葉、そして、私たちは(5)お前に［…………］を与えよう。［…………］[2]［…………］永

遠に、そして私たちはお前に知恵を与えよう［…………］3［…………］お前[6]にさらに増し加えられるだろう［…………］4お前が神の選びとなるだろう。そして、神の御使《みつか》いによりお前は指名されるだろう［…………］5［…

(1) 祭司の家系のレビの息子ケハト、そのケハトの息子アムラムの三代にわたる系図は、出六16、18（ケハトはレビの次男、アムラムはケハトの長男）、民三17、19、27、二六57、58、代上五27-28、六1、3、二三6、12などを参照。アムラム自身に関しては、『ケハトの遺訓』（4Q542）の断片一第ii欄の9-11行目に、父ケハトから、実名アムラムと二人称単数の「お前」で言及され、父の遺訓の主要な受領者として登場している。なぜ、レビの家系の中でレビの孫のアムラムが重要かと言えば、出六20、民二六58b-59、代上五29、二三13にあるように、彼はアロン、モーセ、ミリアムの父だからである。モーセの出生に関する記事（出二1）では、両親が無名であったから、祭司資料の中で伝承の大幅な発展があったことが推定できよう。

(2) 「文書」（*ktb*）は、遺訓を指す。創アポV欄29行目の「ノアの言葉の文書」を参照。

(3) 「写し」（*pršgn*）。古ペルシア語からの借用語。聖書アラム語では、書簡や親書の「写し」（エズ四11、23、五6、七11）として使用されている。

(4) アムラムの享年「百三十六歳」は、出六20では、「生涯は百三十七年」となっている。

(1) 「ウジエル」（*ʿwzyʾl*）は、ケハトの四男で、長子アムラムの末弟（出六18、民三19、27、代上五28、六23、二三12、二六23）。

(2) 「ミリアム」（*mrym*）の出生（民二六59、代上五29）や、死と埋葬（民二〇1）の記事はあるが、結婚の記事は聖書にはない。ここでは、ウジエルにすれば、姪との結婚になる。

(3) 「七日間の祝宴」。聖書では、結婚式の祝宴は七日にわたる（創二九27、士一四12、15、17、18、エス一5を参照）。

(4) 遺言を語ろうとする父に代わって一族を会議に召集する役目が長男アロンに委嘱されている。

(5) 文脈が欠損しているので、この「私たち」が誰なのかの同定は難しい。使者たちの友人、あるいはアロンの先祖か？

(6) 3行目以下の「お前」は、アムラムの長男のアロンへの祭司職の委嘱かもしれない。

［…………］お前はこの土地で行うだろう。そして、厳しい審判が［…………］[6]［…………］そして、もしお前の名前が彼に、すべての［…………に］[7]［…………］永遠の世代すべて［…………］[8]［…………］お前は行うだろう［…………］[9]［…………］お前はふさわしいだろう［…………］

保存状態

断片二a‐bは、上下に並ぶ二つの断片で、上の断片二aの上端にやや狭い余白があり、下と左右には余白がない。この二つの断片の6行目までを、アム幻4Q545断片一第i欄の左側の下の部分の14‐19行で補ったもの。

断片三（＝第Ⅲ欄）（並行・4Q545断片一第ii欄、4Q546断片二、4Q544断片一）

内容

アムラムが墓を建てるためにカナンに滞在している間に、戦争が勃発したことが断片的に一人称で語られている。

[1]［…………］彼らの父祖たちの［…………］そして、私の父ケハトと［…………］は、私を離れて建てるため、そして[2]カナンの地から彼らの必要なものすべてを彼らのために調達するために、(1)［…………］私たちが建て始めるまでに、[3]ペリシテとエジプトとの間に[2]戦争が[3]勃発した。そして、［…………］が圧倒した。

保存状態

断片三そのものはわずか3行の小さな断片だが、並行記事によって補填した。

断片四（＝第Ⅳ欄）（並行・4Q544断片一、4Q547断片一—二）

1それゆえ、[…………]エジプトのカナンとペリシテとに対する戦争(2) 2このすべての期間、私の妻ヨケベドは、遠く私を離れてエジプトにいた(3)[…………] 3私の守護[…………]彼女が私と一緒にいなかったので（余白）しかし、私は他の女性を妻に 4することは 3なかった。4そして、女性たち[…………]

（下端余白）

断片五—九（＝第Ⅴ欄7—15行）（並行・4Q544断片一、4Q547断片一—二）

内容

アムラムが見た幻視の中での二人の御使いとの出会いが始まる場面が、アムラムの一人称で語られている。「彼ら」や「あなたがた」は二人の御使いを指す。

1[……]大いなる論争[……]そこで、私は彼らに尋ねた。「どうしてあなたがたは、このように私に対して権限を

（1）アムラムは、カナンの地に残って、墓建立の資材調達を、父ケハトから依頼されている。

（2）アム幻4Q544断片一（＝第Ⅱ欄）4—8行を参照。

（3）この発言から話者がアムラムであることが判る（出六20、民二六59を参照）。アムラムは父祖の墓を建設するためにカナンに滞在していた。

有するのですか」。[2]［…………］すると、彼らは私に言った。「私たちは実際に支配者であり、[3]すべての人の子らに対して権限を有するのです」。そして、彼らは私に言った。「私たちの内の誰に、お前は[4]支配されたい[3]のですか」（1）。[4]すると見よ、私が目を上げ、目を凝らすと、彼らの内の一人の様相は[5]蛇が[4]脱皮しているようであり、[5]彼の衣服全体が多彩色であり、しかも極めて暗鬱《あんうつ》だった。彼の顔色は［…………］（2）[6]（余白）私は別の一人を見た。すると見よ、［…………］[7]彼の様相に、［…………］そして、彼の顔は笑っていた。［…………］そして、彼は衣服で覆われていた。[8]［…………］大いに、そして彼の目の上に［…………］（3）[9]［…………］

保存状態

断片五は、上下左右とも破損しているが、比較的大きく、7行分が残されている。断片六―九は小さな断片群だが、断片五の周囲に位置づけられる。

断片一〇―一二

判読不能。

断片一四（＝第Ⅶ欄）（並行・4Q544断片三）

内容

アムラムと二番目の御使いとの会話が、アムラムの口を通して語られている。

[0]「［…………］そして、私は[1]すべての光の子らの指導者に任命されていたのです」（4）。そこで、私は彼に尋ねて、

彼に言った。「何と、[2]あなたは呼ばれているのですか。また、あなたの呼び名は何ですか(5)」。すると、彼は答えて私に言った。[3]「私の呼び名は三つあります(6)」。［…………］

保存状態

四方が欠損している小さな断片。

断片一五（並行・4Q546 断片六）

内容

断片的過ぎて、文脈を特定するのは困難である。

[1]あなたは、あなたの民の許へ戻りなさい。［…………］[2]［…………］彼らすべてにとって、そうすれば彼は［…………］でしょう。［…………］[3]［…………］すべての敵に抗《あらが》って。もし［…………］[4]［…………］

（1）アムラムは、二人の御使いの内から一人を、彼の支配天使として選ぶことが求められている。

（2）ここまでが最初の御使いの様相で、否定的な要素がうかがえる。

（3）二番目の御使いの様相からすれば、おそらくアムラムはこちらの御使いを守護天使として選んだであろう。断片的で、結果についての記述は欠損している。

（4）これは、二人の内の二番目の御使いで、アムラムがこの天使を選んだ、あるいは選ぼうとしていることが判明する。

（5）名前を知ることは、相手の本質を知るうえで極めて重要である。だから時に、教えないこともある（創三二30を参照）。

（6）御使いの名前を知りたいところだが、残念ながら欠損してしまっている。

保存状態

上端余白があるが、左右と下端は断裁されている4行からなる小断片。2行目の中程から左側に、欠けて小さな穴があり、一文字が欠損している。

断片一六

内容

犠牲奉献の指示と、祭司としての務めが断片的に読み取れる。

[1]［……………］一匹の雄羊(1)[2]［……………］お前は、お前の民のために行うべきである。そして喜べ。[3]［………
……］（余白）それから、これらのように[4]［……………］お前の取り分、私は、私の息子よ、[5]［……………］その王［…
……………］

保存状態

欄の途中から欄の左端まで5行分が残されている断片。

断片一七―四六

判読不能。

4Qアムラムの幻b（4Q544）

断片一（＝第Ⅱ欄）（並行・4Q543断片三―九、4Q545断片一a―b第ii欄、4Q546断片2、4Q547断片一―二）

内容

カナンの地に父祖の墓を建立する準備をしている最中に、エジプトとペリシテ・カナンとの間に戦争が勃発した。アムラムは、カナンの地に残り、彼の父と彼の妻ヨケベドはエジプトの地に留まり、四十一年間、アムラムとヨケベドの夫婦は、別れ別れに暮らすことを余儀なくされた。アムラムはヨケベドとの結婚を誠実に守り通した。途中で、中断する箇所もあるが、大筋は文脈を追える程度の損傷である。最後にアムラムが、二人の御使いと会話を交わしているところで中断している。

（上端余白）

[1]ケハトはそこに居残り、滞留し、私たちの父祖の墓を建てるために［……………］。私たちの叔父の息子たちの一部の者たちも、各[2]自、また私たちの召使たちの一部も、非常に多くの人々が一丸となって、[1]私たちと一緒に多くの人々が上《のぼ》って来た。[2]その間、死者は埋葬されるまで、（余白）私の統治の初年に、戦争に関する驚愕すべき噂があったとき、私たちの仲間はエジプトの地へ戻って行った。そして、私は彼らを埋葬するために[3]急いで[2]上って行った。[3]しかし、彼らは彼らの父祖の墓を建てることはなかった。そこで、私の父ケハトと私の妻ヨケベドは、

（1）あるいは「一人の男性」。

私が留まって（墓を）建てるために彼らが必要としているものすべてを、カナンの地から彼らに調達するようにと、私を残留させた。そこで、[4]私たちが建て始めるまで、[3]私たちはヘブロンに滞留した。（余白）そして、ペリシテとエジプトとの間に戦争があった。そして、ペリシテとカナンとがエジプトを圧倒した。[5]そして、エジプトの国境が閉鎖された。それで、私の妻ヨケベドがエジプトからカナンにやって来る可能性は[6]四十一年[5]間なかった。[6]また、私たちはエジプトへ戻ることができなかった。［…………］[7]エジプトの、カナンとペリシテとに対する[6]戦争［…………］[7]この間ずっと、私の妻ヨケベドは、私から遠く離れてエジプトの地にいた。［…………］私の守護［…………］[8]彼女は[7]私と共に[8]いなかったので［…………］（余白）しかし、私は他の女性を妻にすることはなかった。（余白）そして、女性たち［…………］[9]なぜなら、私がエジプトに平安の内に戻り、私の妻の顔を見ることがすべて［…………］私は、かつて[10]私の幻視、あの夢の幻視の中で、[9]私が見た御使いたち(1)を心に思い巡らしていた。[10]（余白）すると見よ、二人の人物が私に対して厚かましく口を挟みながら、言っていた［…………］彼の［…………］[11]そして、私に対する大いなる口論を行っていた。そこで、私は彼らに尋ねた。「あなたたちは、私に対して一体何ほどの権限を有するというのですか」。すると、彼らは私に言った。「私たちは[12]その通り、権限を有しています。また、私たちはすべての人の子らに対して権限を有しているのです」。さらに、彼らは私に言った。「私たちの内のどちらに、あなたは権限を行使されたいと願っているのですか」。すると見よ、私は、私の目を上げ、[13]彼らの内の一人を[12]私は見た。[13]彼の容貌は蛇のように脱皮しているようであり、その色彩は多彩色で極めて暗鬱であり、彼の顔貌は［…………］（余白）［…………］[14]また、私はもう一人を見た。彼の容貌は快活であり、彼の顔貌には微笑みがあり、彼は衣服で覆われていた。[15]非常に、彼の目の上には［…………］

保存状態

上端余白と右欄の余白が残された15行分が残されたかなり大きな断片。これは後記「解説」中に示した四つの主題を含む断片で、左端と下端の欠損部分を補填してまとまりのある内容となった。補填した箇所を表示せず、全体を再構成に従って訳出した。

断片二（＝第Ⅲ欄11—16行）

内容

暗黒の支配者と光明の支配者との対比が、アムラムと光明の支配者との会話を通して鮮明に描かれている。

[11]［…………］お前に対する権限［…………］[12]［…………］この見張りの者は誰ですか。彼は私に言った。「この者は［…………］と名づけられている［…………］[13]［…………］そして、マルキ・レシャ（悪の支配者）である」。（余白）そこで、私は言った。「私の主よ、その権限とは何ですか」。［…………］[14]［…………］暗黒、彼のすべての行為は暗黒であり、彼は暗黒へと導いて行く［…………］[15]［…………］お前は見る。そして、彼はあらゆる暗黒に対して権限を振るう。一方、私は［…………］[16]高みから深みへ、私はあらゆる光明とあらゆる［…………］に権限を振るう［…………］

（下端余白）

（1）あるいは「見張りの者たち」。

保存状態

下端余白の上に左右両端が欠損している6行が残存している。

断片三（＝第Ⅳ欄）（並行・4Q543断片一四、4Q546断片四）

内容

御使いとの会話の断片であろう。

（上端余白）

1 [……………]私は権限を与えられていた。そこで、私は彼に尋ねた[……………] 2 [……………]彼は答えて、私に言った。「三つの名前[……………]

保存状態

上端余白の下に2行が、左右両端が欠損した状態で残されている。

4Qアムラムの幻c（4Q545）

断片一a第i欄（＝第Ⅰ欄）（並行・4Q543断片一―二、4Q546断片一）

内容

レビの孫のアムラムが享年百三十六歳で死ぬ直前に、彼の息女《むすめ》ミリアムを、彼の弟のウジエルと結婚させ、祝宴を楽しんだ後で、遺言を語るために、一族を招集しようとする場面が三人称で描かれている。11行以下は断片的であるが、祭司となるアロンへの諭しが展開されている。

（上端余白）

[1]『レビの子、ケハトの子、アムラムの幻視の言葉の文書』の写し。そこには[2]彼が、彼の息子たちに語り聴かせた[1]すべてのこと[2]と、彼が[3]百三十六歳で[2]死んだ日に、彼が彼らに命じたすべてのこと[1]が含まれている。[3]それが彼の享年で、[4]イスラエルがエジプトに滞在してから[3]百[4]五十二[3]年目に当たる。[4]その時が彼に訪れたとき、彼は人を遣《つか》わし、[5]彼の弟のウジエルを呼び出し、彼の息女《むすめ》で[6]三十歳の[5]ミリアムを彼に[6]妻として[5]与えた。[6]そして、彼は七日間の祝宴を催した。[7]そして、彼はその祝宴で食べ、飲み、楽しんだ。それから、[8]その宴会の日々が[7]過ぎたとき、[8]彼は人を遣わし、彼の息子で[9]二十[8]歳になろうとしていたアロンを呼び出し、[9]彼に言った。「私の息子よ、私のために使者たちを、お前たちの兄弟たちを[10]私の父の[9]家から呼び出せ」。[…………]

[10]彼女への彼の奉仕に、彼は彼に呼びかけた。[11][…………]私はお前に命じる[…………][12][…………]彼の父の[…………][13][…………]から[…………][14][…………]あなたのお言葉、[15]私たちはお前に与える[…………]永遠の世代を[…………][16]そして、私たちはお前に知恵を与える[…………]それは増し加えられるだろう、[17]お前に。[…………]お前は神に選ばれた者となるだろう。そして、神の御使いと[18]お前は呼ばれるだろう。[…………]お前はこの地上で行うべきである。[…………][19]そして、厳しい審判[…………]そして、もし彼にお前の名前がすべてに[…………]

（下端余白）

保存状態

アム幻 4Q543 の断片一 a‐c （＝第Ⅰ欄） の記述を参照。

断片一 a‐b第ii欄 （＝第Ⅱ欄）（並行・4Q543 断片三、4Q544 断片一、4Q546 断片二、4Q547 断片一―二）

内容

父祖の墓を建てるために、アムラムはカナンに上《のぼ》ったが、エジプトとの間に戦争が勃発したために、アムラムはヘブロンへの滞在を余儀なくされた。

[1]［…………］すべての永遠の世代[2]［…………］お前は行うべきである［…………］[3]［…………］お前は適切に振る舞うだろう。［…………］[4-8]（欠損）[9]［…………］[10]［…………］[11]この地上で、そして私はカナンの地に留まるために上《のぼ》って行った。［…………］[12]私たちの父祖を葬るために、そして私は近くのヘブロンへ上って行った。私の父ケハトもまた、そこに上って行って、[13]留まり、住み、私たちの父祖の墓を建てようとした。［…………］そして、[14]多くの[13]人たちが私たちと一緒に、[14]私たちの叔父の息子たちの一部の者たちも各自、また[15]私たちの召使いたちの[14]一部も、[15]格別に夥しい人々が、[13]上って行った。[15]そして、遂に死者たちが葬られた。（余白）私の統治の初年に、[16]戦争に関する驚愕すべき噂が[15]あったそのとき、[16]私たちの仲間はエジプトの地へ戻って行った。そして、私は[17]急いで[16]彼らを埋葬するために上って行った。[17]しかし、彼らは彼らの父祖の墓を建てることはなかった。そして、私の父ケハトと私の妻ヨケベドは、（私が）留まって、[18]建て、彼らに彼らの必要として

いるものすべてをカナンの地から調達するようにと、[17]私を残留させた。そこで、私たちはヘブロンに滞留した。[19]その間、私たちは建てていた。そして、ペリシテとエジプトとの間に戦争があった。そして、ペリシテとカナンがエジプトを圧倒した。

保存状態

断片一aの左欄（第ii欄）行頭部分と、その右側に位置づけられる断片一bを、並行する断片群で補塡したもの。

断片二（＝第IV欄）

内容

文脈の特定不能。

1(18)［……］2(19)彼らは永遠にわたる真理の掟を布告した［……］3(20)［……］（余白）［……］

（下端余白）

保存状態

小さな断片。

断片三（＝第V欄）

内容

文脈の特定は困難。

[1][…………]²とすべて[…………]³彼は光り輝くだろう[…………]あなたは何を[…………]⁴呼ばれる[…………]

保存状態

欄の右の余白が残り、行頭の4行が読み取れる。

断片四（＝第VI欄）

内容

アムラムが二人称単数「お前」で呼びかけられている。アロンの家系が大祭司職に任命されることが預言的に展開されている。

[13][…………]私は行うだろう[…………][14]それをお前は聴]くだろう。そして、私はお前に、お前の（？）名前を告げるだろう。[…………][15]それを[…………]彼は彼へ、モーセへ、その地で書き記した。そしてさらに、彼の兄弟アロンと、大祭司職に関して[16]私はお前に彼の仕事の秘密を告げよう。すなわち、彼は至高なる神の聖なる祭司である。というのは、[17]彼の子孫は永遠の世代にわたって彼にとって聖なるものであり、神の御使いだからである。[18]かれの寵愛《ちょうあい》を受けた人々の第七代と彼は呼ばれるだろう。また、神に選ばれた者と言われるだろう。彼

は[19]永遠の祭司として選ばれるだろう［…………］（余白）［…………］

（下端余白）

保存状態

下端余白の上に7行が残されている。

断片五

判読不能。

断片六（＝第Ⅶ欄）（並行・4Q547断片三）

[1(17)]［…………］お前は導くだろう。そして、お前が輝くとき［…………］お前は[2(18)]第一から第二へ［……

…］[1(17)]ではないだろう。[2(18)]そして、第一と共に、お前は[3(19)]彼の心魂にそぐわないだろう。お前はそれら二つの間で伏して待つだろう。［…………］[4(20)]［…………］（余白）（？）［…………］

（下端余白）

断片七（＝第Ⅷ欄？）

[1]そして、[(1)]私は言った。「この中で、私は偉大だ」［…………］[2]私に対して怒り、私を恐れさせるために［……

（1）あるいは「あなた」。

……］

断片八（＝第Ⅷ欄）

1(18)彼らのための基礎［……］2(19)名誉ある言葉によって召喚されるだろう［……］3(20)［……］（余白）

（？）［……］

（下端余白）

断片九

1(13)［……］そして、さらに［……］2(14)［……］そして、精神から［……］3(15)［……］そして、すべての年月に［……］4(16)［……］彼の息子へ、彼［ら］の上に［……］5(17)［……］彼らの時が割り当てられた［……］6(18)［……］（余白）［……］7(19)［……］あなたの民[1]［……］

断片一〇

判読不能。

断片一一

1そして、アロンとアムラムの息子たち［……］

断片一二

判読不能。

4Qアムラムの幻d（4Q546）

断片一（＝第I欄）（並行・4Q543断片一、4Q545断片一第i欄）

[1]百［…………］年に
[2]第百五十二年［…………］
[3]そしてさらに、その時が彼にやって来たときに、彼は人を遣《つか》わした［…………］
[4]彼女が三十歳のとき、結婚で［…………］

断片二（＝第II欄）（並行・4Q543断片三、4Q544断片一、4Q545断片一第ii欄、4Q547断片一―二）

[1]私の統治の初年に、戦争に関する驚愕すべき噂があったとき、私たちの仲間は[2]エジプトの地へ[1]戻って行った。[2]そして、私は彼らを埋葬するために急いで上《のぼ》って行った。しかし、彼らは[3]彼らの父祖[2]の墓を建てることはなかった。[3]そして、私の父ケハトと私の妻ヨケベドは、私に留まって、建てるため、[4]彼らに彼らの必要としているものすべてをカナンの地から調達するようにと、[3]私を残留させた。

（1）あるいは「あなたと共に」。

断片三

1-2（欠損）3［…………］彼と一緒に私が見た［とき……………………］4［…………………］私の息子たちは彼と一緒に［……
………］5（欠損）

断片四（並行・4Q544 断片三）

1［………そして］彼は答えて、［私］に言った［…………］2［…………］私は権限を有する［…………］3
［…………］私は彼に尋ねて、彼に言った。「何か［…………］」4（欠損）

断片五

1［…………］彼の権限と［…………］2［…………］また、高潔な者たち［…………］3［…………］創造し
た（?）［…………］

断片六（並行・4Q543 断片一五）

1彼ら［すべてに］そして彼は［……］になるだろう［…………］2［…………］そして、それは沈むだろう［……
………］3［………すべ］てに語りかける［………］

断片七

1［………審］判の水（?）［…………］2［………彼は誓約を］宣誓す［るだろう………］3［………

…］それは適合するだろう［………］4［…………］と共に［…………］5［………その］定められた時

[……………]6[…………彼女は]泣き叫んだ[…………]

断片八

1[…………]あなたは、彼の名前を価値あるものとした[…………]2[…………]アロン、見よ[…………]
3[……モーセの手によって]彼の従者、[彼はカナンの地]に戻るだろう(1)4[…………そして、]あなたは彼を[モ
ーセ(という名前で)……]呼ぶだろう。5[……そして、私は言った。]「私の主、あな[たは……][…………]

断片九

1(欠損)2[……それは]私に啓示された、すべ[て…………]3[……そして、私は]彼の名前をモ[ーセと]呼
んだ[…………]4私は[…………]彼の後ろにいた[…………]5[……私の祈]りの嘆願の時まで[…………
…]6[……カナンの地]へ導き行き[…………]7そして、まだ[…………]

(下端余白)

断片一〇

1すべての肉なる者とエジプト[…………]2あなたがたは、ファラオの前で徴《しるし》や奇蹟(2)を行う[…………]3彼
の兄弟モーセ[…………]4義理の父(?)[…………]5-6(欠損)

(1)あるいは「彼ら」。
(2)2行目「徴や奇蹟」では、出七3「しるしや奇跡」(新共同訳)と同じ単語が使われている。

断片一一

内容

断片的だが、アムラムがアロンへ祭司職の委任を伝達している場面であろう。

1（欠損）2［…………］戻った［…………］3［…………］この杖⑴はアロンのために用意されている［……
…］4［…すべ］ての息子たちへ、彼は［…………］の後で、彼らの名前を呼んだ［…………］5［…………］
彼に［…………］彼らの手、それから、［…………］6［…………］そして、すべ［て…………］7［……
…］お前に［…………］人々を裁いた［…………］8（欠損）

保存状態

上下左右とも欠損している8行からなる縦長の断片で、文字も擦れて薄くなっている。

断片一二

1［…………］息子たち［……］永遠に［…………］2［…………］永遠、今より後、彼は［…………］の上に
犠牲奉献を行うだろう［……］3［…………］彼は平安裡にそこへと去って行った。そして、彼⑵はアロンに
忠実に従うだろう［…………］4［…………］そして、ミリアムの秘密を彼は彼らのために詳述した［…………］
5（欠損）

保存状態

上下左右とも欠損している5行からなる横長の断片。

断片一三

判読不能。

断片一四

内容

アムラムが、最初は一人の息子に、後に彼の息子たちに、彼の幻視を語り聴かせている場面。

[1]さて、私の息子よ、私[は……………][2]お前の民に、そして、お前は[……………]の後に、知るだろう[………
……][3]お前の家の入口に、彼らに対して[……………][4]さて、私の息子たちよ、[私がお前たちに命じている]こ
とに耳を傾けよ[……………]そして、[5]私が[……………]の幻視の中で見たことを[……………][6](欠損)

---

(1)「杖」(*ḥṭrʾ*) この語(規定態)は、出七7、9、10、12、19、20などで使用されているヘブライ語の「杖」(*mṭh*)の訳語として、タルグムで使用されている。

(2)この文の主語の「彼」が誰かは、文脈が壊れていて特定は難しいが、内容からすれば、アム幻 4Q549 断片二に出てくる「フル」の可能性がある。4Q549 断片二(二三七頁)注(1)を参照。

保存状態

右側に欄の空白があり、行頭から始まる6行が残存している。

4Qアムラムの幻e（4Q547）

断片一―二（=第Ⅲ欄）（並行・4Q543断片四―九、4Q544断片一、4Q545断片一a第ii欄、4Q546断片二）

内容

アムラムが一人称で語る、彼の妻ヨケベドとの戦争による別離、及び御使いたちとの邂逅と会話からなる。

第Ⅲ欄

（上端余白）

[1][……………]（余白）私の統治の初年に、戦争に関する[2]驚愕すべき[1]噂があったとき、[2]私たちの仲間はエジプトの地へ戻って行った。しかし、私は彼らを埋葬するために上《のぼ》って行った。[……………][3][……………][4][………………]そして、エジプトの国境が閉鎖された。それで、私の妻ヨケベドが[5]エジプトからカナンに[4]やって来る可能性は[5]四十一年間にわたって[4]なくなった。[5]また、私たちはエジプトへ戻ることができなかった。[…………][6]それゆえ、[……………]ではなかった。[……………]エジプトのカナンとペリシテとに対する戦争[…………]そして、この間ずっと、[7]私の妻[6]ヨケベドは、[7]私から遠く離れてエジプトの地にいた。そして、[……

……]私の守護、[…………]というのは、彼女は私と共にいなかった。そして、私は他の女性を[8]私の妻にすることはなかった。（余白）そして、カナンにはたくさんの女性がいた。なぜなら、私はエジプトに[9]平安の内に[8]戻り、[9]私の妻の顔を見ることが[8]すべて[…………][9]そして、私はかつて[10]私の頭の[9]幻視、[10]夢の幻視の中で、[9]私が見た御使いたち（1）を心に思い巡らしていた。[10]（余白）すると見よ、二人が[11]私に対して厚かましく口を[10]挟みながら、言っていた。そして、彼らは[11]私に関して大論争を[10]展開していた。[11]そこで、私は彼らに尋ねた。「あなたたちは私に対して一体何ほどの権限を有するというのか」。すると、彼らは私に言った。「私たちは、[12][…………]実際に支配者であり、すべての人の子らに対して権限を有するのです」。そして、彼らは私に言った。「私たちの内のどちらにお前は[13]権限を行使され[12]たいと願っているのですか」。[13][…………]私は、私の目を上げ、彼らの内の一人を私は見た。彼の容貌は蛇のように脱皮しているようであり、彼の衣服全体が多彩色であり、暗鬱だった。

（下端余白）

第Ⅳ欄

[1]彼の顔貌は、暗鬱だった。

保存状態

第Ⅲ欄は上記の大小さまざまな断片群からなる。アム幻 4Q547 の断片一に上端余白があり、4Q543 の断片四に下端余白があり、4Q544 の断片一に右端余白があり、4Q545 の断片一ａの第ⅱ欄と 4Q546 の

（1）あるいは「見張りの者たち」。

断片二にも下端余白がある。残念ながら左端余白を含む断片はないが、三方の余白が残されていることで、第Ⅲ欄が欠損を含みながらも、全体の再構成がある程度可能となっている。最後は第Ⅳ欄へとつながっている。各断片の区別はせず、再構成された本文を翻訳してある（詳細は Puech, DJD XXXI 379 を参照）。

断片三（並行・4Q545 断片六）

内容

断片的過ぎて、文脈が見出しにくい。

（上端余白）（?）

[1][……]お前は導くだろう。そして、お前が輝くとき[……]お前は[2]第一から第二へ[……]

[1]ではないだろう。[2]そして、第一と共に、お前は[3]彼の心魂にそぐわないだろう。お前はそれら二つの間で伏して待つだろう。[……][4]それゆえ、その応報で[……][5]その仲間、そして偉大な[……][6]その仲間は、それゆえ[……][7][……]

保存状態

7行からなる断片で、7行目はほとんど読めない。上端が少し広いので、上端余白の可能性がある。1–3行は、アム幻 4Q545 の断片六と部分的に重複している。両者を合わせて再構成したものを全体として翻訳した。

断片四第i欄、第ii欄

判読不能。

断片五

（上端余白）

1 献げ物［……］
2 あなたが、このように捧げようとする［……］
3 そして、彼の後に［……］ノア［……］
4 （欠損）

断片六

（余白）（上端）

1 彼は神聖であろう［……］
2 ［……の］上で香を焚《た》く神の前で［……］
3 神の前で、彼らは罪を赦すだろう［……］
4 永遠から永遠に［……］
5 平安に、そしてその平原（？）に流れるだろう［……］

断片七

1 [……切]望して、気をつけて[…………]
2 戻って、注ぎ出し[…………]
3 これらのもの[…………]
4-5 (欠損)

断片八

1 (欠損)
2 [……]彼の息子レビが祭壇に捧げたすべて[…………]
3 私があなたに言ったこと、石の祭壇の上に[…………]
4a [……]彼は[……]だろう[…………]
4 すべての献げ物[…………]
5 (欠損)

断片九

内容

モーセの後に、レビ族が祭司として立てられる約束が展開されてから、8行目以下では、アムラムが眠りから目覚めて、彼が見た夢の中での幻視を書き記したことが、一人称で出てくる。

（上端余白）（？）

[1]［……］[2]［……］救われた［……］[3]［……］そして、モーセは祭壇を築いた［……］[4]［……］シナイ山で［……］[5]［……］お前は、お前の大家畜を青銅の祭壇の上で犠牲に捧げなさい。[6]そして、彼の息子は世界のすべての息子たちの中から祭司として立てられるであろう。それから、[7]彼は油注がれるだろう。そして、彼の後に続く彼の息子たちは、永遠の世代にわたって、真理に[8]［……］それから、私は眠りから目覚めて、[9]私がカナンの地から下っていく前に。[8]その幻視を書物に書き記した。その天使が私に告げた通りのことが、私の身に起こった［……］[10]［……］ミリアム、そしてその後にケハトに十［……］[11]［……］年間［……］あなたは［……］だった[12]［……］（余白）

保存状態

下端余白は確実だが、上端余白は不確実。しかし、それなりの余白がある。その間に12行分が読み取れる。但し、左右の両端は欠損している。

4Qアムラムの幻f（4Q548）

断片一第i欄

断片一の左側の第ii欄の右側に欄と欄との余白を隔てて二文字の痕跡が残るのみ。判読不能。

断片二第ii欄・断片二

内容

「正義の子ら」「祝福の子ら」「真理の子ら」「光の子ら」と、「欺瞞の子ら」「暗黒の子ら」との対比が二元論的に対照され、展開されている。

[1][…………]そして、諸部族[…………][2][…………]彼らには癒しがないだろう。そして、すべての[…………]の道程で[…………][3][…………]彼らは彼らの治癒者から遠ざかるだろう[…………][4][…………]彼らは死から、また破壊から逃れられないだろう[…………][5][…………]平和がお前たちに臨《のぞ》むだろう、祝福の子らよ、また喜びの[…………][6][…………]イスラエルのすべての世代に、永遠に[7][…………]私の主の熱情が、私の中で燃え上がった。というのは、正義の子らが真理の中を歩まず、さらに[8]お前たち全員がお前たちの名前で名指しされるだろう、欺瞞《ぎまん》の子らよ、そして真理の子らでない者たちよ、[9]私はお前たちに正しい道程を告げる。私はお前たちに真理を知らせる。見よ、すべての光の子らは[10]輝くだろう。そして、すべての暗黒の子らは暗くなるだろう。見よ、光の子らは悟る(?)だろう。[11]彼らはすべての彼らの知識において正しいだろう。そして、暗黒の子らは取り除かれるだろう。[…………][12]見よ、誰でも愚かで、邪悪な者は暗く、そして誰でも賢く、真実な者は明るい。見よ、すべての光の子らは[13]光へ、そして、完全さ(甘美さ)へ、また、大審問では平安に赴くことになっている。そして、すべての暗黒の子らは暗澹《あんたん》たる死へ、[14]破滅へと赴くだろう。その日には、光明の民に光が注ぐだろう。そして、私は彼らに[…………]と告げる。[15]そして、私は告げ知らせるだろう[…………]暗黒から離れて、見よ、すべての光の子らとすべての[…………][16]暗黒の子ら[…………]そ

して、すべての光の子ら［…………］

保存状態——断片一の左側が第ii欄で、欄の右端の行頭部分の9行分が残されている。断片二は、第ii欄の左側部分で、16行分が残されている。

断片三

判読不能。

4Qアムラムの幻g（?）（4Q549）

断片一

1［…………］そして、彼は受け取った［…………］2［…………］エジプトへ［…………］3［…………］聞いた［…………］

保存状態——周囲すべてが断裁された3行からなる断片。

断片二

内容

レビの孫、ケハトの息子アムラムと彼の妻ヨケベドの死が語られる。そして次の世代の始まりが続く。アムラムの弟ウジエルが、アムラムの息女《むすめ》ミリアムと結婚し、三人の孫が生まれたこと、またアムラムの息子アロンに四人の息子たちが生まれたことが語られる。すなわち、アムラムに七人の孫が生まれたのである。

[1]フル、(1)そして、彼は食べた。そして、彼と彼の息子たち、そして[……]そして、彼の妻ヨケベド、[2]永遠の眠りが彼女に訪れた[1]とき[2][……]彼らはやって来た、[3]彼の上に。そして、彼らは彼を見出した[……][4]彼の息子たちと、彼の兄弟の息子たち[……][5]そして、彼らは仮寓《かぐう》した[……]この後で、アムラムが[6]彼の永遠の家へと去って行った。(2)[……]それがアムラムの幻視の言葉の文書に書きつけられた(3)とき、[7](余白)そして、ウジエルの祝婚から、[8]十[7]カ月が経った。[8]そして、ミリアムによって彼は民(?)をもうけた。三人の息子たちで、ミシャエル、そしてエリツァファン、[9]そしてシトリである。(4)(余白)それから、フルは[……]の息女《むすめ》[……]を妻として迎えた。[10]そして、彼は彼女によって、ウル(5)をもうけた。そして、アロンはエリシェバを彼の妻として迎えた。そして、彼は[11]四人の息子を彼女によってもうけた、ナダブ、アビフ、エレアザル、イタマルである。(6)

(余白)(下端)

保存状態
欄の右端（行頭）から残された断片。11行からなる。

《解説》
上記の文書の内の最後の4Q548-549に関して、Puechは『アムラムの幻』に含めて扱っているが、Dukeは反対する（Duke, *The Social Location of the Visions of Amram (4Q543-547)*, New York : Peter Lang, 2010, pp. 35-42）。4Q548に関しては、Dukeの主張に頷ける側面もあるが、4Q549まで排除できるかどうかは疑問である。ここでは、Puechに従い、4Q548-549をも『アムラムの幻』に含めて扱っている。そうすると、4Q543-547の断片数九十五プラス4Q548-549の断片五を加えて、大小を含めて総数百の断片となる。

（1）人名「フル」は、本断片9行目にも登場する。彼の出自は、旧約聖書（出一七10・12、二四14、ヨシ一三21）でも不明であるが、そこではアロンと共に行動している。9行目でも、彼の息子ウルの誕生が、アロンの息子たちの誕生よりも先に記述されている。

（2）「永遠の家」は墓を指す。アムラムは百三十七年の生涯であった（出六20）。しかし、アム幻4Q543では、百三十六年となっている。

（3）「アムラムの幻視の言葉の文書」は、アム幻4Q543の断片一1行目に既出。アムラムの幻視については、ヨセフス『古代誌』二215-216に、モーセの出生に関する幻視を神がアムラムに示したという記述がある。

（4）ウジエルの三人の息子たちについては、出六22にこれらの名前が挙げられている。「エリツァファン」に関しては民三30にも出てくる。レビ一〇4には「ミシャエルとエリツァファン」が言及されている。

（5）フルの息子「ウル」への言及は旧約聖書には一切ない。

（6）「エリシェバ」と彼女の四人の息子たちについては出六23を参照。

これらの「アムラムの幻」と呼ばれている七つのアラム語写本の主人公、アムラムという人名を、直ちに聖書の中で想起できる人は少ないだろう。アムラムは、実はモーセ、アロン、息女ミリアムの父親なのである（出六20、民二六59、代上五29、二三13を参照）。出二1では、モーセの両親は「レビの家の出のある男が、同じレビ人の娘を娶った」とあるように、モーセの出生の場面では両親は無名であった。因みに、彼の妻は彼の父ケハトの姉妹ヨケベドである（出六20、民二六59）。

大きな断片を中心に内容を見ていくと、大きく分けて、次の四つの主題からなることが判明する。すなわち、アムラムと彼の息子たち（4Q543 断片一a–c、4Q545 断片一a第i欄、4Q546 断片一）、アムラムのモーセへの訓令（4Q543 断片二a–b、4Q545 断片一a第i欄、並行・4Q545 断片一第i欄）、アムラムのカナン滞留（4Q544 断片一、4Q543 断片三—九、4Q545 断片1一a–b第ii欄、4Q546 断片二、4Q547 断片一—二）、及びアムラムの幻視（4Q543 断片五—九、4Q544 断片一、4Q547 断片一—二）である。百ある断片がそれぞれどこに位置づけられるかに関しては意見の相違があるし、どこにも位置づけられない断片群が多数残されている。

これらの断片は紀元前二世紀後半の写本と考えられている。アムラムの父の『ケハトの遺訓』の続きと見る研究者もいる。いずれにしても、祭司の家系であるレビ、ケハト、アムラムの三大父祖からモーセとアロンへと一族の間で、祭司としての振る舞い方や価値観が伝承されていったことが高らかに宣言されている。王権と共に祭司権をも主張したハスモン王朝との関係を論じることはここではできないが、紀元前二世紀の宗教と政治の確執がどこかに反映されているだろう。

底本は *DSSR I*（2014）を使用した。

モーセの言葉……（1Q22, 4Q375-376, 4Q408, 1Q29, 2Q21）

上村 静 訳

1Qモーセの言葉……（1Q22）

内容
モーセの訣別の言葉。トーラーを守ることを強調する序言と安息年の規定を含む『申命記』の敷衍。

第I–IV欄

1.1［そして神は、イ］スラ［エルの子らがエ］ジプト［の地から］出て［四十］年目にモーセを［呼び］、第十一［の］月、
2その［月］の朔日《ついたち》に言った。(1)「全集［会］を［集めよ］(2)。そして［ネボ山］に登り、［そこ］に立て、あなた 3 とアロ［ン

(1) 日付けは申一3に基づく。「呼び……言った」という表現は、レビ一1参照。

の］子エルア［ザル］は。レビ人の父たち［の頭《かしら》たち］(1)とすべての［祭司たち］に解［説し］、そしてイスラエ［ル］の
子らに命じよ、[4]ト［ー］ラーの［言］葉を。それを［彼らに、彼］らの耳に命ずるようにと［わたしはあなたに］シ
ナイ山で命じた。[5]わたしが彼らから［要求す］るすべてのことをよく［説明し］(2)、天と［地］とを彼ら［に対する証
人とせよ］(3)。［なぜな］ら、[6]わたしが［彼らに］命じたことを［愛］さないからである、彼［ら］も［彼ら］の子らも、
彼らが［この大］地［の上で生きるすべての］日々(4)。［はっきりと］わた［し］は告げておく、[7]彼らは［わたしを］棄
て、［諸］国民［の忌まわしいもの］、彼らの［忌］まわしい行為、彼らの［偶］像を［選］び、空しいも［のた］ち(5)に［仕
える］が、[8]それらは［罠］となり、落とし穴となるであろう(6)。そして彼［らは犯］すであろう、［すべての聖］なる
［呼集］、契約の安息日、[9]わた［し］がそれらを［行］う［よ］う今日あなたに命ずる［祝祭日］を。（それゆえわたし
は）大いなる［打撃をもって］彼らを打［つ］(7)、［彼ら］が[10]それを［受け嗣《つ》ぐために］そこへと［ヨ］ルダンを渡って
行く地の只中で(8)。そしてすべての呪［い］が彼らの［上］に到来し、彼らに臨む［こ］とになる(9)、彼らが滅びるま［で］、
そして[11]彼らが根［絶］されるまで。そのとき彼らは、彼らに関して真実が為さ［れたこと］を知るであろう」。（余
白）そこでモーセは［アロン］の子エルアザル[12]と［ヌンの子］ヨシュ［ア］を呼んで、彼ら［に言った］。「［トーラ
ーの言葉すべてをその］終わり［まで］語れ。［静まれ、］[II.1]［イ］スラエルよ、そして聞け。今［日、あなたは］あな
たの［神］である神にとっての［民となる］(10)。それゆえ、［わたしの掟］とわたしの証《あかし》［とわたしの命令を］守［りなさ
い］(11)。そ［れらは］[2]［わたしが今］日あなたに命ずることであり、あなたが［為すべき］ものである。あ［なたがヨ
ルダン］を渡り、（わたしが）あなたに大きく［よい町］々、[3]あらゆ［るよきもの］で満ちている家々、［あなたが
植えた］のではな［い葡萄園とオリーブ畑］、あなたが［掘］ったのではな［い］掘られた［貯水］溝を［与え］、[4]［あ
なたが］食べて満ち足りるとき(12)、あなたの［心］が驕《おご》り高ぶり、わたしが今日あなたに［命ずるこ］とを［あなたが］
忘［れる］ことのないよう(13)［用心しなさい］(14)。[5]［なぜなら］それは［あなたの］生命《いのち》、［あなたの］日［々］の長さであ

るから」。[15]（余白）［そして］モーセは［イ］スラエル［の子らを呼んで言った］。6「われらが［エジプトの］地から出［た］日［からこれで］四十［年］である。[16]［そして、］今［日］、［われらの］神である［神］は、［こ］れらの［言］葉を

（2）「全集会を集めよ」について、まったく同じ表現は聖書にはない。レビ八3、民二〇8、申四10、三一12参照。

（1）「レビ人の父たちの頭たち」という表現は、代上九34、一五12参照。*DSSSE* および *DSSR* は「家族の長たちとレビ人たち」と訳す。ここでは DJD I に従った。

（2）「よく［説明し］」と訳した *hyt[yb]* は読みも意味も不確か。また、この語が「［要求す］る」と「すべてのこと」の間にあるため、この二つの語の関わりも不確か。*DSSSE* は前行の「彼らの耳に」の前の欠損部分に別の動詞を補い、*hyt[yb]* を副詞句と取り、この文を「すべてのことを正確に彼らの耳に布告せよ。なぜならわたしは彼らにそれを［要求す］るからである」と訳す。ここでは DJD I および *DSSR* に従った。

（3）「天と地とを証人とする」という考えについては、申四26、三〇19、三一28を見よ。

（4）「彼らがこの大地の上で生きるすべての日々」という表現について、申三一13参照。

（5）「空しいも［のた］ち」（*ʾlyl[y]m*）、異教の神々のこと。

（6）「罠となり、落とし穴となる」について、ヨシ二三13、イザ八14参照。

（7）「（それゆえわたしは）……打［つ］」という部分は、テキストの復元が不確か。

（8）「それを受け嗣ぐためにそこへとヨルダンを渡って行く地」という表現について、申四14、六1、一一8、11、三一13、三二47、ヨシ一11参照。

（9）「すべての呪いが彼らの上に到来し、彼らに臨む」という表現について、申二八15、45参照。

（10）「静まれ……神にとっての民となる」について、申二七9参照。「あなたの神である神」は、マソラの「あなたの神であるヤハウェ」の言い換え。

（11）申六17参照。

（12）「（わたしが）あなたに……を与え、あなたが食べて満ち足りるとき」について、申六10-11参照。

（13）「あなたの心が驕り高ぶり……」について、申八14参照。

（14）申六12による。

（15）申三〇20参照。

（16）申二7、八2、4参照。

［かれ］の口から［発した］、7かれの［すべての定］め［を］〔［そしてかれの］すべての定［めを］①〕。［どう］して［私
一人で］あなたたちの心配事、［あなたたちの重］荷、［あなたたちの争い事を負うことができようか②］。それゆえ
（次のように）せよ。8私が契約を［……］し、あなたたちがそこを歩むであろう［道を］命じ［終えたとき、あな
たたちのために賢者たちを選び出しなさい③。彼らは］9［あなたたちと］あなたたちの［子ら］にこれらト［ーラー］の
言葉すべて［を］説明することを為す。あなたたちの魂のために、［それらを行うことに十］分用心［しなさい］。10
あなたたちに対して［あなたたちの神の］憤怒に［火がつ］いて燃え上がり④、あなた［ちの上］に雨滴を降らせる
上［なる］天と、あなたたちに［作］物を与え［る地の］下［なる水］をかれが止《と》めることの［ないためである⑤］。11
（余白）そして［さらに］モーセは［イスラエ］ルの子［ら］に［語］った。「これ［らは］それらを行うようにと［神］
が命じた命［令］である。12［…………］
III.1［七年の終わりごとにあなたは地の］安息を［しなければならない⑥。そして］地［の安息（に自然に生《は》えたもの）は
あなたのために］食糧と［なる。あなたと家畜と］野の［獣のために］2［それは食となる⑦。そして余］ったものは、
［この地］にいるあなたの［兄弟たちの中の貧しい者たち］のものである。［そして］人［は自分の畑に］種を［蒔いて
はな］らず、［自分の葡萄園で］剪定《せんてい》して［はならない⑧。］3［人は自分が収穫した後に生えたものを収穫してはなら
ず⑨、わずかたりとも自分の］ために集めて［はならない。そしてあなたはこ］れ［らの］契約［の言葉］すべ［て］を
［守り、］4［それらを行わなければならない。そしてあなたがよく聞き、この命令を］行うとき⑩、こ［の］年［にあ
なたの手を］放さなければならない。5人［に何かを貸したり、自分のものが自分の兄弟たちのもとにある自分の
手の貸主⑪はすべて］、自分の［隣］人［に対して自分の手を］放［さなければならない］。なぜなら6［あなたた］ち
［の神である神］へと［放免が呼び求められる］からである。［人は］異［国人から取り立ててよいが、自分の兄弟た
ちからは取り立てては］なら［な］い⑫。なぜなら、［この］年に7［神］は［あなたたちを祝福し、あなたたちのために、

あなたたちの諸々の」咎《とが》を［あがなう］からである。[13] 8［…………］年に［…………］の月の［…………］9［…………］この日に[14]［…………なぜなら］10あなたたちの［父祖］たちはこの月の［第］十日まで［荒野《あらの》を］放浪して［い］た［からである］。[15]｛この月の十［日には］｝11［すべての労働は］禁じられる。そしてこの月［の十］日に［……］があがなわれ［…………］の月の12［…………そして祭司たちは二頭の牝山羊を］取り［…………］

(1)「彼のすべての定め」という句が二度繰り返されているが、写字生による誤記。
(2) 申一12参照。
(3) 申一13参照。
(4) 申七4、一一17、ヨシ二三16参照。
(5) 申一一17参照。
(6) 以下の安息年についての記述は、レビ二五1以下、申一五1以下参照。
(7) レビ二五6-7参照。
(8) レビ二五4参照。
(9) レビ二五5参照。
(10) 第4行前半の復元はミリク（DJD I）によるが、*DSSSE* は採用していない。
(11) 必要なもの・金を貸すことを「手の貸し」（「手を貸す」の名詞形）と言う。
(12) 第4行後半の「この年に」から第6行の「取り立ててはならない」までについて、申一五1-3参照。なお、レビ二五章と申一五2は、メルツェ 11Q13 II 2-4 でも結合されている。
(13) この年の神による祝福は申一五4にも言及されるが、咎のあがないは記されていない。
(14) 以下はおそらく贖罪日についての記述であったと思われるが、その起源についてのアガダー（民話）によって聖書の記述が敷衍されているようである。贖罪日の起源についてのアガダーは、ヨベ三四10-19からも、また後代のラビ文献からも知られる。
(15) この文の後に三角形の形で三つの点が打たれており、その後この行の終わりまで消された跡があり、その上に続く｛この月の十［日には］｝が上書きされている。次行にも同じ「この月の十日に」という記述があるために一行飛ばして書き誤ったものを訂正したしるしであろう。

IV.1そして神々の集会において、［また聖者］たちの［評議会において］、また彼らの［…………］において、［イスラ
エル［の子らのために］、また［地］のために。[2]［そこで彼はその血］から取［り］、地に注ぐ(1)［…………］そしてそ
れは注［がれる…………］[3]［…………］それによって彼らのために［……があ］がなわれる。［…………そし
て］モーセは［語って言った］。「あなたたちは行わなければならない、[4]［永遠の］掟［…………］を、［あなたた
ちの］代々《よよ》にわたって。［…………］そして［……の］日に[5]［…………祭司］は［……を］取り［…………］イ
スラ［エル］の子ら[6]［…………］［そして…………］の［すべ］ては［…………］す［べて］に[7]［…………］
年［…………］である魂[8]［…………］書の上に［…………］祭司［…………］[9]［…………彼の両］手をお
き［…………］これらすべてを[10]［…………］そして［……］の年に［…………］これらの［…………］[11]［…
……］二頭の牝［山羊］から［…………］[12]［…………］

《解説》

本文書はヘブライ語で書かれた四十九の小断片が残る。J. T. Milik, DJD I（1955）がこれらを配列して四つの欄を復元した（十三の断片は小さすぎて復元不可能）。本訳では、*DSSSE* と *DSSR* を参照しつつ、ミリクの復元したテキストを底本とした。

本文書は、『申命記』と同様にモーセの告別説教という場面を設定し、また文体上も『申命記』を模しているので、「小申命記」とも呼ばれる。本文書第I-II欄ではイスラエルの民がトーラーから逸れることが預言されると共に警告され、そのためトーラーを説明する者が任命されている（レビ人と祭司）。第III-IV欄では、レビ二五章と申一五章の安息年の規定が結合されると共に、贖罪日の起源と規定が記されていたようである。

モーセ・アポクリュフォン／火の舌 ……………………………………（4Q375-376, 4Q408, 1Q29）

内容

モーセ五書の文体と設定をまねた、（偽）預言者の扱いに関する規定の敷衍。

4Qモーセ・アポクリュフォンa（4Q375）

断片一第i欄

（上端）

1 あなたの神が預言者の口を通して[2]あなたに命ずる［すべてのことを……］、そしてあなたが 2-3 これらの［掟すべて

（1）「血を地に注ぐ」という表現については、申一二16、24、一五23参照。

（2）「預言者の口を通して」と同様の表現はゼカ八9に現れる（エズ一1「エレミヤの口を通して」も参照）。但し、ゼカ八9では「預言者」は定冠詞付き複数形だが、ここでは定冠詞付き単数形。

を］守り、［あなたの心］すべてをもって、またあなたの魂［すべ］て［をもって］① あなたの神ヤハウェに立ち帰るならば、② あなたの神は燃え上がる大いなるかれの憤怒から立ち帰り、③ 4あなたの苦悩から［あなたを救うだろう］④。しかし、起《た》って⑤あなたに［背信を］語りかけ、⑥ 5あなたをあなたの神に［背］かせる預言者⑦は殺されなければならない⑧。（余白）ただし、彼の出身である部族が起ち、6「殺してはならない。なぜなら、彼は義《ただ》しい、彼は［忠］実な預言者だ⑨」と言うならば、7あなたはその部族とあなたの長老たちとあなたの裁判人たち⑩と共に来なければならない、8あなたの神があなたの諸部族の一つの中に選ぶ場所［へ］⑪、（余白）9その頭に注ぎ油をかけられた油注がれた祭司⑫の前に。

（下端）

断片一第ii欄

1-2［…………］⑬ 3そして彼⑭は［牛の群れの中の一頭の雄牛と雄羊一匹⑮を］取り［…………そして］4［彼の］指で［贖《あがな》いの蓋《ふた》⑯の上の面に向けて振りかける⑰。…………］5雄［羊］の肉［…………］浄罪《じょうざい》の供犠《くぎ》にする毛の長い雄山［羊一匹］⑱を6彼は取［り、それを屠《ほふ》り］、全集会のために［あ］がない（の儀式）をする⑲。そしてア［ロンは聖所の］垂れ幕の前に［その血から振りかけ］、7証書の箱⑳へ［と近づき］、あなたから隠されていた［……］すべてについてヤハウェの［命令すべて］を学ぶ㉑。8そして［彼］は集会の［父たちの頭《かしら》たち］す［べて］の前に［出］る。9そしてこれは［…………］

（下端）

（1）「あなたの心すべてをもって、またあなたの魂すべてをもって」という表現（「あなたの心を尽くし、魂を尽くして」と訳されることが多い）については、申四29、六5、一〇12、一一13、一三4、二六16、三〇2、6、10参照。

（2）「あなたの心すべてをもって……立ち帰るならば」という表現について、申三〇2参照。

（3）「神は……立ち帰り」という表現について、申一三18参照。「大いなる（憤怒）」は、王下二三26の影響。「燃え上がる神の憤怒」については、申七4、二九23、モセ言1Q22 II 10参照。

（4）「苦悩から救う」について、詩二五17、一〇七6、13、19、28参照。

（5）申一三2参照。

（6）申一三6、イザ五九13、エレ二八16、二九32、ダマCD V 21, XII 3, カテ4Q177 一―四14、また特に火舌1Q29 一6参照。

（7）「（神に）背かせる」（使役動詞）について、ダマCD VI 1, 共規1QS I 17, 申一三6参照。「（神に）背く」という表現については、民一四43、サム上一五11参照。

（8）「起って……殺されなければならない」について、申一三2-6参照。

（9）「忠実な預言者」について、サム上三20、Iマカ一四41（四46も）参照。

（10）「部族」「長老」「裁判人」の組み合わせは、申五23、二一2参照。

（11）「あなたの神が……選ぶ場所」の表現は、申一二14とほぼ同じ。申一二5、一三17も参照。

（12）「その頭に注ぎ油をかけられた油注がれた祭司」という表現は、レビ二一10とほぼ同じ。但し、後者では「大祭司」である。

（13）モセ・アポb 4Q376 断片一第i欄は、ここの欠損部分と重なる可能性がある。Strugnell（DJD XIV 123）は次のように復元する。「……その頭に注ぎ油をかけられた油注がれた祭司の前に、また次席の油注がれた祭司の前に（来なければならない）。[…………]そして彼は[牛の群れの中の……]。

（14）祭司のこと。

（15）「牛の群れの中の一頭の雄牛と雄羊一匹」、レビ一六3、5、モセ・アポb 4Q376 一 i 2参照。

（16）「贖いの蓋」は、「証書の箱」（下記注（20）参照）の蓋。

（17）「彼の指で……振りかける」、レビ一六14参照。

（18）「浄罪の供犠にする毛の長い雄山羊一匹」、レビ九3、二三19、民七章（十三回）、二九11参照。

（19）民のためのあがないについては、レビ九7、一六24参照。

（20）「証書の箱」（出二五22、二六33、34等）は、「契約の箱」（「神の箱」「ヤハウェの箱」、あるいは単に「証書」などとも呼ばれる）のことで、中には律法を刻んだ石板が入れられていたとされる。

（21）ダマCD V 2-5によると、律法の書は契約の箱の中に隠されていた。

4Qモーセ・アポクリュフォンb（4Q376）

断片一第i欄(1)

（上端）

[1]［……………］油注がれた祭司［の前に］[2]［……………］牛の群れの中の一頭の［雄］牛と雄羊［……］[3]［…………］ウリムに［…………］

断片一第ii欄（＝1Q火の舌1Q29断片一(2)）

（上端）

[1]それらはあなた(3)を光らせ、そして彼は火の舌(4)をもって彼と共に出て行く(5)。彼の左側にある左の石(6)は、[2]祭司が語り終えるまで全会衆の目に輝く。そしてそれ(7)が消えた後[3]［…………］そしてあなたは彼(8)があなた［に］語る［すべ］て［のこと］を守り、行［わ］なければならない。[4-6]［……………］

断片一第iii欄

（上端）

[1]この定めすべてに従って(9)。そしてもし陣営に全集会のための指揮官(10)がいて、[2]彼の敵［……］、そしてイスラエルが彼と共にいるか、あるいは彼らが町を包囲しに行くか、あるいは指揮官にかかわる［……］あらゆる事態に[3]［…………………］（戦）場は遠い［…………］

(1) この欄はモセ・アポa 4Q375第i欄の末尾に続く第ii欄の冒頭1-3行の欠損部分と重なるように見える。二四七頁注(13)参照。

(2) 断片一第ii欄のテキストは火舌 1Q29 断片一とほぼ同じであり、前者の欠損部分は後者から補っている。

(3) 主語の「それら」はおそらく「(火の)舌」(複数)、目的語の「あなた」は、この文の語り手がアロンならば「イスラエル」か「預言者」、この文が地の文ならば「イスラエル」を指す(Strugnell, DJD XIX 125)。

(4)「火の舌」については、イザ五24、使二3参照。

(5) 主語の「彼」を「神」と取れば、「神は火の舌(の姿)をもって祭司と共に出て行く」の意となる。主語を「祭司」と取るなら、「祭司は火の舌に伴われて預言者と共に出て行く」となる。

(6)「左の石」とは、祭司の祭服(エフォド)の両肩部分に付けられる二つの飾りの石の一つのことであろう(出二八9-12)。「右の石」については本写本には現れないが、同一文書の別写本である火舌 1Q29 二2に言及がある。この石が光ることについて聖書には記述がないが、ヨセフスのこの石についての説明には、本文書と同じではないが類似した記述がある(ヨセフス『ユダヤ古代誌』三214-215)。そこでも(偽?)預言者と関連づけられている。

(7)「それ」は「雲」(民一〇11参照)か「輝き」のことであろう。

(8) 祭司。

(9) イザ・ペd 4Q164 一5に「ウリムとトンミムの裁きによって」という表現が現れる。おそらくここまでがエフォドの二つの石についての記述で、以下は軍事行動に際しての祭司の胸当て——十二の宝石が付けられている——による神託の記述が続いていたと思われる。同様の記述の流れは、ヨセフスにも見られる(『ユダヤ古代誌』三214-218)。

(10)「指揮官」(ナスィー)という語は聖書にもクムラン文書にもよく用いられる。「(全)集会の指揮官」という表現については、戦い 1QM V 1, ダマ CD VII 20, 祝福 1QSb V 20, イザ・ペ 4Q161 二—六19参照。

4Qモーセ・アポクリュフォンc（?）（4Q408）

断片一

1［…………］人間の子ら［…………］2［…………これら］の言葉［す］べて［…………］

断片二（＝1Q29 三―四）

1［…………あなたたちの神］ヤハウェ［を…………］2［…………］全イスラエルは答［える…………］3［…………ヤハ］ウェ、［あなたの諸々の］裁［き］すべてにおいて［…………］(1)

断片三＋三a

1［…………］洞［察…………］2［…………］あなたたちに対してそこで［……］をすること［…………］3［…………］イスラエル、(2)かれは共同体(3)のために創造する［方…………］4［…………モーセは］全イスラエルを［呼んだ］、彼らが見るとき［…………］5［…………］かれの栄光の飾りたちが聖な［る］住まいから現れる［とき(4)…………］全［イスラエル］は答える 6［…………祝福］されよ、〔ヤハウェ〕主なるあなたは、(5)あなたの道すべてにおいて義《ただ》しい［方］、力〔における〕(6)［勇］士、あなたの諸々の裁［きにおいて慈しむ］方、7(7)［あなたの指図］すべ［て］において忠実な方、(8)すべ［ての洞］察をもって悟る方、すべての大能《たいのう》［をもって］振り落とす方、［……………］(9)を引き出し導く方、［…………］8すなわち、あなたは［…………］(10)に昼の領域に対する光の統治を現す徴《しるし》として朝を創造した、［……］9彼らの仕事(11)のために、彼らが光はよいということを見るとき、そして［彼らが］すべてにおいて［……］ということを［識《し》る］とき、あなたの聖なる名を祝福するために。(12)［…………］［……

(1) 底本ではここに火舌 1Q29 断片三―四から第4行と第5行を復元しているが、本写本自体には存在しないので訳出していない。

(2)「イスラエル」の前にラメッドが読め、これが「エル」であれば「イスラエルの神」となり、続く「創造する」の主語に、「コル」であれば「全イスラエル」となり、続く「創造する」の目的語になる。

(3) 原語は「ヤハド」。この語はクムラン固有の文書ではこの教団を指す語であるが、ここでは指示対象は不明。

(4) 共規 1QS X 2-3 参照。そこでは「光たち」（＝天体）について語られているので、ここの「飾りたち」も天体を指すだろう。

(5) 写字生は、「祝福されよ、ヤハウェは」と書いた後、「ヤハウェ」の部分を消して、「主なるあなたは」と書き直している。「祝福されよ、主なるあなたは」という表現は聖書には現れないが、『感謝の詩篇』では何度か用いられている（1QH^a VIII 26, XIII 22, XVIII 16, XIX 35-36 など）。「祝福されよ、ヤハウェは」はしばしば聖書に見出せる（出一八10、詩二八6など）。

(6) ⌜における⌝は行間への後からの挿入。

(7) この行の復元は不確か。

(8) 詩一一一7参照。

(9) この欠損部分は、「大きな輝き」（＝太陽）と補うことが可能。その場合、9行目末ないし10行目冒頭の欠損部分に「小さな輝き」（＝月）があったかもしれない。

(10) この欠損部分を「［天の蒼穹］に」と復元することが可能（創一8、14参照）。あるいは、感謝詩 1QH^a V 25 に基づいて「［あなたの聖なる蒼穹］に」とするか、「［光の統治の始め］に」と復元することも可能（共規 1QS X 1, 感謝詩 1QH^a XX 9 参照）。

(11)「彼らの仕事」は星たちの奉仕（詩一四八3）や天使たちの奉仕を指すと取ることも可能だが、むしろ人間の日中の労働が考えられているように見える。11行目の「労働の後」参照。

(12) 8-9行は、次の10-11行と対を為す。すなわち、前者は朝の創造と朝の祈りの時、後者は夕の創造と夕方の祈りの時について語っている。

……](1)すなわち、[あなたは夜の領域に対する闇の]統治を現す徴として夕を創造した、11[……………]労働の後で(2)、彼らが[星たちすべ]て[がよ]い(3)という[こと]を見る[とき、あなたの聖なる名を]祝福するために。[……………]

断片四

1[……………]2[……………]そして朝のために[……………]

断片五

1[……………]徴として朝[……………]2[……………]

断片六

1[……………]2[……………]出[る(4)……………]

断片七

1[……………]夕ごとに(5)[……………]2[……………彼]らは止《や》める(6)[……………]

断片一一(＝1Q29 1／4Q376 1 ii(7))

1[……………石、……]の[よ]うに[……………]2[……………それらはあなたを光らせ、彼は]⌜火の⌝舌をもって[彼と共に出て行く]。3[彼の左側にある左の石は、]祭司が語[り終えるまで全会衆の目に輝く。そして]

4［それが消えた後…………そしてあなたは彼があなた］に［語るすべてのことを守り、行わなければならない。

そして預言者は…………］

1Q火の舌（1Q29）

断片一（＝4Q376 一 ii(8)）

1［…………］2［…………］石［……］のように［…………］3［…………それらはあなたを光らせ、彼は］火の舌をもって［彼と共に出て行く。彼の左側にある左の石は］、4祭司が語り終える［まで全会衆の目に輝く。そしてそれが消えた後…………そしてあなたは］5［彼が］あなたに語る［すべてのことを守り、行わなければなら

(1) 9行末から10行冒頭の欠損部分には、「小さな輝き」(＝月)への言及があった可能性がある。二五一頁注(9)参照。
(2) 星が出ると労働を終える。ネヘ四15参照。
(3) 星に対する高評価について、詩八4参照。
(4) 「出る」について、共規 1QS X 10, 感謝詩 $1QH^a$ XX 8–10, 戦い 1QM XIV 14 参照。これらの箇所でこの語は、祈りの時間についての規定の中に現れている。
(5) 「夕ごとに」、代下一三11参照。
(6) 祭儀ないし祈りをいつ止めてよいかについての規定、あるいは祭儀ないし祈りのためにいつ労働を止めるべきかについての規定に関わっている可能性がある。
(7) 断片一一は、火舌 1Q29 断片一およびモセ・アポb 4Q376 断片一第ii欄から復元されている。
(8) 断片一のテキストはモセ・アポb 4Q376 断片一第ii欄とほぼ同じである。テキストについての説明は後者を参照。

ない］。そして預言［者は…………］6［…………］背信を語る者［…………］7［…………］の神［ヤ］ハウェ
［…………］

断片二

1［…………］2［…………］右の石は祭⑴［司］が出て行くとき［…………］3［…………］三つの火の舌［……
……］4［…………］そして彼が上がり、履き物を脱いだ後で⑵［…………］5［…………］

断片三―四（＝4Q408二）

1［…………］2［…………］あなたたちの神［ヤ］ハウェ［…………］3［…………全］イスラエル⑶［……
…］4［…………ヤハウ］ェ、［あなたの諸々の］裁きすべてにおいて⑷［…………］5［…………］栄えある者
［たち］の力の偉大さ［…………］6［…………］

断片五―七

（上端）

1［…………］すべての［……］によってこれらの言葉［…………］2［…………そしてその後］で祭司はかれの
意思《みこころ》すべてを尋ね求め、す［べての…………］3［…………］会衆（余白）［…………］4［…………イ］ス［ラ
エ］ル［の子ら……］、これらの言葉を守りなさい［…………］5［…………］すべ［て］を［行］い［…………］
6［…………］の数⑸［…………］7［…………］彼らの［…………］

《解説》

『4Qモーセ・アポクリュフォンa』（4Q375）は一つの断片に二つの欄が残る。本訳の底本は J. Strugnell, DJD XIX（1995）。

『4Qモーセ・アポクリュフォンb』（4Q376）は断片一に三つの欄と数文字のみ判読可能な断片二が残る。本訳では断片二は訳出していない。底本は J. Strugnell, DJD XIX（1995）。断片一第i欄は、『4Qモーセ・アポクリュフォンa』第ii欄冒頭の欠損部分と重なり、第ii欄は『1Q火の舌』（1Q29）断片一とほぼ同じテキストである。

『4Qモーセ・アポクリュフォンc（?）』（4Q408）は、かつては『朝夕の祈り』と呼ばれていたが、『1Q火の舌』（1Q29）および『4Qモーセ・アポクリュフォンb』（4Q376）と重なるテキストがあることから、これらのテキストのもう一つの写本であることが確認された。本文書は、十六ないし十七の断片が残る（断片一六がこの文書に属するかどうかは不明）。本訳の底本は A. Steudel, DJD XXXVI（2000）。

『1Q火の舌』（1Q29）は十七の小断片が残る。ここではある程度文脈の残る断片一―七のみを訳出した。DJD I（J. T. Milik［1955］）に初めて公刊された際に、断片一に含まれる「火の舌」への言及ゆえに本文書は「三つの火の舌の儀礼」と名づけられたが、後に『4Qモーセ・アポクリュフォンb』（4Q376）断片一第ii欄（DJD XIX）と同

（1）「右の石」については、モセ・アポb 4Q376 一 ii 1の二四九頁注（6）参照。

（2）「履き物を脱ぐ」という部分の読みは不確か。出三5、ヨシ五15参照。

（3）「全イスラエル」（［コ］ル・イスラエル）または「イスラエルの会衆」（［ケハ］ル・イスラエル）。

（4）第4行は、DJD I および *DSSSE* は「彼らすべてにおいて。あなたの名」と読んでいる。ここではモセ・アポc 4Q408 二3に従う（DJD XXXVI 304 参照）。

（5）「［家族］の数」（ミスパル・ハ・ミシュ［パホート］）または「［油注がれた者］の数」（ミスパル・ハ・マシ［アハ］）と復元可能。

じテキストであることが判明した。本訳では、DJD I と DJD XIX（4Q376）および XXXVI（4Q408）を参照しつつ、*DSSSE* を全体の底本とした。以上はいずれもヘブライ語で書かれている。これらの写本のうち最も古いのは 4Q408 で、前一〇〇年頃のものとされる。

『4Qモーセ・アポクリュフォンa』第i欄は申一三章と一八15–22の（偽）預言者に関する議論に基づいているが、真贋の判断基準は『申命記』とは異なり、大祭司の前に来ることが要求されている。第ii欄は『レビ記』一六章の贖罪日の儀式と関係しているが、第i欄の続きなので、当該預言者の神判と大祭司の裁決についての規定を導入していると思われる。この規定が贖罪日の儀式と関係づけられているのは、「証書の箱」（＝契約の箱）――年に一度の贖罪日にのみ大祭司がこれに関する儀式を行う――とのかかわりによるものだろう。『4Qモーセ・アポクリュフォンb』と『1Q火の舌』は、神判に際して大祭司の祭服の両肩に付けられた二つの石の役割を説明している。

全体の出来事は以下のようになる。偽預言者は死刑に処されねばならないのだが、その嫌疑がかけられた者について、彼の出身部族から真の預言者であるとの主張がなされた場合には、その部族の者と長老と裁判人が大祭司のもとへ出頭する。大祭司は贖罪日に関する儀式を行い、当該預言者をどう扱うべきかに関する法規定――それはそれまでイスラエルから（証書の箱の中に？）隠されていた――を学び、民（家長たち）の前で彼が学んだことを語る（『4Qモーセ・アポクリュフォンa』）。左右の石のどちらが光るかにより、預言者の真贋問題（左が偽預言者のしるし、右が真の預言者のしるし？）に裁決が下され、その決定に従って当該預言者を処遇する（『4Qモーセ・アポクリュフォンb』第ii欄と『1Q火の舌』）。続いて軍事行動に際しての祭司の胸当てによる神託について記されていたようである（『4Qモーセ・アポクリュフォンb』第iii欄）。

『4Qモーセ・アポクリュフォンc（?）』には、これらとは別に創造主たる神を讃える朝夕の祈りの儀礼に関するテキストが含まれている。

全体に、五書をまねた文体と設定が『モーセの言葉』（1Q22）とよく似ているので、本文書（4Q375, 4Q376, 4Q408, 1Q29）と『モーセの言葉』は同一文書の異なる写本である可能性がある（Strugnell）。

2Qモーセ・アポクリュフォン（？）……………………………（2Q21）

内容

モーセの祈り。

断片一

1［…………ナダブと］アビフ、エルア［ザルとイタマル(1)…………］2［…………］あなたに(2)真実において裁きを［行い(3)］、信［実］において判決を下す(4)ため［…………］3［…………］（余白）［…………］4［そしてモーセは］宿営の［外に出て(5)］、ヤハウェの前に祈り(6)、［……の前に］身を伏し［て(7)］5［言った、「神なるヤハウェ」、どうして私はあなたを視《み》ることができるでしょうか、どのようにわが顔を［あなたに向かって］上げられましょうか(8) 6［……………］あなたの諸々の業によって一つの民［…………］7［…………］

《解説》

本文書はヘブライ語で書かれた二つの断片が残る。但し、断片二は「あなたの心」という語が読めるのみ。本訳は、M. Baillet, DJD III（1962）を参照しつつ *DSSSE* を底本とした。

「モーセ」の語はテキストには現れないが、アロンの子らの名が挙げられ、「宿営の外」で祈るという記述から、モーセが語り手であると考えられる。神を「ヤハウェ」と呼ぶ点は、『モーセ・アポクリュフォン』（4Q375,

1Q29）に共通する。

（1）アロンの子らの名前のリストは、出二八1、民三2、代上五29、二四1のリストに一致する。戦い 1QM XVII 2-3 も参照。エルアザルについてはモセ言 1Q22 I 3 参照。

（4）「あなた」は、おそらく「イスラエル」を指す。

（3）「真実において裁きを行い」について、「真実の裁き」という表現はエゼ一八8、ゼカ七9、感謝詩 1QH^{a} XXV 12, 戦い 1QM XI 14 に現れる。以下の表現も参照。「真実における審判者」箴二九14、「裁きを行う」エゼ一八8、共規 1QS VIII 3,「真実の裁きを（もって）裁け」ゼカ七9、「裁きを定める」共規 1QS X 20,「裁きを審議する」会衆 1QSa I 20.

（4）「信実」が「裁き」と共に用いられる箇所として、エレ五1、「信実において」王下一二16、二二7、イザ五九4、ホセ二22、詩三三4、代下三四12、戦い 1QM XIII 3, 感謝詩 1QH^{a} IV 25-26,「判決を下す」が「裁く」と共に用いられる箇所として、ダマ CD XX 16-17 参照。「判決を下す」について、イザ二4、一一4、祝福 1QSb V 22 参照。

（5）出三三7、ヘブ一三13参照。

（6）王下一九15、サム上一12参照。

（7）申九18、25参照。

（8）ヨブ二二26、サム下二二22参照。

創世記―出エジプト記パラフレイズ……………（4Q422）

上村　静　訳

4Q創世記―出エジプト記パラフレイズ（4Q422）

内容

『創世記』冒頭および『出エジプト記』冒頭のパラフレイズ。

第I欄（断片一）

1-5［……………］6［……………天と地と］その［万］象をかれは［かれの］言葉で作った(1)［……………］7［そして第七日にかれは］自分の為した［かれの働きすべてから安息した］(2)。そして［かれの］聖なる霊(3)は［……］8［…………

（1）創二1、詩三三6、外典詩4Q381一3、ヨハ一1、3参照。
（2）創二2参照。
（3）創一2、イザ六三10、11、詩五一13、ダニ四5、6、15、五11、共規1QS VIII 16, 感謝詩1QH[a] IV 38, VI 24, VIII 20, 21, 25, 30, XV 9–10, XVII 32, XX 15.

…かれは人間が］生き物と［地を］這う物［すべてを治めるようにした。］① 9［…………かれは人間を地の上に置い
た］。かれは［大地の］実［り］を食べるよう彼に支配させた。② 10［…………善と悪を知］る木から食べることのな
いよう③ 11［…………そして］彼はかれの上に起《た》ち④、そして彼らは［かれの諸々の掟を］忘れた 12［…………］悪
しき企てをもって⑤、そして［邪悪な諸々の］業《わざ》のために 13［…………］平和［……］

第Ⅱ欄（断片二―七）

（上端）

1［…………そして神は見た、……人間の悪が地に］多く⑥、また［……］ 2［…………］を［…………］ 2a［……
……地］上の彼の世代［で義《ぎ》なる⑦…………］生ける神［……］ 3［…………］彼らは［地］上で救われた［……］
地上で［……］なぜなら［…………］ 4［動物、ノア］と彼の息子たち、［彼の妻と彼の息子たちの妻たち］を洪水の
水［の前から］⑧、また［……］から［救うこと…………］ 5そして［……そして彼らは］箱船に［入った。そして］神
は彼らの後ろを［閉］じた⑨。［…………］そしてその上に彼は与える［…………］ 6神がそれを選んだ⑩［……
…］天の水門が開［か］れた⑪。［……そして］それらは［雨を］全天下の⑫地上に［降り］注いだ。 7［…………］地上
に水を上げる［こと……四十］日四［十］ 8夜、［雨が地上］にあった⑬。［…………水は地］上に勢い［を増し⑭……］
そして 9至［高者］の栄光を知るためである。［…………］を［…………虹を］かれは彼の前にさし示した⑮。 10そ
してそれは天の上に輝き［、それは神と］地と［地上の］人［間のあいだの徴《しるし》となり］、永遠の代《よ》［々《よ》］に未来［の］徴
［となった］⑯。 11とても［…………もはや］洪水があって［地を滅ぼすことはない⑰……］ 12昼と夜の［時］期⑱［……
……］天と地の上［を照らす光体たち、］ 13［地と］それに［満］ち［る］もの⑲［…………すべ］てをかれは［人間に］
与えた［…………］

第Ⅲ欄（断片一〇a-e）

（上端）

1［……］そしてない［……………］2その［二］人の助産［婦[20]…………］（余白？）［…………そして彼らは投げ込
んだ、］（余白）3彼らの［息］子たち［を］ナイル河に[21]［…………］彼ら［を……[22]］4［そして］かれは彼らにモー［セ］

（1）創一28参照。但し、「治めるようにした」という復元は不確か。「生き物と［水がうごめく］這う物［すべてをかれは作った］」という復元も可能（創一21参照）。

（2）創二15-16、詩八7、ベン・シラ一七2、ヨベ二14、教訓 4Q423 二2、共規 1QS III 17-18, 外典詩 4Q381 一7-8、秘義 4Q301 三6、光体 4Q504 I八6参照。

（3）創二17、光体 4Q504 I八5参照。

（4）「神に反乱し」の意。おそらく失楽園（創三章）を暗示している。

（5）創六5、八21、洪水 4Q370 i3、教訓 4Q416 一16、4Q417 二ii12、Ⅳエズ三21-22、四30、七118、ロマ五12-18参照。

（6）創六5に基づく復元。

（7）創六9参照。

（8）創七7参照。

（9）創七16参照。

（10）選ばれたものは単数女性形。「（ノアの）家族」か。

（11）創七11参照。

（12）ヨブ二八24参照。

（13）創七12参照。

（14）創七18、19、24参照。

（15）創九13参照。

（16）創九12参照。

（17）創九11参照。

（18）創八22、共規 1QS X 1-3, 感謝詩 1QH^{a} XX 8-10 参照。

（19）詩二四1、五〇12参照。

（20）出一15-21、ナラE 4Q464a 4参照。

（21）出一22参照。

（22）「［かれは］彼ら（の呻き声）を［聞いた］」と復元可能。出二24、偽フィロン『聖書古代誌』一〇1参照。

を遣わした①［…………そしてかれは燃える茨の灌木《かんぼく》の］幻の中に［現れた②。…………］5諸々の徴と奇蹟③［…………］6そしてかれは彼らを④ファラオへと遣わし［…………］諸々の打撃［……］諸々の不［思］議をエジプトに［…………］そして彼らは7［彼らの民］を送り出すようにというかれの言葉をファラオへともたらした⑤。［しかし］彼は［その］心を固くし⑥、罪を犯し［た⑦］、（それは）［イスラ］エルの人［々が］永遠の代［々］にいたるまで（そのことを）知るためである⑧。そしてかれは彼らの［水を］血に変えた⑨。8蛙たちが［彼らの］全地に⑩、そしてぶよが［彼らの］全領土に⑪、あぶが彼らの家々に⑫（生じ）、そして［それ（ら）は］彼らの［……⑬］すべてを［襲っ］た。そしてかれは疫病をもって9彼らの家畜［すべてを］撃ち、そして彼らの動物を［死］へと引き渡した⑭。かれは彼らの地に闇を、彼らの［家々］に暗黒をお［き⑮］、人が互いに見ることのないようにした⑯。［そしてかれは］10雹《ひょう》をもって彼らの地を、［彼らの］大地を霜［をもって打ち⑰］、彼らの食べ［る］実りのす［べてを滅ぼし尽くした⑱］。そしてかれは蝗《いなご》をもたらし［地］の表を覆い⑲、飛蝗《ひこう》⑳は彼らの全領土に重く㉑、11［彼らの地］の緑草すべてを食べ、彼らの［…………］た㉒。そして神は［ファラオ］の心を固［くし㉓］、［彼らを送］り出さないようにした。（それは）奇蹟を増やすためである㉔。12［そしてかれは彼らの長子を、彼らの精力すべ］ての初穂を［打った㉕。…………］

位置不明の諸断片

断片G

1［…………］彼らは泣きわめいた。そして［…………］2［…………］を［…………］2a［…………］彼らは泣き叫ぶ［…………］3［…………］

断片N

1 [……………] 2 [……………] 顔に汗して(26) [……………]

断片P

(1) 出三15、詩一〇五26参照。
(2) 出三3参照。
(3) 出七3、申四34、六22、七19、二九2、三四11、エレ三二20、詩七八43、一〇五27、一三五9、ネヘ九10、神業4Q392二+五+4Q393一ⅰ7参照。
(4) モーセとアロン。
(5) 出四23、五1、七16、26、八16、九1、13、一〇3参照。
(6) 出七13参照。
(7) 出九27参照。あるいは、「[しかし]かれは、罪を犯す[よう彼の]心を固くした」。
(8) あるいは「(それは人々が)神[の栄光を]永遠の代[々]にいたるまで知るためである」。出一〇1-2、本文書Ⅱ8-9参照。
(9) 出七17、20、詩七八44、一〇五29参照。
(10) 出八1、3、詩一〇五30参照。
(11) 出八13、詩一〇五31参照。
(12) 出八17、20参照。
(13) 「彼らの[実り]」、「彼らの[顔]」などの復元が可能。
(14) 出九3、詩七八50参照。
(15) 出一〇22参照。
(16) 出一〇23参照。
(17) 詩七八47参照。
(18) 詩一〇五35参照。
(19) 出一〇4-5参照。
(20) 詩七八46参照。
(21) 出一〇14参照。
(22) 欠損部は「彼らの[大地の実りを食べ]た」などと復元可能。
(23) 出九12、一〇20、27参照。
(24) 出一一9-10参照。
(25) 出一二12、29、詩一〇五36。詩七八51参照。
(26) 創三19参照。

1［……………］2彼の企て(1)［……………］3水［……………］

断片R

1［……………］彼らは従わせた(2)［……………］

《解説》

本文書は、ヘブライ語で書かれた三十三の断片が残る。写本の年代は前一世紀前半に遡る。本訳の底本には *DSSR* を採用したが、T. Elgvin and E. Tov, DJD XIII（1994）も参照した。三つの欄が再構成され、それ以外の諸断片は位置不明なものとして末尾に置かれている（本訳では意味をなす断片のみ訳出）。

現存する諸断片から原本を想定すると、全体で四欄から成る文書だったと考えられ、そうだとするとおよそ四欄×13行の短い文書だった。その中に『創世記』一―四章（第Ⅰ欄）、同六―九章（第Ⅱ欄）、出一―一二章（第Ⅲ欄）、それに失われた第Ⅳ欄が含まれていたことになる。第Ⅳ欄の内容は不明であるが、聖書の物語をきわめて短く要約して語り直した文書ということになる。

第Ⅰ欄には「言葉」による天地創造から最初の人間の堕罪が、第Ⅱ欄にはノアの洪水物語が、第Ⅲ欄には出エジプトにいたるまでのイスラエル（の神）とファラオとの対決が記されている。これらの物語の選ばれた理由は不明であるが、人間の罪とファラオの頑なさが描かれ、それらの物語を通して、神の栄光を「永遠の代々に」知らしめるためとされていることから、教訓的な意図をもって書かれたものと推測される。

(1) 本文書第Ⅰ欄12行参照。

(2) あるいは「従わせよ」（命令形）。創一28参照。

出エジプト記パラフレイズ……（4Q127）

上村 静 訳

4Q出エジプト記パラフレイズ（4Q127）

内容

出エジプトの出来事にかかわる記述の断片。

断片一

1[……]2[……]そして[……]からの者[……]3[……]4[……]習慣は彼に
[……]5[……]そして[……]6[……]エジプトの[……]を彼は与えて(1)[……]

（1）あるいは「かれは」。「与える」は第二アオリスト分詞男性単数形。

7［……］ファラオ［……］8［……］モーセに［……］9［……］（1）そして［……］
10［……］（2）そして［……］11［……］紅い（3）［……］に［……］12［……］

断片二

1［……］2［……］彼を［……］3［……］御《み》使《つか》いに（4）［……］4［……］5［……
……］（5）

断片三

1［……］2［……］人の［……］3［……］罪々の（6）［……］

断片七

1［……］2［……］天の（7）［……］3［……］4［……］

断片八

1［……］2［……］言葉を（8）［……］3［……］者はまた（9）［……］4［……］あなたの者たちは（10）［……］5［……］（11）

断片九

1［……］2［……］すべてを［……］3［……］遵法《じゅんぽう》（12）［……］4［……］

断片三七

1［…………］2［…………］3［…………］言葉を［…………］

（下端）

《解説》

『出エジプト記パラフレイズ』（4Q127）は、パピルスにギリシア語で書かれた八十六の断片が残る。写本の年代は、前一世紀から後一世紀初頭である。本訳の底本はDJD IX（1992）であるが、単語が判読できる断片のみを訳出した。

本文書には意味を成す文章はほとんど残されておらず、いくつかの単語が読めるだけであるが、「エジプト」「フ

（1）ここに「ロン」の文字が見えるので、「[ア]ロン」の語があった可能性がある。

（2）ここに「アム」の文字が見えるので、「[ミリ]アム」の語があった可能性がある。

（3）「紅」（*[e]ruthros*）は「紅海」を指す用例で多く用いられている。

（4）あるいは「御使いたちの」。

（5）ここに *takru* の文字が見える。これが *ta krupta* であるならば、「隠された事々」を意味する（LXX 申二九28参照）。

（6）「罪」（ハマルティア）の複数属格形。

（7）「天」（ウーラノス）は単数形。

（8）「言葉」（ロゴス）は単数形。

（9）「者」は関係代名詞男性単数主格形。「また」（カイ）は通常「そして」と訳される語。マコ三19参照。

（10）あるいは「あなたに」。この後に *ia* の文字が読めるが、これが *iaō* であるならば、神名YHWHのギリシア文字音写である。本文書断片五四2には *aō* の文字が残されている。

（11）ここに *usso* の文字が読める。*abusso-*「深淵」の語だった可能性がある。

（12）単数属格形または複数対格形（*nomias*）。あるいは「[不]法」（*[a]nomias*）。

ァラオ」「モーセ」（可能性として、「アロン」「ミリアム」「紅海」）などの単語が判読できることから、出エジプトの出来事にかかわる文書であると考えられる。『出エジプト記』のギリシア語訳の可能性もあるが、かつての時代を振り返り、現在と未来の世代への啓示と教えを含む黙示文学とする意見もある（DJD IX 224）。

五書アポクリュフォン……………………（4Q368, 377）

上村　静　訳

内容

主に『出エジプト記』と『民数記』に基づくモーセに関する物語。『4Q五書アポクリュフォンA』（4Q368）は、神とモーセの対話およびモーセによる民への説教と警告を含み、『4Q五書アポクリュフォンB』（4Q377）は、シナイ山およびその後の荒野放浪時代におけるモーセと民の経験を扱う。

4Q五書アポクリュフォンA（4Q368）

断片一(1)

（1）本断片は前半半分以上が欠損しているが、出三三11-13の引用と思われるため、それに基づいて復元されている。ここでは、底本によって復元されたテキストを訳出する。なお、欠損部分の長さから、出三三11bはなかったようである。

1［…………］2［…………］モーセと共に［これらの］言葉3［…………そしてヤハウェはモーセに語った、
顔］と顔を合わせて、4［人がその友に語る］よ［う］に。①［そしてモーセはヤハウェに言った。「見てくだ］さい。
［あ］なたは［私に］言う。5［「この民を導き上《のぼ》れ」、と。しかし、あなたは私に知らせない］、あなたが私と共に遣
わす者を。6［また、あなたは言った。「わたしはあなたを名において知っている。そしてまた、あなたはわが］目
［に好意を見出した」、と］。そこで今、もし7［私があなたの目に好意を見出したのなら、どうか私にあなたの道を
知らせてください。そうすれば、私はあなたを知るでしょう。…………］た［めに。②］

断片二③

1［…………］2［…………そして彼は］あなたを速［やかに根絶］するだろう。④見よ、わたしはあなたたちの前
から⑤追い払う、3［アモリ人、カナン人、ヘト人、］ペリジ人、［ヒビ人、イェブス人］を。あなたは自ら用心せよ、
4あなたが［そこへと入って行くその地の住民と契約を］結ぶことのないように。それがあなたたちの只中で⑥あな
たにとって⑦罠とならな［いために］。5［むしろ、彼らの祭壇をあなたたちは破壊し、彼らの彫像をあなたたちは］
火で［焼き］棄て、彼らの石柱を6［あなたたちは打ち砕きなさい⑧。なぜなら、あなたは他の神にひれ伏してはなら
ないからである。なぜなら、］ヤハウェはその名が熱愛であり、［かれは］熱愛の神⑨だからである。7［あなたは、そ
の地の住民と契約を結ぶことのないように。さもないと、彼らは］彼らの神々の後を追って［淫行《いんこう》をし、彼らの
神々に］犠牲を捧げ、8［彼はあなたを呼び、あなたは彼の犠牲を食べるだろう。また、彼らは⑩］あなたの息子たち
に彼らの神々の後を追わせ［淫行をさせるだろう］。9［あなたは自分のために鋳造の神々を作ってはならない。種
入れぬパンの祭をあな］たたちは⑪守りなさい。〔その⑫〕七日の間、あなたたちは⑬食べなさい、10［わたしがあなたに
命じた種入れぬパンを、ア］ビブ［の月の定められた時期に］。なぜなら、その時に⑭あなたはエジプトから出たから

である。11［胎《たい》を開くものはすべてわたしのものである、あなたのすべての雄の家畜］、雄［牛と］雄羊のうち（胎を）開くものは。ろばの（胎を）開くものについては、12［あなたは一匹の小家畜を身代わりに立てねばならない。もし身代わりを立てないなら、その頸をあなたは折りなさい。あなたの息子たちの長子すべてに、あなたは身代わりを］立てねばならない。13［わたしの顔は手ぶらでは］見られない。［六日の間あなたは働き、第七日目に休みなさい。耕すときも収穫のときも］14［あなたは休みなさい。週の祭をあなたはあなたのために行いなさい、小麦の収穫の初物（の祭）として。そして年の変わり目に］仮庵《かりいお》［の祭(15)（を行いなさい）。］15［年に三回、あなたのすべての男

（1）出三三11a。
（2）出三三12-13。
（3）本断片も前半約半分が欠損しているが、出三四11b-24からの引用と思われるため、それに基づいて復元されている。ここでも、底本によって復元されたテキストを訳出する。
（4）この復元は不確か。
（5）マソラは「あなたの前から」。
（6）マソラは「あなたの只中で」。
（7）マソラには「あなたにとって」はない。
（8）マソラは「彼らの祭壇をあなたたちは破壊し、彼らの石柱をあなたたちは打ち砕き、彼のアシェラ像をあなたたちは切り倒しなさい」。七十人訳では「彼らの祭壇をあなたたちは破壊し、彼らの石柱をあなたたちは打ち砕き、彼のアシェラ像をあなたたちは切り倒し、彼らの神々の彫像をあなたたちは火で焼き棄てなさい」、申七5、一二3参照。
（9）「熱愛の神」あるいは「嫉妬の神」（エルカンナー）。マソラでは二語で書かれているが、ここでは一語で書かれている。
（10）マソラでは、この前に娘たちを娶るという話があり、この主語はその「娘たち」となっているが、本文書では当該箇所はないようである。
（11）マソラでは「あなた」。
（12）「［その］」（定冠詞）は、行間に後から付加されている。マソラは無冠詞。
（13）マソラでは「あなた」。
（14）「その時に」は、マソラでは「アビブの月に」。出二三15参照。
（15）マソラでは「穫り入れの祭」。

子は、イスラエルの神ヤハウェ、］主［の顔を見なさい。］16［なぜなら、わたしはあなたの前から諸国民を追い払い、
あなたの領土］を［広げるからである。(1)］

断片三

1［…………］2［…………］そして誰が［…………］3［…………］肉が変わった(2)［…………］4［…………
…］そして私は立った(3)5［…………］光り輝いていた(4)6［…………］あなたは住まわせた(5)7［…………］あなた
のために仲保者《ちゅうほしゃ》(6)

断片四

1［…………］エドムの地(7)2［…………］モーセに言う(8)

断片五

1［…………］2［…………］部［族］の長たち［と］彼らの［裁］判人たちすべて3［…………］彼らの父たちの
家すべての数に(9)4［…………］そしてあなたは上《のぼ》った、あなたとアロン5［…………］アロンとその息子エルア
ザルに、そしてあなたは脱がせ(10)6［…………］7［…………］

断片六

1［…………］2［…………］残されている(11)3［…………］

断片九

[1]［…………］彼らは神々と混じり［あった(12)…………］[2]［…………］あなたたちの神ヤハウェの口を(13)。かれを敬え(14)、そして身震いせよ(15)［…………］[3]［…………］そして彼らの心を。栄光と［……］と生命《いのち》(16)［…………］[4]［…………］栄光を神ヤハウェは［……］に与え(17)、かれの栄光の言葉(18)［…………］[5]［…………］そしてモー［セ……］そして［……］の上に［…………］[6]［…………］[7]［…………］

（1）出三四11b-24。
（2）出三四29-35のモーセの顔の変化に関係しているかもしれない。
（3）出三四章にはモーセが「立つ」という表現はないが、申一〇10ではモーセは「私は立っていた」と言う。
（4）出三四29、30、35のみに用いられる動詞で、モーセの顔の輝きを表している。
（5）神の栄光（出二四16）あるいは神の名（申一二11、一四23、一六2、6、11、二六2）の場所か。
（6）「仲保者」の語は、聖書ではモーセのために用いられてはいないが、出講4Q374七2ではモーセにこの語が適用されている。
（7）民二〇章参照。
（8）おそらく「ヤハウェはモーセに語って言った」と復元できる（民二〇7参照）。
（9）『民数記』の人口調査と関係するか。民一3で神はモーセとアロンに人口登録するよう命じている。
（10）第4-5行について、民二〇25-28参照。
（11）民二一35、申四27、ヨシ一三2参照。
（12）詩一〇六35-36参照。
（13）申一26、九23、民一四41、二二18、二四13参照。
（14）箴三9、イザ二四15参照。
（15）イザ三三11、出一九16、18参照。
（16）箴二一21参照。
（17）詩八四12、コヘ六2、代下一12参照。
（18）安息歌六47（4Q405 三ii3）、八36（4Q405 一三4）、光体4Q504 XXIII 二vii（裏面）5参照。

断片一〇第i欄

[1]［………］[2]［………］[3]［………］[4]［………］天に、星［々］の間を①行き巡り②、[5]そして腹の奥③へと入り［……の］企図を知る［………］[6]［そして］彼らは、彼の床の上で④。では、彼は何を自ら進んで捧げるのか。そしてあなたたちは［………］彼は作った[7]［………］大きな［………］地においてあなたたちの目に驚くべきことをなす方［……］[8]諸々の悪い病⑤、大きな打撃⑥、［……］のない災い⑦［………］[9]［………］彼は叱責されるだろう［………］[10]［………］

断片一〇第ii欄

[1-2]［………］[3]［………］[4]［………］[5]そして茨［と］おどろに⑧、そして労苦の見返りはなく⑨、そして［………］[6]［そして］野の獣たちに、そして往く者と戻る者⑩に、そして［………］[7]動物たち、そして獣たちはそれを踏みつけるだろう⑪。断て⑫、［……］なしに［………］[8]燃える、そしておどろと⑬［………］[9]［………］[10]［………］

4Q五書アポクリュフォンB（4Q377）

断片一第i欄

[1]［………の間を］分け［る］こと［………］[2]［………］天そのもの⑭［………］[3]［………］のすべての目にわたしの義⑮［………］[4]［………の］目（の前）に嗣《つ》がせること［………］八つの［………

…］ 5 ［…………］諸国民［…………］の間［…………］ 6 ［…………］そしてわたしは［裁く］だろう、人とその友の間を、父とその息子の間を、人と［その］寄留者の間を[16]［……］ 7 ［…………］イス［ラエ］ルすべてに［…………］そして彼は証言するだろう[17]［…………］ 8 ［…………］ヒビ［人］、カナン人、ヘト人、アモリ人、イエブス人、ギルガシ人[18]［…………］ 9 ［…………］他の諸々の民の地［よりも］よい広い［地[19]…………］

（下端）

（1）オバ4参照。
（2）詩七七18-19参照。
（3）直訳「腹の部屋（複数）」、箴一八8、二〇27、30、二六22、知恵言4Q185一iii12参照。
（4）詩三六5参照。
（5）申二八59参照。
（6）ヨシ一〇10、20、士一一33、一五8など参照。
（7）病と災いは、王上八37、代下六28で一緒に言及される。
（8）「茨とおどろ」、イザ五6、七23-25、九17、二七4。イザ一〇17、三二13参照。
（9）ヨブ二〇18参照。
（10）エゼ三五7、ゼカ七14、九8参照。
（11）ダニ八7、イザ七25、一〇6参照。
（12）エゼ二九8、三五7参照（エゼ一四19、21も参照）。
（13）「踏みつける、燃える、おどろ」の組み合わせは、イザ五5-6参照。
（14）出二四10参照。
（15）詩九八2、感謝詩1QH^{a} VI 27参照。「わたし」は神か。
（16）出一八16、民三〇17、申一16、エレ七5参照。
（17）あるいは「警告するだろう」。
（18）出三四11に神がイスラエルの前から追い払う諸国民のリストがある。「ギルガシ人」はマソラ版のこのリストには見あたらないが、他の同様のリスト（創一〇16、一五21、申七1、ヨシ三10、二四11）や、サマリア五書のこの箇所には現れる。神殿11QT^{a} II 2-4もここと順序は違うが、ギルガシ人をリストに含む。
（19）「よい広い地」、出三8参照。

断片一第ii欄

[1-4]［…………］[5]［…………］よ［うに］、顔と顔を合わせて(1)［…………］[6]［…………］[7]［…………］永［遠］に［…………］[8]［…………］そしてまた［…………］[9]［…………諸々の］不思議をあなたは歌うだろう(2)［…………］

（下端）

断片二第i欄

[1]［…………］[2]［…………］[3]［…………］この［……］(3)[4]［…………］ベニヤミンの［部］族［に］レファヤ(4)[5]［…………］(5)ガドの部族にエルヨ(6)[6]［…………］後衛《こうえい》(7)、二十歳以上の者から(8)[7]［…………］（余白）[8]［…………］敬虔な者たちの一人、(9)そして彼は自分の声を挙げた(10)[9]［…………そして］かれは燃え上がる［かれの憤怒］を返し、(11)［そして］ミリヤムはかれの目から［閉ざさ］れた。(12)（余白？）年々(13)[10]［…………］われらに対して、そして彼女はわれらのもとに導くだろう。(14)なぜなら[11]［…………］

（下端）

断片二第ii欄

[1]［……］そしてあなたの奇蹟(15)［…………］[2]彼らはモーセの諸々の掟を悟るだろう。（余白）［…………］[3]そしてエリバハ（？）(16)［……］は答え［て］言った。「聞［け］、ヤハウェの集会(17)よ、耳を傾けよ、全会衆よ。(18)［…………］[4]［…………］（余白）詛《のろ》われよ、(19)立たず、守らず、行［わ］ない人は、[5]かれの油注がれた者(20)たるモーセの口によ

（1）出三三11および本文書断片二第ii欄6行参照。
（2）詩九八1、一〇七8、15、21、31参照。
（3）Puech と Feldman は、「この［……］」ではなく、「［部］族［に］」と読む。
（4）民一三9にベニヤミン族の「ラフの子パルティ」が偵察隊の一人として言及されている。また、代上九43に「レファヤ」がサウルの子孫（つまりベニヤミン族）として言及される。
（5）Feldman はこの欠損部を「［オ］ムリ」と読む。
（6）民一三15にガド族の「マキの子ゲウエル」が言及されている。ここの「エルヨ」（または「エリユ」*ʾlyw*）はゲウエルの別形かもしれない。
（7）「後衛」、ヨシ六9、13参照。民一〇25によると、ダンの部族はイスラエルの宿営の後衛をなした。
（8）二十歳は、人口登録の最少年齢であり（出三八26、民一3など）、また聖所に仕えるレビ人の最少年齢でもあった（代上二三24、27）。代下二五5によると軍隊に動員されるのも二十歳以上の者である。戦い 4Q491 四2、神殿 11QT[a] XVII 8, XXXIX 5–6, 10–11, LVII 2–3も参照。
（9）「敬虔な者たち」（ハスィーディーム）。類似の表現は申三三8。
（10）「彼」はおそらくモーセ。
（11）民一二9参照。Feldman は、「［そして］燃え上がる［かれの憤怒］は戻った（収まった）」と読む。
（12）民一二15参照。おそらくこの行の文脈は民一二章のアロンとミリヤムのモーセに対する反抗だろう。Feldman は、「ミリヤムは［イスラエル］の子らの（余白？）目から［閉ざさ］れた」と復元。
（13）「年々」（シュネー）。Feldman は「子ら」（ブネー）と読む。前注。
（14）あるいは、「彼女（ミリヤム）をわれらのもとに導け」。
（15）Puech は「［あなたの徴］とあなたの奇蹟」と復元する。
（16）「エリバハ［……］」（*ʾlybh*）は、動詞から考えるとおそらく名前（の一部）。だが、これらの文字から成る名前は聖書からは知られていない（本訳におけるカタカナ表記は暫定的）。
（17）「ヤハウェの集会」、民二七17、三一16、ヨシ二二16、17。
（18）Puech は、「大いな［る］全会衆よ、なぜなら［……］」と読む。以下の欠損部には、会衆が聞くべき内容が続いていたと考えられ、Strugnell は「かれの言葉とかれの定めのすべてを」という復元を提案する。王上六38参照。
（19）申二七26参照。「……の人は詛われよ（詛われる）」という言い回しについて、申二七15、サム上一四24、28、エレ二〇15、ヨシ・アポ 4Q379 二二 ii 8、テス 4Q175 22参照。
（20）「かれの油注がれた者」、あるいは「かれのメシア」。聖書ではモーセが神の「油注がれた者」とされる箇所はないが、預言者がそう呼ばれることはある（王上一九16、イザ六一1、詩一〇五15／代上一六22）。ダマ CD V 21–VI 1 と比較せよ（ダマ CD II 12, 戦い 1QM XI 7 も参照）。

る(1)[……………](2)すべてを、そしてシナ[イ]山からわれらに[……]方、(3)われらの父祖たちの神ヤハウェ(4)の後を歩むこと(5)(をしない人は)。6(余白)そしてかれは、顔と顔を合わせてイスラエルの会衆に語った、7人がその友に語るように、(6)またかれが天上からの(7)燃える火において[……](8)われらに示したと[き]に。(9)(余白)[……]8そして地上に(10)かれは立った、山の上に、(11)かれの他に神はなく、かれのような岩はないことを知らせるために。(12)[……]9会衆(13)〔集会〕(14)は答えた。(15)そして戦慄が彼らをとらえた、(16)神の栄光の前に、(17)また不思議な雷鳴ゆえに。(18)[……]10そして彼らは遠く離れて立った。(19)(余白)そして神の人モーセ(20)は神と共に雲の中におり、(21)11彼の上を雲が覆った。(22)なぜなら、彼が聖別されたとき(23)[……]、そして御使いのように(24)彼はかれの口から語った。(25)なぜなら、肉のうちで(26)誰が彼のような12敬虔の人(27)であろうか。(28)そして永遠から永久まで創造されることのなかった(29)[…………](30)

(下端)

断片三

1[……………]2[……………]そして神[……………]3[……………]イスラエル[……………]

---

(1)「モーセの口による」という表現は聖書には現れないが、「……の口による」は他の人物との組み合わせではある(バラム〔民二三5〕、エレミヤ〔代下三六21-22〕など)。

(2) Strugnell, Puech は欠損部を「[ヤ]ハウェの命[令]」と復元。この表現については、申四2、六17、八6など参照。

(3) 欠損部には動詞の現在分詞形が入り、「……する方」として次の「神ヤハウェ」を修飾する。申五4参照。

(4)「父祖たちの神ヤハウェ」という表現は、出四5、申一11、

21、四1、六3、二七3など。ここと同じ言い回しは、申二六7、エズ七27、代下二〇6。

（5）「ヤハウェの後を歩む」、王下二三3、代下三四31参照。「……の後を歩む」は、他の神々に従うという文脈で用いられることもある（申一一28、二八14）。

（6）出三三11と比較（民一二8、申三四10。五書アポA 4Q368 一2-3も参照）。そこでは「顔と顔を合わせて」神が語るのはモーセに対してであるが、ここでは「イスラエルの会衆」全体へと拡大されている（申五4参照）。

（7）出二〇22参照。

（8）欠損部は「かれの壮麗さを」（Puech）、「かれの偉大さを」（Feldman）という読みが可能。

（9）出一九18、二四17、申四12、五24参照。

（10）「天上から」と「地上に」の並列について、申四36参照。

（11）出一九18、20参照。

（12）「かれの他に神はなく……」は、サム下二二32に基づく。詩一八32、サム上二2、サム下七22、イザ四四6、8、四五21、出二〇3、申五7参照。

（13）Feldmanは「[そして全]会衆」と復元（第3行参照）。

（14）「集会」の語は一旦書かれた後に消されている。

（15）出一九8、二〇18-19、二四3参照。

（16）出一五15、イザ三三14、詩四八7参照。

（17）出二四16、17参照。

（18）「声」とも訳せる。出一九16、二〇18参照。

（19）出二〇18、21参照。

（20）モーセが「神の人」と呼ばれることについて、申三三1、ヨシ一四6、詩九〇1、エズ三2、ヨシ・アポ 4Q378 二六2参照。

（21）出二〇21参照。

（22）出二四15-18、ヨベ一2-3参照。

（23）出二九43参照。ここでは出二四16の雲の中の七日間をモーセの聖別のためと解釈している（バビロニア・タルムード『ヨーマ』4a-b参照）。

（24）DJD XXVIII は「使者のように」と訳すが、明らかに天使と比較されている。ベン・シラ四五2、モセ昇（遺）一一17参照。

（25）モーセが神の口に従って何かをなすということを表す聖書箇所は多い（民四37など。申一八18も参照）。

（26）「肉のうちで」（ミバサル）、あるいは「使者」（メバセル）。下記注（28）参照。

（27）申三三8、ハラ書 4Q398 一四―一七ii1参照。

（28）あるいは、「誰が彼のような使者、敬虔の人であろうか」（上記注（26））。モーセが比類なき者であることについて、申三四10-12、モセ昇（遺）一一16-17参照。

（29）出三四10参照。

（30）Feldmanは「[定めを]彼は命[じた]」と復元。

断片五―六

1［…………の］すべ［て］において［…………］2［…………］イスラエルへの讃美［…………］3［…………
…］彼らの心のように［…………］
（下端）

《解説》

『4Q五書アポクリュフォンA』（4Q368）は十の断片が残り、『4Q五書アポクリュフォンB』（4Q377）は、六つの断片が残る。いずれもヘブライ語で書かれている。写本の年代は、前者が前一世紀後半、後者が前一世紀前半である。底本は J. VanderKam and M. Brady, DJD XXVIII（2001）である。注に上げたストラグネルの意見は DJD によるが、ピュエシュのは、Émile Puech, "Le fragment 2 de 4Q377, *Pentateuque Apocryphe B* : L’exaltation de Moïse," *RevQ* 21/83（2004）469–475, フェルドマンのは、Alex P. Feldman, "The Sinai Revelation according to 4Q377（Apocryphal Pentateuch B）," *DSD* 18（2011）155–172 である。

『4Q五書アポクリュフォンA』の断片一は出三三11－13を、断片二は出三四11b－24をそれぞれ引用している。断片三は聖書引用ではないが、出三四29－35のモーセの顔が輝く物語と関係しているようである。断片四―五は民二〇章と関係している（特に断片五は民二〇25－28と同様にアロンとエルアザルに言及している）。断片九は断片一―五とは異なる文脈にあり、神々に従うことなくヤハウェを敬い身震いするようにと、モーセが民に説教している。断片一〇は、民に対する訓戒と罰（「茨とおどろ」「獣たち」）に関するテーマが展開されている。

『4Q五書アポクリュフォンB』断片一は、シナイ山での啓示と関係しているように見える。断片二第i欄は、『民数記』一三章のカナンの地の偵察隊のリストと、同一二章のミリヤムとアロンのモーセに対する反抗を扱っているようである。第ⅱ欄は、シナイ契約の場面設定において、読みが不確かで特定できないエリバハ（?）なる人物が会衆全体に、モーセの口を通して語られたことに従わない者は詛われると語る。モーセは神の「油注がれた者」（＝メシア）、「神の人」、「御使い（天使）のように」語る者とされ、その特異性が強調される。また、ここでは神がイスラエルに直接語る部分と、聖別されたモーセが民に語る部分とが分けられているが、これは十戒の最初の二つが神の一人称での語りであるのに対し、残りが三人称であることの解釈であると考えられる（フェルドマン）。なお、断片二は、表側に普通のテキストがあり、裏面に断片一が写っている（長く巻かれていたため断片一テキストのインクが断片二の裏面に付いた）。内容からすると、断片二が断片一よりも前のテキストだった可能性がある。

4Q368と4Q377の二文書は、重複する部分はないものの、どちらも五書（特に『出エジプト記』『民数記』『申命記』）のさまざまな記事を用いて語り直しており、両者が互いに関係していたと想定することが可能である。それゆえ『4Q五書アポクリュフォンA・B』という名が与えられている。しかしこの名称は、両文書におけるモーセの役割を十分には表していない。両者とも物語部分を含むが、前者では神とモーセの対話があり、モーセが神の言葉を民に伝えるのに対し、後者では第三者が神とモーセについて語っている。また、後者はモーセの役割を強調する点で、『ヨシュア記アポクリュフォンa』（4Q378）に似ているとも言える。

出エジプトについての講話／征服伝承　…………（4Q374）

上村　静　訳

内容
出エジプトおよびイスラエルの民のカナンの地入植の出来事についての記述。

断片一a－b

1［……………］2［……………］彼の地、そして彼は［……………］3［……………］彼が同盟を結んだとき(1)［……
……］4［……………］になること［……………］5-6［……………］

断片二第i欄

(1)「同盟を結ぶ」（ヒットハベル）、ダニ一一6、23、代下二〇35、37、ベン・シラ一三2参照。

[1-3]［……………］[4]［……………］すべての諸々の地①[5]［……………］あなたは言うだろう[6]［……………］そして彼は受《う》け嗣《つ》いだ②[7]［……………］シナイ③[8]［……………］[9-10]［……………］

断片二第ii欄

[1]一緒に、そして［……………］[2]そして諸国民は憤怒に高ぶり［……………］[3]彼らの行為と［……］の業《わざ》の汚《けが》れによって④［……………］[4]そして［あなたたち］には残りの者も逃れる者もいない。⑤しかし彼らの子孫には［………………］[5]そしてかれは、かれの選ばれた者である［われら］のために、すべての諸々の地よりも望ましい地⑥に植えた⑦［……………］[6]［そして］かれは彼を⑧貴人たちの上に神とし、⑨ファラオに対してよろめ［き］の元とした⑩［…………］[7]［……］彼らは溶け、彼らの心は揺らぎ、［彼］らの肚《はら》はくじけた。［しかし］かれは憐れんだ⑪［……………］
[8]そして癒しのためにかれがその顔を彼らへと光らせるとき、彼らは［彼らの］心を再び勇ませ、知識［……………］
[9]そして誰もあなたを知らなかったが、彼らは溶け、揺らいだ。⑫彼らは［……の］音によろめいた［……………］
[10]［……］彼らに［……………］救いのために［……………］[11]［……………］

断片三

[1]［……………］あなたは［……………］[2]［……………］あなたを贖《あがな》い出す⑬ため［……………］[3-4]［……………］

断片七

[1]［……………］あなたの［……］（余白）［……………］[2]［……………］あなたの民のための仲保者《ちゅうほしゃ》⑭［……………］
[3]［……………］叢雲《むらくも》、そして上に［……………］[4]［……………］

（1）「すべての諸々の地」は、ハラツォート（正しくはハ・アラツォート）とアレフ抜きで綴られている。おそらく発音通りに綴ったもの。

（2）「受け嗣ぐ」（ヤラシュ）は、聖書でイスラエルの土地取得に関して頻繁に用いられる単語。

（3）前行の「受け嗣ぐ」とここの「シナイ」によって、本写本の文脈が出エジプトないし土地取得とかかわっていることがわかる。

（4）Newsom は Strugnell に従って、「（彼らの）悪の業の汚れによって」と復元することを提案する。「汚れ」（*niddāh*）という語については、エズ九11-12参照。そこでは、雑婚禁止の文脈でこの語を用いている。異民族の汚れた行為と雑婚による汚れは、『ヨベル書』の主要なテーマの一つである（ヨベ二二16-21、二五1、三〇7-17など）。この語はまた『ヨシュア記アポクリュフォンａ』（4Q378）にも現れ（一1）、そこでは「彼らを穢す」（*leṭăm ʾām*）（三1）という表現も雑婚との関連で出てくるので、本文書（4Q374）は『ヨシュア記アポクリュフォン』の一部である可能性がある。

（5）「残りの者も逃れる者もいない」という表現は、聖書ではエズ九14にのみ現れる。

（6）「望ましい地」（*ʾĕreṣ hamūdōt*）について、*ʾĕreṣ hĕmdāh* という表現は聖書に数回現れる（エレ三19、ゼカ七14、詩一〇六24等）。*hamūdōt* は、ダニ一〇11、19に *ʾiyš hamūdōt* という形で用いられている。

（7）入植を植樹に喩える聖書箇所に、出一五17、サム下七10、詩四四3-4がある。「そして植えた」はヴァヴ接続法（ヴァヴ＋未完了形）であり、この出来事を過去のこととして物語っている。したがって、本文書はモーセ以後の人物（ヨシュア？）が語っている。

（8）モーセを指す。

（9）出七1参照。

（10）「よろめきの元」という読みは不確か。

（11）ここで揺らぎ、くじけ、憐れまれるのはおそらくイスラエルの民。ファラオへの言及からすると、ここで暗示されているのは葦の海の出来事かもしれない。

（12）「あなたを知らなかった」の「あなた」はイスラエルか神。溶け、揺らぐ「彼ら」はおそらくカナンの地の原住民。

（13）「贖い出す」（*pdh*）という語は、エジプトからの解放との関連でしばしば用いられる（申七8、九26、ミカ六4、詩七八42等）。

（14）「仲保者」、イザ四三27、ベン・シラ一〇2参照。

断片九

1［…………］2［…………］彼が歌う［弔《ちょう》］歌《か》(1)［…………］3［…………］ヤハウェが彼に言うとき(2)［…………］4［…………］から［…………］5［…………す］べて［…………］

断片一〇

1［…………］2［…………］あなたから、そしてあなたの恐れ［…………］3［…………］あなたは、そしていかなる［……］もない［…………］4［…………］肥えた家畜［たち］の脂《あぶら》よりも［…………］

《解説》

本文書は二欄を含む断片二と十五の小断片から成る。ヘブライ語で書かれている。写本の年代は、前一世紀後半である。本訳の底本は C. Newsom, DJD XIX（1995）。以前は『モーセ・アポクリュフォンA』と名づけられていたが、出エジプトとカナンの地入植の出来事が過去形で言及されていることから、モーセを語り手とする偽書という見方は除外される。語り手をヨシュアと同定するには、欠損が多すぎて十分な確証が得られないが、二八五頁注（4）に記したように、本文書が『ヨシュア記アポクリュフォン』の一部である可能性はある。

（1）誰が誰のための弔歌を歌っているのか定かでないが、出エジプト／入植の文脈が続いているならば、モーセの死に対する追悼の可能性がある（申三四8参照）。『ヨシュア記アポクリュフォンa』（4Q378 一四）はこの喪に言及している。また、偽フィロン『聖書古代誌』には、天使たちがモーセの死を悼んで彼らの歌を止めたという記述や（一九16）、ヨシュアの嘆きがあまりに大きく、神がヨシュアを鼓舞するというシーンが描かれている（二〇2）。

（2）「ヤハウェが彼に言うとき」は、構文上は申四10の「ヤハウェが私に言うとき」に極めて近い。

ナラティヴ

上村　静　訳

名称について

「ナラティヴ」と名づけられたいくつかの文書は、なにかしらの「物語」を語っているようではあるが、断片が小さいために文学類型を特定できない文書に付された一般的な名称であり、必ずしも同一の文学ジャンルに属しているというわけではない。それぞれの文書間に思想的統一性があるわけでもない。個々の内容については、それぞれの解説を参照されたい。

ナラティヴA……（4Q458）

内容——

メシアによる終末論的な戦いの描写。

断片一

（上端）

1［…………］愛《いと》しい者(1)のために［…………］2［…………］愛しい者［…………］3［…………］天幕の中に［…………］4［…………］彼らは知らなかった［…………］5［…………］火で焼かれた(2)［…………］6［…………］そして彼らは(3)彼と共に立った［…………］7［…………］かれは第一の者に(4)言って言った［…………］8［…………］生命《いのち》のために［……］そして第一の御使《みつか》いは投げた 9［…………］打ち倒す［剣……］、そして彼は邪悪の木を打った 10［…………］仇敵《きゅうてき》ども(5)を略奪品に(6) 11［…………］

断片二第ｉ欄

1［…………］彼ら 2［…………月］と星々 3［…………］第二の 4［…………］そして彼は逃げるだろう、町の中に 5［…………］姦淫《かんいん》

断片二第ⅱ欄

2を［…………］3そして彼は(7)彼と彼の軍団を滅ぼす［…………］4そしてそれは(8)無割礼の者たちすべてを呑み込み、そして［…………］5そして彼らは義とされ(9)、そして彼(10)は高みへと行く(11)［…………］6王支配(12)の油で油注がれた者(13)［…………］

《解説》

本文書はヘブライ語で書かれた十九の断片が残るが、ほとんどは粉々の小断片であり、ここに訳出した断片一と

二以外は数語が判読できるのみである。断片一二には「ユダ」「ルベン」「ヨセフ」の名が現れるが、この断片が本文書に属しているかどうかは疑わしい。本訳の底本は、E. Larson, DJD XXXVI（2000）。写本の年代は前一世紀半ば頃である。

本文書には「油注がれた者」（メシア）への言及があり、それが終末論的な戦い（「彼の軍団」と「無割礼の者たち」の滅び）と関連づけられている。また、このメシアは終末論的な戦いの後で天に昇ると考えられているようである。このメシアが誰であるかは定かでない。断片一の「第一の御使い」と同定できるなら天使長（おそらくミカエル）であるが、人間であるならダビデ系ないし祭司系メシアの可能性もある。「王支配の油」への言及からすれば、

(1)「愛しい者」（ハ・ヤディード）。申三三12、詩六〇7、一〇八7、一二七2、イザ五1参照。サム下一二25でソロモンは「イェディデヤ」（ヤハウェの愛しい者）と名づけられている。ヨシ・アポ 4Q379 一2、感謝詩 1QH^a XXVI 6 参照。下記断片二ii6「油注がれた者」（メシア）との関連があるかもしれない。

(2) イザ一7、六四10、戦い 1QM XIV 18, 感謝詩 1QH^a XI 32 参照。

(3) 天使たちを指していると考えられる。第8行「第一の御使い」参照。

(4) おそらく次行の「第一の御使い」を指す。

(5)「仇敵ども」（ハツァリーム）、あるいは「エジプト」（ミツライム）。

(6) あるいは「それを略奪する仇敵ども／エジプト」。

(7)「彼」はおそらく第6行の「メシア」。

(8)「それ」は女性形。神の怒り、ないし裁きなどを指すと考えられる。

(9) イザ四五25参照。

(10)「彼」はおそらく次行の「油注がれた者」（メシア）。

(11) メシアの天における即位に言及している可能性がある。詩六八19、エフェ四8参照。

(12)「王支配」（*mlkhwt*）は「王として支配する」（*mlkh*）という動詞から作られた抽象名詞（「王国」とも訳される）。

(13)「油注がれた者」（ヘブライ語でマシァハ）は、いわゆる「メシア」のこと。

ダビデ系メシアの可能性が高い。断片一の「愛しい者」は、このメシアと同一人物と思われるが、別人の可能性もある。後者の場合は、ダビデ系と並んで待望されていた祭司系メシアかもしれない。いずれにしても、キリスト教のメシア概念とよく似たイメージがすでに前一世紀のユダヤ教の中にあったことが本文書から確認できよう。

ナラティヴB ……………………………………………………………（4Q461）

内容

イスラエルの苦難の物語、神への立ち帰りの説諭、および神への祈りの断片。

断片一

1［………］死なせること［………］2［………］彼らに対して［……］そしてかれは彼らを［……］の手
に渡した(1)［………］3［………］過酷な労働(2)でもって［……］そして彼らは課した(3)［………］4［……］そ
の時期(4)まで。（余白）そしてかれは彼らを荒廃に渡した(5)。そして5［………そして］彼らはかれを
［尋ね］求め、そして［かれ］を見出した(6)［………］6［………］聞くこと、そして賢者と［………］7［…

(1)「……の手に渡す」は聖書によく現れる表現だが、その主語は常に神である。それゆえここでも主語を神と取る。

(2) 出一14、六9、申二六6、イザ一四3参照。

(3) 申二六6参照。

(4)「時期」（ケーツ）は「時代・終わり」をも意味する。創時4Q181一ii2、共規1QS III 23, ダニ一一45参照。

(5) あるいは「驚愕に渡した」。ミカ六16、代下二九8、三〇7参照。

(6) 代下一五4、15、エレ二九13参照。

……］まで世界の基《もとい》(1)［……］8［……］かれの意思《みこころ》を行い(2)、そしてかれの諸々の掟を守ること(3)［……］9［……］彼らの神ヤハウェへと立ち帰らせること(4)［……］10［……］そしてヤハウェは彼らの立ち帰りを見る［……］

（下端）

断片二

1［……］書記たち(5)［……］2［……］

断片三

1［……］すべて［……］2そして［……］3［……］至高者に(6)［……］

断片四

1［……］2［……］悪い者たち［……］3［……］あなたの憤怒（まで）の長さによって(7)［……］4［……］彼(8)の上に［……］5［……彼］(9)の上から［……］

《解説》

本文書はヘブライ語で書かれた五つの断片が残る（断片五は二文字読めるだけなので訳出していない）。写本の年代は前一〇〇—五〇年頃である。本訳の底本は、E. Larson, DJD XXXVI（2000）。

内容的には、断片一1-5はイスラエルの歴史について物語っているようである。「過酷な労働」という表現は、聖書ではエジプトでの奴隷状態について用いられることの多い表現なので、出エジプトにかかわる物語だったのかもしれないが、バビロン捕囚にかかわっていた可能性もある。断片一6-9は、その物語に基づく立ち帰りの訓戒ないし説諭だったように見える。断片四は、二人称で「あなた」と神に呼びかけていることから、祈りであったと思われる。すなわち、本文書は歴史物語、それに基づく説諭、そして祈りという三つのジャンルの混淆から成っていたようである。

(1) サム下二二16、詩一八16参照。
(2) 詩四〇9、一〇三21、一四三10、エズ一〇11、洪水 4Q370 一1参照。
(3) 出一五26、改五 4Q365 六ii13参照。
(4) 代下一九4、二四19参照。
(5)「書記たち」(ソフリーム)という複数の表現は死海文書でここのみ(聖書では王上四3、エレ八8、代上二55、代下三四13、エス三12、八9)。単数は、清潔A 4Q274 一i7、詩・外 11Q5 XXVII 2.
(6) イザ一四14、詩五〇14、共規 1QS X 12, XI 15, バル 4Q434 二10参照。
(7)「憤怒(まで)の長さ」とは、「気の長さ、忍耐強さ」のこと。箴二五15、エチ・エノク六一13、共規 1QS IV 3, ダマ CD II 4, バル 4Q436 一ii3、列パラ 4Q382 一〇四ii9参照。
(8) または「それ」(男性単数名詞を指す)。
(9) 同右。

ナラティヴC ……………………………………（4Q462）

内容 ──

エジプトにおけるイスラエルの民の苦難とエルサレム回復の物語。

断片一

[1]［…………］[2]［…………セム、］ハム、そしてヤフェトを①［…………］[3]［…………］ヤコブに［……②］、そしてかれは言［った……］そしてかれは思い起こした③［…………］[4]［…………］イスラエ［ル］に［……］。（余白）

それから（次のように）言われる④［…………］[5]［…………エジ］プト［に］手ぶらで⑤われらは⑥行《い》った。⑦ なぜなら［われらは奴隷に］とられた⑧［…………］[6]［……カナン人たちは］ヤコブの奴隷に［とられた、⑨ ＊＊＊⑩のイスラエルへの］愛ゆえに⑪［……］[7]［そして彼らの⑫諸々の地すべては］多くの者たちに⑬嗣業《しぎょう》として与えられる。＊＊＊⑭は統治する方⑮［…………］[8]［そして］かれの栄光は［全地に満つ⑯］。かれは一度に⑰水と地を満たした。⑱［かれこそは彼らを救った。そして彼らは言った。⑲」[9]「［イスラエ］ルはかれだけの統治⑳をかれと共に［受けた㉑］。光は彼らと共

（1）創五32、六10に基づく復元。戦い 1QM XVIII 2参照。

（2）ナラ・ヤコブの光 4Q467 一＋二2と同一テキストであれば、「ヤコブに[とっての光]」と復元可能（*DSSSE*）。4Q467の解説参照。

（3）出二24、レビ二六42参照。ただし未来形にも取れる（第19行と同じ形）。

（4）あるいは「[彼らは]言う」とも取れる（*DSSSE*）。

（5）「手ぶらで」（*ryqmh*）、出三21参照。スミスは「綾錦で」（*rwqmh*）と読む（エゼ一六10、13、18参照）。

（6）「われら」はエジプトに移住したイスラエルの民。

（7）出三21では「手ぶらで出ることはない」と言われるが、ここではエジプトに「手ぶらで入った」ことになっている。手ぶらで入ったが手ぶらで出ることはないという解釈かもしれない。

（8）イザ五二3-5、創四三18、王下四1参照。

（9）あるいは「とられる」。

（10）神名ヤハウェは四つの点で記されている。第7、12行参照。

（11）イスラエルはエジプトで奴隷だったが、今度は異民族がイスラエルの奴隷となり、イスラエルは彼らの土地を受ける（次行）という解釈かもしれない。イスラエルに対する神の愛については、下記第11行、王上一〇9、代下九8参照。申七8、ホセ三1、代下二10も参照。

（12）「彼ら」は前行の「[カナン人たち]」」）。

（13）イザ八15、五三12、詩四7、エス八17、ハバ・ペ 1QpHab IV 2, VI 10 参照。

（14）神名ヤハウェは四つの点で記されている。第6、12行参照。

（15）詩五九14、六六7、八九10、代上二九12、代下二〇6、感謝詩 1QH^a XVIII 10 参照。

（16）イザ六3参照。

（17）「一度に」と訳した語（*mʾḥd*）の意味ははっきりしない。ディマントはヨベ三六7／ヨベ 4Q223-224 II 48 から「一緒に、一度に」と取る。スミスはタルグム・ヨブ二六9に基づいて「密かに」と訳す。*DSSSE* は「直ちに」。

（18）スミスは前文を受けて、「それ（かれの栄光）は密かに水と地に満ちる」と訳す（民一四21、詩七二19、ハバ二14、戦い 1QM XII 12/XIX 4 参照）。

（19）神に救われた「彼ら」はイスラエル、語り手の「彼ら」はエジプト人。

（20）詩一〇三22、一四五13参照。ハバ・ペ 1QpHab II 13、共規 1QS I 18、戦い 1QM I 6 参照。

（21）詩一一四2参照。「かれだけの（統治を）かれと共に」（*lebaddō ʿimmō*）は、「かれの民自身の（統治を）」（*lebaddō ʿammō*）とも読める。スミスは「（統治を）彼らはかれと共に征服した」（*lākhdū ʿimmō*）と読む。

にあった。そしてわれらの上には［闇］があった[1]。［……］
10［……そして］闇の時［代は終了し[2]］、光の時代[3]が来る[4]。そして彼らは永遠に統治する[5]」。それゆえ［エジプト人たち］は（次のように）言うだろう。「［……］
11［………………イ］スラエル［の上］に［……］、なぜなら、愛されし民ヤコ［ブ］[6]はわれらのただ中にいた[7]」。［………］
12［………］彼らの［……］そして彼らは仕え[8]、起《た》ちあがり[9]、＊＊＊[10]に叫んだ[11]。かれは［エジプトの手から彼らを救い出す］方[12]。
13［……（余］白）そして見よ、王国の時代に彼らは二度《ふたたび》[13]エジプトに渡され[14]、そして起ち［あがり、叫んだ。なぜなら、］
14［エルサレムは］ペリシテとエジプトの[15]［住］民たち［によって］略奪品と廃墟に［された］。そして彼女の[16]諸々の柱[17]［…………］
15［…………］彼女が穢《けが》［れ］を受けるため邪悪を高めること[18]［を宣］言［すること[19]………］
16［…………］と彼女の顔の強《こわ》さ[20]［……］そして彼女は輝きに変わった[21]。そして彼女の月の障《さわ》りと彼女の衣服[22]［…………］
17［…………エジ］プト［……］、彼女が彼女にしたこと[23]を［……］。［……］の穢れの子[24]［…………］
18［…………］彼女は［憎］まれた[25]、彼女の建立《こんりゅう》の前にそうであったように［…………］
19［…………（余白）そしてかれはエルサレム[26]を思い起こす[27]［…………］

（下端）

《解説》

本文書はヘブライ語で書かれた七つの断片が残るが、断片一以外はほとんど読める単語が残っていない。断片一も両端がなくなっているため、内容を把握するのが難しい。写本の年代は前五〇―二五年頃である。

本訳の底本には、ディマントの論文（D. Dimant, “Egypt and Jerusalem in Light of the Dualistic Doctrine at Qumran (4Q462),” *Meghillot : Studies in the Dead Sea Scrolls* 1（2003）27–58［ヘブライ語］）とその補遺論文（“Addenda to 4Q462,” *Meghillot* 2（2004）187–189［ヘブライ語］）を採用したが、スミス（M. Smith, DJD XXIX

（1）「光」と共にあった「彼ら」はイスラエル、「闇」の下にある「われら」はエジプト。出一〇21-23、ソロ知恵一七1—一八4参照。

（2）「そして……終了し」（ヴェ・シャレム）。正義時 4Q215a 一ii4、教訓 4Q416 一13、ダマ CD IV 8-9 参照。スミスは「過ぎ（る）」（アバル）と復元する。

（3）「時代」（ケーツ）。共規 1QS III 15, IV 13, 16, ハバ・ペ 1QpHab VII 13および『創世時代』（4Q180-181）参照。

（4）「来る」は未来を含意（ディマント、スミス）。イザ六〇1-2、正義時 4Q215a 一ii10参照。あるいは「来た」（*DSSSE*）。

（5）ダニ七22、27参照。

（6）上記第6行および申三三3参照。

（7）エジプトが語り手だとすると、イスラエルの神を認めていることになる。イザ一九16-25参照。

（8）この行の三つの動詞はすべて未来形にも取れる（スミス）。

（9）「起ちあがる」と訳した *ytqymw*（*qwm* のヒトパエル態）は、聖書に用例がない。ここではディマントに従って、カル態の代用と取る。ネヘ九4参照。スミスと *DSSSE* は、ラビ文献の用例から「耐え忍ぶ」と訳す。

（10）四つの点は神名ヤハウェ。第6、7行参照。

（11）出二23、イザ一九20参照。

（12）出一八10、士六9、八34参照。

（13）神殿 11QT^{a} XLXIX 20, 偽エゼ 4Q385 二6、ベン・シラ五〇21参照。

（14）出一四13、申一七16、ホセ一一5を申二八68、ホセ八13（七16、九6も参照）と比較せよ。

（15）戦い 1QM I 2-4 参照。

（16）本行以下の「彼女」はエルサレムのこと。第19行参照。

（17）「そして彼女の諸々の柱」（*wʿmwdyh*）は、「そして彼らは彼女を立たせる／立たせた」（*wyʿmydwh*）とも取れる（スミス／*DSSSE*）。

（18）ミカ二10参照。

（19）詩二9、タルグム詩七五11、ナホ・ペ 4Q169 一-二6、感謝詩 1QH^{a} XXVI 16 参照。

（20）「固い表情」の意。コヘ八1、ダニ三19参照。

（21）「輝き」（*zyw*）、ダニ二31、四33参照。*DSSSE* は「そして……変わった」（*wtšnh*）を *ytšnh* と読み、「そして彼女の顔の強《こわ》さは輝きに変わる」と訳す。「変わった」は未来にも取れる（スミス、*DSSSE*）。

（22）イザ六四5、哀一8-9、17参照。イザ四4、五二1、11も見よ。

（23）「彼女（エジプト）が彼女（エルサレム）に」の意。

（24）「子」（息子＝*bn*）をスミスは「それゆえ」（*kn*）と読み、「それゆえ［……］の穢れは」と取る。

（25）イザ六〇15参照。

（26）「エルサレム」の前に書き間違いの五文字とそれを横線で消去した跡がある。

（27）未来への期待。イザ五四4、エレ二2、エゼ一六60参照。上記第3行も見よ。

［1995］＝*DSSR*）と*DSSSE*をも参照し、それぞれの読みと訳の違いは注に付した。

本文書は大きく二つに分けられる。前半（1-13行冒頭）は、聖書に記されているイスラエルのエジプトでの奴隷状態を振り返りつつ、将来の救済の希望を語る。興味深いのは、イスラエルの救済を語るのが——ディマントの復元が正しければだが——エジプト人であるというところである。ここには『イザヤ書』一九章16-25節の成就への希望が反映しているのかもしれない。また、「光」と「闇」の対比も特徴的である。エジプトへの十の災いの九番目（出一〇21-23）では、エジプト全土が「闇」に覆われるが、イスラエル人のいるところだけは「光」があったとされる。この「光」と「闇」を本文書の著者は「闇の時代」と「光の時代」として解釈し直し、前者が終わった後に後者が来るという終末論を提示している。

後半は第13行の「そして見よ」から以下の部分である。ここではイスラエルの二度目のエジプトでの奴隷状態に言及されるが、それは「ペリシテとエジプトの住民たち」によるエルサレムの略奪と破壊として、またエルサレムの穢れとして語られる。エルサレムの略奪は、歴史的にはバビロン捕囚時代（前六世紀）、マカバイ戦争時代（前二世紀前半）、およびローマ時代の開始時（前六三年）が考えられるが、著者がいずれかの歴史的出来事を念頭に置いているのかどうかは判然としない。本文書がクムラン共同体に由来するか否かについても断定できない。

いずれにしても、第3行の「思い起こした」（過去）は第19行「思い起こす」（未来）と対応していると考えられ、聖書に描かれた出エジプトが将来のエルサレム救済のひな型として解釈されているようである。

ナラティヴD ……………………………………（4Q463）

内容

終末時における神の救済。

断片一

（上端）

1［………］（余白）そして神は自分が言った自分の言葉を思い起こした（余白）［……………］2［……………言］う、「たとえ彼ら(1)が彼らの諸々の敵の諸々の地(2)にいることになっても、［わたしは決して彼らを軽視せず、］3［彼らを忌み嫌って］彼らを［殲滅《せんめつ》することも］彼らから(3)わたしの契約とわたしの慈愛(4)を破棄することも［しない］」。そ

（1）以下の括弧内はレビ二六44の引用。
（2）マソラのレビ二六44は単数形の「地」。
（3）マソラのレビ二六44は「彼らとの」。
（4）マソラのレビ二六44にはない。

して［……］満ちた［……］4［……］隠された事々(1)、そして彼らの耳をかれは開き、そして彼らは深［い事々(2)］を聞いた［…………］5［…………］

断片二

1［…………］2［…………］ヨベ［ル］の終わり［…………］3［…………］そしてかれはベリアルを非難する［…………］4［…………］その日々のほかに［…………］5［…………］彼らの諸々の敵を彼らの上に［………］6［…………］第一［…………］7（余白？）

《解説》

本文書はヘブライ語で書かれた四断片が残るが断片三—四は一単語が読めるだけである。本訳の底本には*DSSSE*を採用し、M. Smith, DJD XIX（1995）を参照した。写本の年代は、前一世紀後半である。内容的には『レビ記』二六章44節を終末時の救済と関連づけて引用しているところに特徴がある。「終末釈義」（『フロリレギウム』〔4Q174〕、『カテナ』〔4Q177, 4Q182〕参照）と類似しているが、本文書の判読可能な部分が少な過ぎるため、これらとの関係は不明である。

（1）「隠された事々」、申二九28、ダマCD III 14, 安息歌二40（＝4Q401 一四ii 7）参照。「そして［知恵／理解が］隠された事々［を求める者たちすべてに］満ちた」、「そして［彼らの目は理解に］満ち、隠された事々［を彼らは見た］」、「そしてそれは［理解／知恵に］満ち、隠された事々［を知った］」などと復元可能かもしれない。

（2）ヨブ一二22、ダニ二22参照。

ナラティヴE ……………………………………………………（4Q464a）

内容

『出エジプト記』冒頭の敷衍。

1[……]2[……]そして彼(1)は立って裁いた(2)[……]3[……]彼らのために秘義において(3)

[……]4[……]助産婦たちはファラオに(4)[……]5[……]その時代まで(5)[……]

6[……]

（1）「彼」が誰かは不明。

（2）Feldman は、「[二百]十[年彼ら]は住んだ」と読む。イスラエルのエジプトでの奴隷時代を二百十年と計算するのは、偽フィロン『聖書古代誌』八14、九3およびラビ文献から知られる。

（3）Feldman は「密かに[彼らを]殺すよう[助]産婦たち[に]」と読む。出一15–16参照。

（4）出一19、創出パラ 4Q422 III 2 参照。

（5）あるいは「終わりまで」。

《解説》

本文書はヘブライ語で書かれた一つの断片だけが残る。本訳の底本には M. Stone and E. Eshel, DJD XIX（1995）を採用したが、フェルドマンの提案する異なる読みを注に付した（Ariel Feldman, "A Note on 4Q464a," *Meghillot* 7［2009］299–304［ヘブライ語］）。

「助産婦」と「ファラオ」への言及から、本文書は『出エジプト記』一章15–21節とかかわっている。ストーンとエシェルは、「秘義」と「時代」という訳を採用することで、本文書を『出エジプト記』を終末論的視点から解釈したものであったと推察する。そしてそれを理由に本文書を4Q464aと番号づけし、4Q464（『族長たちについて』）から切り離した。

しかしながら、4Q464と本文書は、写本の外見と文字からもともとは同一文書と見なされていた。「秘義」と「時代」と訳された語は必ずしもそう解さねばならないというわけではなく、注に付したように異なる読み、異なる解釈も可能である。フェルドマンは、写本の外見上の同一性に加え、年代への関心も共通することから、両文書を同一文書であったと結論づける。そうだとすると、本文書は『創世記』を敷衍する4Q464の続きとして、『出エジプト記』を敷衍する物語だったということになる。

ナラティヴ作品と祈り……（4Q460）

内容

父なる神への祈りと神を信頼することの教訓。

断片二

1［……］2［……］市民(1)［……］3［……］

断片五

1［……］そして彼は彼を祝福して［言った(2)……］2［……］あなたに［力を］与える方(3)［……
……］3［……あな］たと［あなたの胤《たね》］に［……］

(1) 原語はエズラハ。権利と義務を負う共同体の正規の成員。
(2) 創一四19、二七27、王下一〇15参照。
(3) 申八18参照。

断片六

[1]［……］[2]［……］なぜなら天において［……］[3]［……］そしてかれの祭司たちは浄《きよ》い(1)［……］[4]［……］

断片七

[1]［……］彼に［……］[2]［……］あった［……］[3]［……］そしてかれは選ばなかった(2)［……］[4]［……］彼は彼の名を呼んだ(3)［……］[5]［……ユ］ダ、彼のために祭［司］になること(4)［……］[6]［……］あなたは諸々の恐慌すべてゆえに心配するな［……］[7]［……］あなたの諸々の苦悩と艱難《かんなん》すべてから(5)［……］[8]［……］そして諸々の艱難、彼らがあなたを囲むとき(6)［……］[9]［……］その［……］(7)あなたは畏《おそ》れてはならない、また［おののいてはなら］ない(8)［……］[10]［……彼］らはあなたのところに来、そしてあなたはとらえる［……］[11]［……］なぜなら艱難の時機(9)［……］[12]［……］思い起こせ(10)［……］

断片八

[1]［……］[2]［……］地において、勇士たちは［自分の勇力を］誇るな(11)［……］[3]［……］彼らの力において、そして王たちはその力強い軍団において、そして司たちは［……］[4]［……］彼らの戦争の道具(12)において、そして彼らの力強い町々(13)において［……］[5]［……］あなたのような［勇士はおらず］、また精悍《せいかん》な者もいない(14)［……］[6]［……］精悍にわれらを助け［……］[7]［……］そしてわれらのちからある者たち(15)［……］

断片九第i欄

1［…………］2［…………］あなた［……］そしてあなたの前に私は怖れます。なぜなら、神への怖れに応じて
［私］は図ったからです［……］3［…………］イスラエルにおける恐慌に、そしてエフライムにおける恐怖に(16)［…
…］4［…………］地は至高の高みにまで諸々の罪責に［満ちました］(17)、なぜなら世代に［……］(18)5［…………な

---

(1) エズ六20、ネヘ一二30参照。

(2) 詩七八67、詩・外11QPs^{a}（11Q5）XXVIII 10, ダマ CD II 7, III 2参照。

(3)「ヤコブはユダの名を呼んだ」、「かれはレビの名を呼んだ」、「かれはイスラエルの名を呼んだ」、「ダビデはヒゼキヤ／ヨシヤの名を呼んだ」などの可能性が提案されている。

(4)「［かれはレビと］ユダ［を選び、彼らを］かれのために祭［司と王に］した」、「［かれは］ユダをかれのための祭司にし［なかった］」、「ユダ［の王ヒゼキヤ／ヨシヤはアザルヤ／ヒルキヤを］彼のための祭［司］にした」などの復元が提案されている。

(5)「救う」に関連する動詞があったと考えられる。

(6) あるいは、「なぜなら彼ら／それらはあなたを囲むだろう」。

(7)「その［日には］」などと復元可能。

(8) 申一21、三一8、エゼ三9、代上二二13、二八20参照。

(9) 詩三七39、エレ一五11、ダニ一二1、戦い 1QM I 11, XV 1参照。

(10) 神への懇願かもしれない。

(11) エレ九22、LXX サム上二10参照。

(12) 戦い 1QM VIII 8, XVI 6-7, XVII 12, 感謝詩 1QH^{a} X 28, XIV 31, 34, ハバ・ペ 1QpHab VI 4参照。

(13) イザ二六1参照。

(14) 物語と詩 4Q372 一29、外典詩 4Q381 七六—七七14参照。

(15) 詩八八5参照。

(16) ホセ六10–11、ヨシ・アポ 4Q379 二二ii 13、テス 4Q175 27参照。

(17) エレ五一5参照。

(18)「世代世代に」「代々に」という復元可能。

ぜ」ならあなたはあなたの僕《しもべ》(1)を見棄てなかったからです。(2) 6［……………］わが父、わが主よ。(3)（余白）(4)
7［……………］諸々の不思議、なぜならかれは退けられた者を非難する。そして誰が 8［…………かれは］あな
たがあなたの神を見棄てるときに非難する、イスラエルよ、そして誰が［……］9［……………］そしてバアルども、
なぜならエフライムでは一人にも［……］(5)掟は受け入れられないだろう 10［……………］ヤハウェはあなたの口の言
葉を［裁き］、あなたの謀《はかりごと》すべてを［……］の民の上に返すだろう 11［……………］エフライムの諸々の罪責、そし
てイスラエルは横暴な民からそれへ(6)と掠《かす》めとられる［……］12［……………］(7)はあなたの前に［立］つだろう、イスラ
エルよ、なぜならあなたは［あなたの神］を大いに怒らせたからだ［……］

（下端）

《解説》

本文書はヘブライ語で書かれた十の断片が残るが、その約半分は数文字が判読できるだけであり、ここには訳出していない。本訳の底本は、E. Larson, DJD XXXVI（2000）である。写本の年代は前一世紀であるが、断片九の裏面にはギリシア語で穀物のリストないし受領書が書かれており、本巻物が日常生活用に再利用された痕跡を見て取ることができる。

本文書には、物語と教訓と祈りが混在しているようであり、それゆえ「ナラティヴ作品と祈り」という曖昧な名がつけられている。同様の混在は「聖書の再話」に見られ、特に『ヨシュア記アポクリュフォン』（4Q378-4Q379）および『物語と詩的作品』（特に 4Q372）とは語彙においても共通するところがある。とりわけ注目に値するのは、神に対して「わが父」と呼びかけているところである（九 i 6、物語と詩 b 4Q372 一 16）。

本文書全体の文脈ははっきりしない。断片七で言及される「ユダ」が人名であれば族長時代に、ユダ王国であれ

ば王国時代にかかわる。断片九の「エフライム」への言及からすれば後者の可能性が高い。とすれば、北イスラエル王国の罪責を教訓に、父なる神への信頼を訴えているということになる。

（1）「僕」（単数形）はおそらくイスラエルないしこの祈り手を指す。
（2）詩九11参照。
（3）物語と詩4Q372一16および一一〇頁注（7）、ベン・シラ二三1、4、五一10、Ⅲマカ六3、8、『エゼキエル書アポクリュフォン』断片二、ソロ知恵一四3参照。神を「父」と呼ぶ箇所と「見棄てる／ない」の組み合わせは、物語と詩4Q372一16、ベン・シラ二三1、五一10にも見られる。
（4）第2‐6行が一人称の語り手が二人称の神に祈るのに対し、第7‐12行では神は三人称になり、イスラエルが二人称で呼びかけられている。第6行の余白は意図的な段落区切りである。
（5）欠損部は「ヤハウェの」と復元可能。詩二7参照。
（6）「それ」は単数女性形だが何を指すのか不明。「掠めとる」の受動態動詞（ニグザル）が「……へと」（エル）という前置詞と用いられる例も他にはない。
（7）主語として「あなたの罪」などが考えられる。

ナラティヴ作品（レバノン）……………………（4Q459）

内容

レバノンに言及する物語断片。

断片一

[1]レバノン［…………］彼らは［……］の思いを高くした(1)［…………］[2]彼らは［彼らの］神、主を知っていた［…………］(2)[3]彼は使いの者たちに与えた、そして(3)［…………］[4]［……］ない［…………］

《解説》

本文書はヘブライ語で書かれた二つの断片が残るが、断片二は数文字が読めるだけなので訳出していない。本訳の底本は、E. Larson, DJD XXXVI（2000）写本の年代は後一世紀前半である。

本文書の内容については、「レバノン」に言及しているということ以上のことはほとんどわからない。注に記した復元と読みが正しければ、イスラエルの傲慢さ（「思いを高くした」「［彼らの］神、主を知［らなか］った」）と、それに対する神の振舞い（天使への指示）が記されていたことになる。

(1)「レバノン［杉が高くそびえるように］彼らは［彼らの心の］思いを高くした」と復元可能かもしれない。

(2)「彼ら」が否定的にとらえられているなら、「彼らは知らなかった」と復元可能。

(3) あるいは「かれは御使いたちに」。

「ヤコブの光」テキスト……（4Q467）

内容

「ヤコブの光」に言及するテキスト。

断片一＋二

1［……］2［……］ヤコブの光[1]［……］3［……］異民族たちはイスラエルに［……］彼らは言うだろう、「どこに[2]［……］」

（下端）

《解説》

本文書はヘブライ語で書かれた二つの断片が残るのみである。底本は A. Skinner, DJD XXXVI（2000）。

本文書には「ヤコブの光」という珍しい表現が現れる。これは、聖書にもそれ以外のユダヤ教文献からも知られていない。『ナラティヴC』4Q462 一3-4に「ヤコブに」「イスラエルに」という単語が現れるため、同文書と本文書が同一のテキストではないかという主張がなされており（E. J. C. Tigchelaar）、*DSSSE* と *DSSR*（2014）はその意見を採用しているが、本文書の校訂者のスキナーも『ナラティヴC』の校訂者であるスミスも、両テキストの判読可能部分が少な過ぎることから、この同定には慎重である。

（1）直訳は「ヤコブのための光」「ヤコブにとっての光」。前置詞レ。
（2）原語エイフォだが、エイとフォの間に明確なスペースが空けてある。

4Q524(4QT^{b})　神殿の巻物　②
4Q525　幸いなる者　⑩
4Q529　天使ミカエルの言葉　④
4Q530-533　巨人の書　⑤
4Q534-536　ノアの生誕　⑥
4Q537　ヤコブの遺訓　⑥
4Q538　ユダの遺訓(アラム語)　⑥
4Q539　ヨセフの遺訓(アラム語)　⑥
4Q540-541　レビ・アポクリュフォン　⑥
4Q542　ケハトの遺訓　⑥
4Q543-549　アムラムの幻　⑥
4Q550　ペルシア宮廷のユダヤ人　⑦
4Q551　ダニエル書スザンナ(アラム語)　⑦
4Q552-553, 553a　四つの王国　④
4Q554, 554a, 555　新しいエルサレム　④
4Q559　聖書年代記　③
4Q560　呪禱　⑪
4Q561　ホロスコープ(アラム語)　⑪
4Q563　知恵のまとまり　⑩
4Q569　アラム語箴言　⑩
4Q571　天使ミカエルの言葉　④
4Q580-582　アラム語遺訓　⑦
4Q587　アラム語遺訓　⑦
4Q88　詩篇外典　⑧

5Q（第五洞穴）

5Q9　ヨシュア記アポクリュフォン？　⑦
5Q10　マラキ書アポクリュフォン　⑦
5Q11(5QS)　共同体の規則　①
5Q12(5QD)　ダマスコ文書　①
5Q13　規則　①
5Q14　呪詛(メルキレシャア)　⑪
5Q15　新しいエルサレム　④

6Q（第六洞穴）

6Q8　巨人の書　⑤
6Q9　サムエル記－列王記アポクリュフォン　⑦
6Q11　葡萄の木の寓喩　⑪
6Q13　祭司の預言　⑪
6Q14　巨人の書　⑤
6Q15(6QD)　ダマスコ文書　①
6Q18 厄除けの祈り　⑪

7Q（第七洞穴）

7Q4　エノク書(ギリシア語)　⑤
7Q8　エノク書(ギリシア語)　⑤
7Q11-12　エノク書(ギリシア語)　⑤

8Q（第八洞穴）

8Q5　呪文の儀礼　⑪

11Q（第十一洞穴）

11Q5-6　詩篇外典　⑧
11Q11 悪霊祓いの詩篇　⑪
11Q12　ヨベル書(ヘブライ語)　⑤
11Q13　メルキツェデク　③
11Q14　戦いの書　①
11Q17　安息日供犠の歌　⑨
11Q18　新しいエルサレム　④
11Q19-21(11QT^{a-c})　神殿の巻物　②

XQ5a　ヨベル書(ヘブライ語)　⑤
XQ8　エノク書　⑤
銅板巻物　⑫

Masada1039-200 マサダ・安息日供犠の歌　⑨
Masada 1039-211　マサダ・ヨシュア記アポクリュフォン　⑦
Masada 1045-1350, 1375　マサダ・創世記アポクリュフォン　⑥

4Q387　エレミヤ書アポクリュフォンC^{b}　④
4Q387a　エレミヤ書アポクリュフォンC^{f}　④
4Q388　偽エゼキエル書　⑦
4Q388a, 389, 390　エレミヤ書アポクリュフォンC^{c-e}　④
4Q391　偽エゼキエル書　⑦
4Q392　神の諸々の業　⑧
4Q393　共同の告白　⑧
4Q394 1-2　暦文書　⑪
4Q394-399（4QMMT^{a-f}）ハラハー書簡　②
4Q400-407　安息日供犠の歌　⑨
4Q408　モーセ・アポクリュフォン　⑥
4Q409　典礼文書A　⑨
4Q411　知恵の詩B　⑩
4Q412　知恵の教えA　⑩
4Q413　神の摂理　⑩
4Q414　浄めの儀礼A　⑨
4Q415-418, 418a, 418c　教訓　⑩
4Q419　教訓類似文書A　⑩
4Q420-421　正義の道　①
4Q422　創世記－出エジプト記パラフレイズ　⑥
4Q423　教訓　⑩
4Q424　教訓類似文書B　⑩
4Q425　知恵の教えB　⑩
4Q426　知恵の詩A　⑩
4Q427-431/471b, 432　感謝の詩篇　⑧
4Q433　感謝の詩篇類似文書A　⑧
4Q433a　感謝の詩篇類似文書B　⑧
4Q434-438 バルキ・ナフシ　⑧
4Q440　感謝の詩篇類似文書C　⑧
4Q440a　感謝の詩篇類似文書D　⑧
4Q444　呪文　⑪
4Q448　外典詩篇と祈り　⑧
4Q458　ナラティヴA　⑥
4Q459　ナラティヴ作品（レバノン）　⑥
4Q460　ナラティヴ作品と祈り　⑥
4Q461　ナラティヴB　⑥
4Q462　ナラティヴC　⑥
4Q463　ナラティヴD　⑥
4Q464a　ナラティヴE　⑥
4Q464　族長たちについて　⑥
4Q467　「ヤコブの光」テキスト　⑥
4Q471　戦いの巻物関連文書B　①
4Q471a　論争テキスト　⑪
4Q472a　ハラハーC　①
4Q473　二つの道　⑩
4Q474　ラヘルとヨセフに関するテキスト　⑥
4Q475　新しい地　④
4Q476-476a　典礼文書B-C　⑨
4Q477　叱責　⑪
4Q481a　エリシャ・アポクリュフォン　⑦
4Q482?　ヨベル書（ヘブライ語）　⑤
4Q484　ユダの遺訓（ヘブライ語）　⑥
4Q486, 487　教訓類似文書　⑩
4Q491-496（4QM^{a-f}）　戦いの巻物　①
4Q497　戦いの巻物関連文書A　①
4Q501　外典哀歌B　⑧
4Q502　結婚儀礼　⑨
4Q503　日ごとの祈り　⑨
4Q504　光体の言葉　⑨
4Q505　祭日の祈り　⑨
4Q 506　光体の言葉　⑨
4Q507-509　祭日の祈り　⑨
4Q510-511　賢者の詩篇　⑪
4Q512　浄めの儀礼B　⑨
4Q513-514　布告　②
4Q515　イザヤ書ペシェル　③
4Q521　メシア黙示　④
4Q522　ヨシュアの預言　⑦
4Q523　ヨナタン　⑪

4Q204-207　エノク書(アラム語)　⑤
4Q206 2-3　巨人の書(アラム語)　⑤
4Q208-211　エノク書天文部(アラム語)⑪
4Q212　エノク書(アラム語)　⑤
4Q213, 231a, 213b, 214, 214a, 214b
　レビの遺訓(アラム語)　⑥
4Q215　ナフタリ　⑥
4Q215a　正義の時　④
4Q216-224　ヨベル書(ヘブライ語)　⑤
4Q225-228　偽ヨベル書　⑤
4Q242　ナボニドゥスの祈り　⑦
4Q243-245　偽ダニエル書　④
4Q246　ダニエル書アポクリュフォン④
4Q248　歴史文書A　⑦
4Q249a-i　会衆規定　①
4Q251　ハラハーA　②
4Q252　創世記注解A　③
4Q253　創世記注解B　③
4Q253a　マラキ書注解　③
4Q254　創世記注解C　③
4Q254a　創世記注解D　③
4Q255-264(4QS^{a-j})　共同体の規則　①
4Q264a　ハラハーB　①
4Q265　諸規則　②
4Q266-273　ダマスコ文書(4QD^{a-h})　①
4Q274　清潔規定A　②
4Q275　共同体セレモニー　①
4Q276-277　清潔規定B^{a-b}　②
4Q278　清潔規定C　②
4Q279　四つの籤　②
4Q280　呪詛(メルキレシャア)　⑪
4Q284　浄めの典礼　⑨
4Q284a　収穫　①
4Q285　戦いの書　①
4Q286-290　ベラホート　⑨
4Q294　知恵の教え　⑩
4Q298　暁の子らに,賢者の言葉　⑩
4Q299-301　秘義　⑩
4Q306　誤る民　⑩
4Q313(4QMMT^{g}?)　ハラハー書簡　②
4Q317　月の盈欠　⑪
4Q318　月と十二宮　⑪
4Q319　しるし　⑪
4Q320-321, 321a　祭司暦　⑪
4Q322-324, 324a, 324c
　ミシュマロット　⑪
4Q324d-f　儀礼暦　⑪
4Q 324g, 324h　祭司暦　⑪
4Q324i　ミシュマロット　⑪
4Q325　祭司暦　⑪
4Q326　暦文書　⑪
4Q328-329, 329a, 330
　ミシュマロット　⑪
4Q337　祭司暦文書　⑪
4Q364-367　改訂五書　⑦
4Q365a(4QT^{a})　神殿の巻物　②
4Q368　五書アポクリュフォン　⑥
4Q369　エノシュの祈り　⑥
4Q370　洪水に基づく説諭　⑥
4Q371-373, 373a　物語と詩的作品　⑥
4Q374　出エジプトについての 講話／
　征服伝承　⑥
4Q375, 376　モーセ・
　アポクリュフォン　⑥
4Q377　五書アポクリュフォン　⑥
4Q378-379　ヨシュア記
　アポクリュフォン　⑦
4Q380-381　外典詩篇A-B　⑧
4Q382　列王記パラフレイズ　⑦
4Q383　エレミヤ書
　アポクリュフォンA　④
4Q384　エレミヤ書
　アポクリュフォンB　④
4Q385a　エレミヤ書
　アポクリュフォンC^{a}　④
4Q385, 385c, 386　偽エゼキエル書　⑦

整理番号・文書名一覧

＊整理番号順に文書名と対照する. 右端の数字は, 収録分冊.

CD　ダマスコ文書　①

1Q（第一洞穴）

1QH[a]　感謝の詩篇　⑧
1QpHab　ハバクク書ペシェル　③
1QS　共同体の規則　①
1Q14　ミカ書ペシェル　③
1Q15　ゼファニヤ書ペシェル　③
1Q16　詩篇ペシェル　③
1Q17-18　ヨベル書(ヘブライ語)　⑤
1Q19+19bis　ノア書　⑥
1Q20　創世記アポクリュフォン　⑥
1Q21　レビの遺訓(アラム語)　⑥
1Q22　モーセの言葉　⑥
1Q23-24　巨人の書　⑤
1Q26　教訓　⑩
1Q27　秘義　⑩
1Q28a　(1QSa）会衆規定　①
1Q28b　(1QSb）祝福の言葉　⑨
1Q29　火の舌または
　モーセ・アポクリュフォン　⑥
1Q32　新しいエルサレム　④
1Q33(1QM)　戦いの巻物　①
1Q34+34bis　祭日の祈り　⑨
1Q35　感謝の詩篇　⑧

2Q（第二洞穴）

2Q19-20　ヨベル書(ヘブライ語)　⑤
2Q21　モーセ・アポクリュフォン　⑥
2Q22　物語と詩的作品　⑥
2Q24　新しいエルサレム　④
2Q26　巨人の書　⑤

3Q（第三洞穴）

3Q4　イザヤ書ペシェル　③
3Q5　ヨベル書(ヘブライ語)　⑤
3Q7　ユダの遺訓(ヘブライ語)　⑥

4Q（第四洞穴）

4Q88　詩篇外典　⑧
4Q123　ヨシュア記敷衍　⑦
4Q127　出エジプト記パラフレイズ　⑥
4Q158　聖書パラフレイズ　⑦
4Q159　布告　②
4Q160　サムエルの幻　⑦
4Q161-165　イザヤ書ペシェル　③
4Q166-167　ホセア書ペシェル　③
4Q168　ミカ書ペシェル　③
4Q169　ナホム書ペシェル　③
4Q170　ゼファニヤ書ペシェル　③
4Q171, 173　詩篇ペシェル　③
4Q174　フロリレギウム　③
4Q175　テスティモニア　③
4Q176　タンフミーム　③
4Q176a　ヨベル書(ヘブライ語)　⑤
4Q177, 178　カテナ　③
4Q179　外典哀歌A　⑧
4Q180-181　創世時代　③
4Q182　カテナ　③
4Q183　終末釈義　③
4Q184　邪悪な女の策略　⑩
4Q185　知恵の言葉　⑩
4Q186　ホロスコープ　⑪
4Q196-199　トビト書(アラム語)　⑦
4Q200　トビト書(ヘブライ語)　⑦
4Q201-202　エノク書(アラム語)　⑤
4Q203　巨人の書(アラム語)　⑤

守屋彰夫

1946年生まれ. 専攻, 旧約聖書学, 比較セム語学. 東京教育大学大学院文学研究科博士課程（古典文献学専攻）修了. ヒブル・ユニオン・カレッジ大学院でPh. D. 取得. 現在, 東京女子大学名誉教授.
著書,『歴代誌 上下』新共同訳旧約聖書略解（日本キリスト教団出版局, 2001),『聖書の中の聖書解釈――第二神殿時代の聖書思想』（日本聖書協会、2003), 共編著に, *Pentateuchal Traditions in the Late Second Temple Period: Proceedings of the International Workshop in Tokyo, August 28-31, 2007.* Leiden: Brill, March, 2012.『古典世界におけるモーセ五書の伝承』（京都大学学術出版会, 2011）ほか, 訳書に, ゲザ・ヴェルメシ『解き明かされたら死海文書』（青土社, 2011), 死海文書関連業績に,「死海文書アラム語『外典創世記』翻訳と注解」『聖書学論集』41巻（2010),「サマリア五書の視点からマソラ本文を考える――一貫性指向と想像的飛躍の溝を埋める試み」『聖書翻訳研究』32巻（2011）などのサマリア五書研究論文などを含め多数.

上村　静

1966年生まれ. 専攻, ユダヤ学, 聖書学, 宗教学. 94-98年, ヘブライ大学に留学. 2000年, 東京大学大学院人文社会系研究科基礎文化研究専攻宗教学宗教史学専門分野満期退学. 2005年, Ph.D. 取得（ヘブライ大学). 現在, 尚絅学院大学教授.
著書,『宗教の倒錯――ユダヤ教・イエス・キリスト教』（岩波書店,2008),『旧約聖書と新約聖書――「聖書」とはなにか』,『キリスト教の自己批判――明日の福音のために』,『国家の論理といのちの倫理――現代社会の共同幻想と聖書の読み直し』編著（新教出版社, 2011,13, 14), *Land or Earth? A Terminological Study of Hebrew 'eretz and Aramaic 'ara' in the Graeco-Roman Period,* (Library of Second Temple Studies 84; London-New York: T&T Clark, 2012). 訳書, P. シェーファー『タルムードの中のイエス』（共訳, 岩波書店, 2010), E. シューラー『イエス・キリスト時代のユダヤ民族史IV』（共訳, 教文館, 2015).

死海文書　VI 聖書の再話 1

2018年12月25日　第1刷発行

訳　者　守屋彰夫《もりやあきお》・上村《うえむら》　静《しずか》
装幀者　菊地信義
発行者　中川和夫
発行所　株式会社 ぷねうま舎
〒162-0805　東京都新宿区矢来町122　第二矢来ビル3F
電話 03-5228-5842　ファックス 03-5228-5843
http://www.pneumasha.com

印刷・製本　株式会社ディグ

ISBN 978-4-906791-87-3　Printed in Japan

死海文書
全12冊

編集委員：月本昭男・勝村弘也・守屋彰夫・上村　静

Ⅰ	共同体規則・終末規定	松田伊作・月本昭男・上村　静 訳	
Ⅱ	清潔規定・ハラハー・神殿の巻物	阿部望・里内勝己 訳	
Ⅲ	聖書釈義	月本昭男・勝村弘也・山我哲雄 上村　静・加藤哲平 訳	
Ⅳ	黙示文学	月本昭男・勝村弘也・阿部　望 杉江拓磨 訳	
Ⅴ	エノク書・ヨベル書	月本昭男・武藤慎一・加藤哲平 訳	
Ⅵ	聖書の再話1	守屋彰夫・上村　静 訳	本体5300円
Ⅶ	聖書の再話2	守屋彰夫・上村　静・山吉智久 訳	
Ⅷ	詩篇	勝村弘也・上村　静 訳	本体3600円
Ⅸ	儀礼文書	上村　静 訳	本体4000円
Ⅹ	知恵文書	勝村弘也 訳	次回配本
Ⅺ	天文文書・魔術文書	勝村弘也・上村　静・三津間康幸 訳	
補遺	聖書写本・銅板巻物	勝村弘也ほか 訳	

ぷねうま舎

表示の本体価格に消費税が加算されます

2018年12月現在